성현주 동화창작론

동화, 이렇게 써라!

태영출판사

책을 펴내면서

누구나 산에 올라가 본 경험이 있을 것이다.

산을 오르는 동안 숨이 차고 힘들지만 안내표지판을 따라 열심히 올라가다 보면 누구나 자연인이 되는 즐거움을 맛보게 된다.

산행의 묘미 가운데 하나는 개울 건너기다.

삐질삐질 땀이 나고 다리에 힘이 풀릴 때쯤 나타나는 개울가. 맑고 차가운 계곡물과 함께 징검다리를 보는 순간 생기가 돈다. 손 한번 물에 담그고는 이내 어떤 보폭으로 건널까? 어떤 돌을 건너뛸까? 즐거운 고민을 하게 된다.

동화는 산행에서 만나는 개울가 징검다리와 같다.

삶이 지치고 힘들거나 정신이 삭막해질 때 맑고 찬 계곡물의 느낌처럼 말갛게 와 닿는 순수한 마음. 삶의 아름다움을 맛보면서 즐거운 마음으로 생활하도록 이끌어 주는 것이 동화다.

동화는 어떻게 살아가는 것이 바람직하고 풍요로우며, 어떤 마음으로 살아가야 즐겁고 보람 있는지 안내하는 문학이다. 동화는 어린 아이와 같은 마음으로 바라보고 너와 나의 차별 없이 더불어 살아가는 모습을 보여주기 때문이다.

동화작가는 개울물에 징검다리를 놓는 사람이다. 개울물을 건널 때의 묘미는 돌의 모양이나 크기 · 숫자 · 색깔 등을 어떻게 배치하느냐에 따라 다르다. 너무 듬성해도 힘들고, 너무 촘촘해도 어렵다. 너무 단단해도 재미가 없고, 너무 위태로워도 불안하다.

이 책은 어린이의 보폭 · 심리에 따라 어떤 징검다리를 놓는 것이 가장 바람직한가를 제시하는 동화창작 지침서다. 십이년 전에 동화작가로 등단하여 동화를 써왔고, 지금은 강단에서 동화창작을 가르치는 입장이지만 작품을 쓰는 일도 어렵고 창작방법을 가르치는 일 또한 어렵다는 것을 실감한다.

머리에서 가슴까지 약 30센티미터가 인생의 가장 긴 여로라고 한다.

문학은 머리로 쓰는 일이 아니라 가슴으로 쓰는 일이기 때문에 창작이야말로 삶에서 가장 긴 여로라고 생각한다.

부족하지만 책을 쓸 수 있도록 함께 해 주신 하나님께 감사드린다.

2009년 5월에

兒泉書齋에서

차 례

I 동화의 징검다리 — 7

1. 작가로서의 길 ……… 11
2. 창작이론의 필요성 ……… 19
3. 동화작가의 특성 ……… 22
4. 동화작가의 자세 ……… 27

II 동화와 어린이 — 43

1. 어린이의 특성 ……… 44
2. 동화의 특성 ……… 58

III 동화창작 기법 — 67

1. 소재 찾기 ……… 68
2. 주제와 어린이 욕구 ……… 75

3. 주제 ······ 80
4. 구성의 유형 ······ 91
5. 구성의 5단계 ······ 104
6. 이야기의 순환논리 ······ 121
7. 인물의 선택과 제시 ······ 141
8. 시점 ······ 151
9. 서사 ······ 158
10. 묘사 ······ 163

Ⅳ 판타지 이해 —— 171

1. 판타지의 개념 ······ 175
2. 판타지의 특징 ······ 189
3. 동물이야기 유형 ······ 196

Ⅴ 동화의 문장표현 —— 205

1. 올바른 문장표현 ······ 206
2. 작가가 되기 위한 3단계 ······ 207

◧ 참고 문헌 / 272
◨ 부록 : 아동문학가 등단 안내 / 274

I

동화의 징검다리

1. 작가로서의 길
2. 창작이론의 필요성
3. 동화작가의 특성
4. 동화작가의 자세

어린이가 시냇물을 건너려고 한다.
그런데 세 가지 유형의 시냇물이 있다.
어린이는 어떤 시냇물을 선택할까?
그 시냇물을 선택한 이유는 무엇일까?

1)

2)

3)

시냇물의 그림에서 중심이 되는 것은 징검다리다. 시냇물의 모습은 징검다리의 수 · 모양 · 색깔 · 상태에서 차이가 난다.

동화창작이론을 징검다리 이야기에 접목하여 설명하면 다음과 같다.[1)]

시냇물은 동화책이고 동화작가는 시냇물에 징검다리를 놓는 사람이다. 징검다리는 창작이론이며 시냇물의 너비는 작품의 길이다. 시냇물을 건너는 어린이는 독자며 시냇물을 건너간 어린이의 모습은 책을 읽고 난 후의 어린이 심리다.

그러므로 동화를 창작할 때 아래의 세 가지는 필요충분조건이다.

첫째, 어린이의 보폭과 심리를 파악한다.

동화작가는 어린이의 보폭(독자의 연령)에 따른 어린이 심리를 감안하여 시냇물의 너비(작품의 양상과 길이)를 설정한다. 그러자면 연령별 어린이의 특성과 심리를 파악하는 일은 필수적이다.

아동문학의 대상연령은 0~18세까지다. 그런데 어린이의 발달은 연령별로 현격한 차이가 나므로 0~7세까지를 유아문학, 8~18세를 아동문학으로 구분한다. 그러므로 동화작가는 창작하기 전에 대상연령을 제일 먼저 고려해야 한다. 대상연령에 따라 작품의 길이 · 문장의 형태 · 내용 등이 달라지기 때문이다.

둘째, 동화창작이론을 습득한다.

동화작가는 시냇물의 너비를 감안하고 어린이의 보폭에 맞는 징검다리를 만든다. 비유를 하자면 건물을 설계하는 건축가와 같으므로 동화창작이론을 습득

---

1) 실제 학생들에게 동화창작이론을 가르치면서 느낀 단점을 보완하기 위한 설명 자료다. 초보자들이 가장 헤어나지 못하는 것 중 하나가 작품의 전체를 보지 못하고 부분만 보는 시각이다. 이로 인해 창작의 실패에서 벗어나지 못하고 중도에 포기하는 것을 보았다. 그래서 여러 가지 예시자료로 잘못된 부분을 공부하였지만 돌아서면 또 같은 실수를 반복하였다. 어떻게 하면 스스로 파악할 수 있을까 고민하다가 '징검다리 이야기'로 설명을 한 결과 창작에 많은 도움이 되었다.

하여야 한다.

징검다리가 듬성듬성 놓여 있으면 물에 빠지기 쉽다(어린이가 작품을 이해하기 어렵거나 재미없어서 책을 덮게 되는 경우다). 촘촘히 놓여 있어도 건너기가 불편하다(사건 · 인물 · 배경이 지나치게 많거나 문장이 지루하게 나열되는 경우다).

징검다리의 돌 모양과 색깔은 다양해야만 건너는 재미가 있다.

편편한 돌을 밟았을 때의 편안한 안정감, 생각과는 달리 살짝 흔들리는 돌의 긴장감, 물에 잠길 듯 말 듯한 돌의 위태로움, 뾰족한 돌을 밟고 지났을 때의 짜릿함 등이다.

징검다리의 큰 줄기는 인물 · 사건 · 배경을 골격으로 만들어진다.

돌의 색깔과 모양은 등장인물의 유형 · 사건의 크기 · 장소 등이 해당한다. 돌의 색깔처럼 분명한 캐릭터, 돌의 질감처럼 다양한 사건의 연계, 돌의 크기에 해당하는 주인공 역할 설정 등이 적절하게 분포되어야 한다.

대체적으로 처음 밟는 돌은 발단부분에 해당한다. 편편하거나 둥근 모습, 혹은 긴장감을 유발할 수 있는 뾰족한 돌이 해당한다. 이때 돌의 색깔은 발단의 분위기를 나타낸다. 그 다음 두 개의 징검다리는 전개부분에 해당하는 데, 사건과 인물의 행동을 알록달록한 색깔과 모양으로 보여 준다. 그 다음의 징검다리는 위기나 절정에 해당하는 돌로써 뾰족한 돌, 흔들거리는 돌의 이미지와 색깔처럼 긴장감을 준다. 마지막 돌은 결말부분에 해당하며 모양과 색깔로서 끝의 이미지를 보여 준다.

그 외 시냇물을 건널 때 볼 수 있는 물고기나 개구리, 시냇가의 풀과 꽃 등은 작품의 보조적 자료가 된다. 어떤 돌을 건널 때 무엇을 설치하느냐에 따라 글맛이 달라지기 때문이다.

셋째, 작품의 주제가 있어야 한다.

작가는 작품을 통하여 독자에게 무엇을 전달할 것인가를 생각하고 창작한다. 그림처럼 시냇물을 건너기 전에는 없던 빨간공이 시냇가를 건넌 후에는 빨간공이 있음과 같다. 빨간공은 작가가 작품에서 의도한 주제 혹은 목적이나 독자의 느낌이다.

작가가 나타내고자 하는 주제와 독자의 감정이 일치할 수 없다. 작가의 손을 떠난 작품은 이미 작가의 것이 아니다. "의도적 오류"처럼 작품이란 반드시 작가가 어떤 의도를 가지고 작품을 쓴다고 해도 그 의도가 작품에 그대로 반영된다는 보장이 없다. 또한 "감동의 오류"처럼 작품에서 받게 되는 감동과 영향은 독자마다 다를 수밖에 없다. 그러므로 독자는 작가의 의도대로 느낄 수도 있고, 작가가 의도하지 않았던 그 어떤 것을 느낄 수도 있다.

하지만 아동문학인 경우 작가는 작품에 나타내고자 하는 주제를 감동이나 이미지로 혹은 그 무엇으로 나타내야 한다. 아동문학은 주요 대상이 어린이이므로 문학성과 교육성이 두 개의 축이 되어야 하기 때문이다.

징검다리 이야기를 요약해 보면, 어린이가 가장 재미있는 모양과 색깔로 된 징검다리를 건너서 공을 발견하도록 하는 것이 가장 바람직한 동화창작의 방법이다.

그러므로 동화작가 지망생의 바람직한 태도는 일단 창작방법에 대한 공부를 해야 한다. 그 어떤 일이든지 이론과 실제는 불가분의 관계에 있듯이 이론과 실제를 겸비한 사람만이 전문작가가 될 수 있고 좋은 작품을 쓸 수 있는 작가가 된다.

그러므로 동화작가만의 특성, 주독자인 아동의 심리, 동화창작이론, 효율적인 문장표현법, 아동문학의 제반 기초이론 등 해박한 지식을 가져야 한다. 더불어 작가는 자유자재로 창작이론을 작품에 접목시켜 분석 · 비판할 수 있는 안목을 가질 수 있도록 노력해야 한다.

1. 작가로서의 길

누구나 한번쯤 자신이 하고 있는 일에 대해 생각할 때가 있다.

나는 왜 이 일을 하고 있나? 나는 어떻게 이 직업을 갖게 되었나? 복잡한 전철을 타고 가면서, 도로를 가득 메운 자동차들을 보면서 또 생각할 것이다. 저 많은 사람들은 어떤 일을 하며 살아갈까? 자신이 하고 싶은 일을 하면서 살아갈까? 사실 이런 질문에 대한 대답은 상당히 애매모호하다.

어떻게 하다 보니까, 먹고 살아야 하니까, 잘 살고 싶으니까, 하고 싶은 일이니까, 전공이니까, 그나마 내가 잘 할 수 있는 일이니까, 가족들을 부양해야 하니까, 부모님이 하라고 해서 등의 대답이 나올 수 있다.

그렇다면 어떤 사람들이 작가가 되는 걸까?

이러한 질문 역시 모호하지만 작가가 되고자 하는 사람에겐 대체적으로 이유나 동기가 있다. 앙드레 모아 *Andre Maurois*는 작가의 창작 동기를 "거의 모든 위대한 작가들은 다소 은밀한 형태로나마 어린 시절부터 성장기까지의 과정을 창작의 동기로 삼고 있다. 기대의 벅참과 진실에 의하여 사라지는 환상이 깨어짐을 다룬다."라고 말하였다.

예를 들면, 귀족사회의 모순과 비리를 풍자하기 위한 이솝 *Aesop* 2)의 〈이솝이야기〉, 영혼의 목자로서 사명감을 완수하기 위한 존 번연 *John Bunyan* 3)의 〈천로

---

2) 이솝이 글을 쓰게 된 동기는 귀족사회를 풍자하기 위한 것으로 전해진다.
이솝은 아이소포스(Aisopos)의 영어식 표기인데, 헤로도토스에 따르면 BC 6세기 사람으로, 사모스 사람 이아도몬의 노예였으며, 델포이에서 살해되었다고 한다. 그보다 좀 후대(後代)의 기록은 그가 프리기아인이라는 것, 그가 살해당한 원인 등을 좀 더 상세히 전하고 있으나, 그 진위(眞僞)는 판정하기 어렵다. 안짱다리, 불룩 나온 배, 검고 비할 데 없이 추악한 용모를 가졌다는 유명한 아이소포스(이솝) 상(像)은, 아득한 후세의 창작에 지나지 않는다. 전해오는 이야기에 의하면 이솝은 노예였으나 이야기꾼이었다. 이런 장점을 가진 까닭에 귀족부인들에게 이야기를 들려주는 일만 하면서 귀족부인들과의 친분을 쌓게 되었다. 이야기꾼이라는 장점으로 인해 이솝은 노예에서 벗어났지만 귀족들의 이중적인 생활에 환멸을 느껴 세상을 여행하면서 쓴 글이 이솝이야기라는 설이 있다. 그 후 이솝이야기는 여러 사람에 의해 가감(加減)이 되었다.

3) 존 번연이 글을 쓰게 된 동기는 "어떻게 하면 영혼을 구원받기에 합당한 인간이 될 수 있습니까"이다. 가난한 양철공의 아들로 태어나 처음에는 양철공 생활을 했지만 나중에 군인이 되었다. 그는 군대생활을 하면서 점차 자아에 눈을 떴다. 자신이 누구보다도 증오스러운 배교도임을 깨닫고 다시 복음서를 읽으며 삶의 보람과 희망을 발견하여 속죄를 위해 몸과 마음을 하나님께 바치기로 하였다. 그 후 여행을 하면서 사람들을 설교하고 세례를 주다가 박해를 받아 투옥되었

역정〉, 선원의 무인도 표류기를 이야기로 재현하고자 한 다니엘 데포 *Daniel Defoe*[4]의 〈로빈슨 크루소〉, 비행조종사로서의 경험을 바탕으로 자신이 추구하는 사랑을 표현하고자 한 생텍쥐페리 *Saint-Exupery* [5]의 〈어린 왕자〉, 영국의 정치 · 사회 · 인간의 추악한 면을 풍자한 조나단 스위프트 *Jonathan Swift* [6]의 〈걸리버 여행기〉, 아버지의 꿈을 대신 이루기 위해 작가가 된 한스 안데르센 *Hans C. Andersen* [7]의 〈어린이를 위한 이야기〉, 생계비를 벌기 위해 글을 쓴

다. 천로역정은 1678년 존 번연이 감옥에서 쓴 글이다. 그 후 영혼의 목자로서 자신의 사명을 계속하였고 많은 비국교도들에게 하나님의 뜻을 전하는 예언자의 한 사람으로 존경받았다.

4) 다니엘 데포(Daniel Defoe)는 영국의 언론인이자 소설가다.
런던의 푸줏간 자식으로 태어나 양말 장사, 벽돌굽기, 세무 관리 등 여러 가지 직업으로 돌아다녔으나 성공하지 못하고, 1704년 주간지인 「평론(Review)」을 간행함으로써 잡지 시대를 개척한 선두주자(先頭走者)가 되었다. 소설가로서의 활동은 〈로빈슨 크루소〉에서 시작되어 〈재크 대령〉(1722), 〈록사너〉(1724), 〈해적 싱글튼〉(1720) 등 사실적인 소설을 잇달아 발표했으나 그리 인정을 받지는 못하였다. 허식 없이 사실적으로 쓴 이 작품은 스코틀랜드의 선원 알렉산더 셀커크(Alexander Selkirk)의 무인도표류기를 소재로 삼았다고 하나, 오히려 그 내용은 데포 자신의 상상을 구사한 우화소설(寓話小說)이며 존 번연의 〈천로역정(天路歷程)(The Pilgrim's Progress)〉 이래 영국 대중의 감정구조에 숨겨진 종교적 · 도덕적 우의문학(寓意文學)의 전통에 속한다는 주장이 높다.

5) 생텍쥐페리는 프랑스 리용에서 태어났으며 비행사이면서 작가다.
최초의 야간비행을 시도한 조종사였으며 〈비행사〉, 〈인간의 대지〉, 〈야간비행〉 등을 발표하면서 2차 세계대전에는 공군으로 참가한 행동파 작가다. 1943년 인간과 삶, 사랑에 대해 그린 〈어린왕자〉를 발표하고 연합군 반격작전에 참가하기 위해 북아프리카로 떠났다. 1944년 7월 정찰비행기를 타고 출정을 나간 후 행방불명이 되었다. 독일군 정찰기에 추락되었으리라 추측을 하지만 그의 죽음에 대한 진실은 아무도 모른다. 감성적이고 행동적인 생텍쥐페리는 자신의 비행사 경험을 바탕으로 그가 추구하는 사랑의 본질을 말하고자 하였다. '사랑한다는 것은 둘이 마주보는 것이 아니라 함께 같은 방향을 바라보는 것이다.'라고 했던 것을 보면 생텍쥐페리가 찾고자 했던 사랑의 모습일 수 있다.

6) 조나단 스위프트는 1667년 더블린에서 영국계 부모의 유복자로 태어났다.
종교와 학문에 관한 강력한 풍자에세이 〈설교단의 이야기〉, 〈책의 전쟁〉, 〈스텔라의 일기〉 등 많은 작품을 남겼고, 아이리쉬 저항운동의 지도자이기도한 그는 사후에도 아일랜드에서는 국가적인 영웅으로 존경받고 있다. 그의 대표작인 〈걸리버 여행기〉는 〈로빈슨 크루소〉와 함께 앤여왕이 다스리는 어거스틴 시대의 가장 유명한 대표적 소설로 남아 있다.

7) 안데르센은 덴마크의 동화작가며 동화의 아버지다. '즉흥시인'으로 독일에서 호평을 받아 유럽 전체에 명성을 떨치기 시작하여 〈인어공주〉, 〈미운 오리새끼〉 등 아동문학의 최고봉으로 꼽히는 수많은 걸작 동화를 남겼다. 대부분의 생애를 해외여행으로 보냈으며 국내외의 시인 · 문학자 · 미술가 · 정치가 등과 광범위한 교우를 가졌다. 안데르센이 작가가 된 데에는 구두 수선공인 아버지가 자신의 꿈을 대신 아들을 통해 이루고자 했던 영향이 크다.

조앤 K. 롤링 *Joanne Kathleen Rowling*[8]의 〈해리포터〉 등이다. 이처럼 작가가 글을 쓰는 데는 분명한 이유가 있는데, 이를 요약하면 크게 세 가지로 나눌 수 있다.

1) 작가는 하고픈 말이 많다.

자신의 가치관을 주장하고 싶거나, 자신의 상처와 문제점을 무의식적으로 드러내어 위로받기를 원하거나, 자신과 같은 처지에 있는 사람들을 위로해 주고 싶거나, 사회현상에 대해 옳고 그름을 판단하기를 원하거나, 삶의 이런저런 모습을 보여주고 싶은 충동감 등으로 하고픈 말이 많은 사람이다.

따라서 작가는 자신의 생각과 느낌을 가장 잘 나타낼 수 있는 장르를 선택한다. 시 · 소설 · 희곡 · 아동문학 · 평론 · 수필 중에서 그 어떤 장르를 선택하고 하고 싶은 말을 쏟아냄으로써 자신의 존재가치, 삶의 가치를 느낄 수 있는 사람이다.

2) 작가는 많이 읽혀지기를 원한다.

작가는 인간의 마음을 꿰뚫어 내면의식의 흐름을 글로 재현하는 창조적인 행위자다. 작가는 자신의 글이 독자에게 감동을 주거나, 교화하거나, 기타 그

---

8) 조앤 K. 롤링은 판타지 소설로 인해 200년대의 최고의 작가며 대부호가 되었다. 1965년 7월 영국 웨일스의 작은 시골 마을 치핑 소드베리에서 태어났다. 엑세터 대학 불문학과를 졸업한 후 비서일을 하다가, 포르투갈로 건너가 영어 강사로 일하였으며 결혼했으나 곧 이혼하였다. 영국으로 다시 돌아온 롤링은 생후 4개월된 딸과 함께 에든버러에 초라한 방 한 칸을 얻어 정착했다. 일자리가 없어 1년여 동안 생활 보조금으로 연명하다 동화 쓰기를 결심, 〈해리 포터〉 시리즈를 완성하였다. 1997년에 나온 이 작품은 고아소년 해리 포터가 친척집에 맡겨져 천대받다가 마법 학교에 입학하면서 마법사 세계의 영웅이 된다는 줄거리를 담고 있는 판타지 소설이다. 처음에는 출판사로부터 여러 차례 거절당하다 서서히 소문이 나며 인기를 얻기 시작하였고 곧 세계적인 베스트셀러가 되었다. 2001년 「포브스」가 선정한 전 세계 저명인사 100명 중에서 25위를 차지했으며, 책 판매와 영화 판권으로 영국에서 2002년 최고 여성 소득자에 올랐다. 2004년엔 「포브스」가 집계한 10억 달러 이상 '세계 최고 부호 클럽'에 합류했다.

어떤 영향을 주기를 원한다. 그리하여 경험한 모든 지식과 감성을 동원해 작품 속의 인물 · 배경 · 사건 등으로 하나의 이야기를 만든다. 완성도가 높은 글을 쓰기 위해 많은 책을 탐독하고, 글쓰는 방법을 배우고 익힌다. 일부러 여러 곳을 다녀 보기도 하고, 작가의 감성안테나에 걸린 것을 인물이나 소재로 채택한다. 밤낮으로 퇴고를 반복하여 책으로 출판한다. 작가는 산고(産苦) 끝에 출판된 책을 독자들이 많이 읽기를 원한다.

독자는 책을 읽으면서 작가에 대해 생각하게 된다. 의식적이든 무의식적이든 "글은 곧 마음의 거울" 혹은 "글은 곧 사람이다." 등 말의 의미와 주제를 느낀다. 독자는 작가가 말하고자 하는 의미, 작가가 지향하는 삶의 방향에 동조하게 되는 것이다. 이러한 독자가 많으면 많을수록 작가의 책은 많이 팔린다. 결국 작가는 독자가 자신의 글을 많이 읽어 줄수록 보람을 느낀다.

한편, "모든 사람들이 읽어 주길 바라지 않는다. 나의 작품을 이해해 주는 사람이 한 명만 있어도 그 한 명을 위해서 쓰겠다."고 말하는 작가도 있다. 이는 작가의 개성, 혹은 부족한 자신의 글에 대한 변명일지 모른다. 한 사람만 좋아하는 작품을 훌륭한 작품이라고 볼 수가 없기 때문이다.

물론, 작가는 별다른 기대를 하지 않고 출판했는데 독자들의 반응이 좋은 경우도 있다. 반대로 작가는 혼신의 힘을 다하여 쓴 작품인데도 독자들이 외면하는 경우도 있다. 작가는 작가와 독자, 양쪽 모두를 만족시킬 수 있는 작품을 가장 희망한다. 그래서 작가가 되는 길은 어려운지도 모른다.

3) 작가는 어린이의 교육을 담당한다.

작가를 바라보는 학자들의 견해도 다양하다.

지그문트 프로이트 *Sigmund Freud*[9]는 작가를 일컬어 '자신의 결핍된 부분

---

9) 오스트리아의 정신과 의사이자 정신분석학파의 창시자다. 무의식이 행동에 영향을 미친다는 것을 대중화한 심리학 학자다. 그는 최면이 어떻게 신경증 치료에 도움을 주는 지에 관심을 갖게 된다. 그 후 '대화 치료'에 의해 자유연상과 꿈의 해석을 지지하며 최면술을 포기한다. 프로이트는 특히 그 당시에 히스테리라고 불렸던 것에 대해 관심을 가졌으며 이는 지금 전환신

혹은 억제되어 있는 욕망을 분출하기 위한 수단으로 글쓰기를 선택한 사람'이라고 보았다. 작가는 더 이상 억누를 수 없는 마음의 결핍요소나 문제점들이 병적인 요소로 전환되기 직전에 글로서 승화시킨 사람이라는 것이다. 다시 말하면, 자신의 결점을 긍정적인 방향(작가)으로 전환시킨 사람이다.

반면, 일본 동화작가인 아리시다 다케오(有島武郎)[10]는 「자아의 고찰」에서 다음과 같이 말하였다.

> 인간에게는 자신을 보존하려는 욕구 외에, 또는 그 이상으로 자신을 완성하려는 욕구가 있습니다. 예술 작품은 말하자면 예술가의 넘치는 사랑이 시키는 작업입니다. 예술가 자신과 그가 가진 것이 만들어 내는 결과가 작품이 되는 것입니다.

아리시다 다케오(有島武郎)의 작가에 대한 견해는 프로이트의 무의식의 구조[11] 중 초자아가 강한 사람이다. 자신을 보존하는 것만으로 만족하기 보다는 더 나은 자신을 완성하기 위해 글을 쓴다는 것이다.

플라톤 *Platon*[12]은 일찍이 작가가 사회에 끼치는 영향을 간파하여 작가에 대한 견해를 여러 가지로 피력하였다. 먼저 『理想國論』 제10권에서 "시인이 선량한 신에 대해서 거짓말을 하고, 미련한 인간을 모사하고, 인간의 행복과

드롬이라고 불린다. 프로이트의 이론들과 환자에 대한 그의 치료는 19세기에 비엔나에서 논쟁이 되었고 여전히 오늘날에도 뜨거운 논란이 되고 있다. 프로이트의 아이디어는 그것들을 과학적 · 의학적 논문으로서 계속 논의되는 것뿐만 아니라 문학, 철학, 일반 문화에서 종종 논의되고 분석되어져 왔다.

10) 아리시다 다케오(有島武郎 : 1878~1923) 일본 동경 출생. 시가 나오야(志賀直哉), 무샤나코지 사네아쯔(武者小路實篤) 등과 함께 동인지 「백화(白樺)」에 참가하였다. 〈카인의 후예〉, 〈어떤 여자〉 등의 작품이 유명하다. 아동문학 작품으로는 「빨간 새」 등에 발표한 〈한 송이의 포도〉, 〈물에 빠진 형제〉, 〈화재와 바둑이〉 등의 단편이 있고 동화집 ≪한 송이의 포도≫가 있다.

11) 프로이트에 의하면, 사람의 무의식 구조는 동물적인 본능이 강한 이드(id), 자기 자신을 보존하고자 하는 자아(ego), 자기애보다는 이타적인 사랑을 추구하는 초자아(super ego)로 되어 있다.

12) 고대 그리스의 철학자이자 형이상학의 수립자이며 소크라테스만이 진정한 철학자라고 생각하였다. 영원불변의 개념인 이데아(idea)를 통해 존재의 근원을 밝히고자 했다. 그의 작품은 1편을 제외하고 모두가 논제를 둘러싼 철학 논의이므로 '대화편(對話篇)'이라 불린다.

미덕을 방해하는 감정이 오히려 지배적이므로 시인을 그의 이상적인 공화국에서 추방해야 한다."며 문학추방론을 주장하였다. 그러나 『法律』에서 "국가지도자들은 교육적 효과를 감안하여 검열을 실시하여 통과된 문학만이 독자에게 제공하여야 한다."며 문학의 사회적 효능을 미적 가치 못지않게 중요시하였다. 더불어 "작가는 인생의 연륜을 겸비한 50세 이상인 자가 되어야 하며, 도시에서 존경받고 인격자로서 인정받는 자가 되어야 한다"고 언급하여 작가가 사회에 미치는 영향을 다시 한 번 강조하였다.

중국에서는 시들을 정선해 놓은 『詩經』에서 "대부분의 詩는 백성을 가르쳐 선도하고, 위정자의 잘못을 근심하며 풍자한 것"으로 보고 긍정적인 측면에서 문학의 효용론을 언급하였다.

이 세상에 존재하지 않는 이야기, 하지만 있을 법한 이야기를 현실처럼 이야기하는 작가는 분명 사회에 영향을 끼치는 사람이다. 그러므로 작가와 사회는 연관성이 있다. 사회의 여러 양상은 문학의 소재가 되고, 작가가 쓴 문학작품은 개인의 사상과 감정의 표현임과 동시에 사회의 표현이 된다. 리튼 *Lytton*[13]이 "펜은 칼보다 강하다."라고 말한 것처럼, 글은 독자의 마음을 움직여서 어떤 행동으로 변화시킬 수 있기 때문이다. 문학사조의 흐름이 당시대의 사회문화에 영향을 끼친 이유도 여기에 있다.

문학의 교육적 기능에 대한 문제는 논쟁적 과제 중의 하나다.[14] 아동문학 작가는 분명 사회에 좋은 영향을 주어야 한다. 이는 아동문학의 교육적 기능으로 설명할 수 있는데 아동문학의 주요 대상이 바로 어린이라는 특수성 때문이

---

13) 영국의 소설가며 희곡작가 및 정치가다. 케임브리지 대학을 졸업하고 언론인으로 활약하였다. 식민지 관청의 비서관 등을 지내고 말년에는 글래스고 대학 총장을 역임하였으며, 남작의 작위를 받았다. 하원 의원도 지낸 그는 교묘한 표현 기법으로 많은 통속 소설을 썼다. 대표적인 작품으로 〈폼페이 최후의 날〉이 유명하다. 그 밖의 작품으로는 〈리엔지〉, 〈펠럼〉, 희곡 〈금〉 등이 있다.

14) 사실, 성인을 대상으로 하는 문학은 실험 정신 또는 선택하는 내용면에 있어서 아무런 제한을 받지 않는다. 성인문학의 대상이 무엇이 옳고 그른지 가치판단을 할 수 있는 성인이라는 이유 때문이다. 그러나 반문해 보면 성인이라고 해서 모든 것을 정확하게 옳고 그름을 판단할 수 있는 능력을 가졌느냐에 대한 의구심은 피할 수 없다. 오히려 문학을 통해서 사회의 악을 답습할 수 있다는 우려가 생길 수 있기 때문이다.

다. 독자가 미성숙한 어린이이기 때문에, 삶을 생각하는 올바른 가치 판단이 전제되어야 한다.

그렇다고 모든 작가들이 아동문학의 교육성을 추구한 것은 아니다.

폴 아자르 *Paul Gustave Marie Camille Hazard*[15]는 아동문학의 교육적 기능을 신랄하게 비판하며 자유로운 상상력을 강조하였다. 어리석은 지식인이나 고지식한 어른이 어린이에게 아무런 재미도 꿈도 없는 교훈 투성이의 책을 안겨 주려는 시도에 대해 가차 없는 비판을 가한다. 요컨대 교육성을 강조한 모든 시도는 "선을 가장한 악"이라는 것이다.

> "어린이는 독립된 가치를 지닌 존재다. 이제 막 인생의 희열에 눈뜨는 이들에게 잔인한 교훈의 비를 쏟아 붓지 말라. 어린 영혼의 싹을 짓뭉개지 말라. 어린 영혼들을 일그러뜨리는 가짜 읽을거리를 가차 없이 추방하라."[16]

어린이들의 순수한 마음을 문학적 교육기능의 잣대로 정형화시켜 버린 것에 대한 부정적 시각이다. 그러나 『책 · 어린이 · 어른』에서 "나는 지식의 한계를 올바로 이해하고 있는 책을 사랑한다. 인간의 심성에 대한 인식을 어린이들에게 심어 주는 책을 사랑한다. 높은 도덕성을 지닌 책을 사랑한다."고 이야기하였다. 즉 폴 아자르가 강조한 것은 언제까지나 변하지 않는 진리, 인간의 영혼을 생기 있고 분발하게 하는 진리를 풍부하게 지니고 있는 내용이어야 한다는 뜻이다. 이는 문학적 교육기능을 내포하는 것이므로 아동문학은 교육성을 피해 갈 수 없는 문학임을 보여 준다. 그러므로 동화작가는 교육성과 문학성의 적절한 배분율, 혹은 교육성의 적절한 표현방법[17]이 난제이며 늘 고민거리가 된다.

---

15) 세계적으로 저명한 프랑스의 비교문학학자다. 파리에 있는 고등사범학교를 졸업했으며, 1910년 소르본 대학에서 박사 학위를 받았다. 그는 파리대학, 콜레주 드 프랑스 문학사를 강의하였다. 저서로는 은사인 조셉 베디에와 함께 엮은 대작 『프랑스 문학사』, 18세기 문학의 귀중한 연구서이자 금세기 최고의 역작 중의 하나로 꼽히는 『유럽 의식의 위기』, 『스탕달의 생애』, 『돈키호테 연구』 등이 있다.

16) 폴 아자르, 〈햇살과 나무꾼〉, 『책 · 어린이 · 어른』, 시공주니어, 1999.

17) 아동문학이 본격적으로 태동하기 시작했다고 볼 수 있는 것은 16~17세기의 청교도주의의

2. 창작이론의 필요성

인간의 활동을 자세히 들여다 보면 모든 일들은 어떠한 이론을 바탕으로 이루어짐을 알 수 있다. 좀 더 깊이 있게 살펴보면 과학의 발달도 철학적 사상도 자연의 원리에서 비롯되었음을 알 수 있다. 물질이든 정신적이든 자연원리 혹은 자연공학의 기초 위에 세워진 공학이론에 의해 만들어진다.

모든 일은 기초이론을 근거로 세워졌으므로 어느 누가 활용하더라도 비슷한 결과가 나옴을 예견할 수 있다. 예를 들어 과학 · 수학 · 스포츠 · 무용 · 미술 · 음악 등도 각기 일정한 기초 이론이 있어 그 이론을 바탕으로 연습과정이 정해져 있다. 객관성 있는 기초이론을 착실하게 연습하다 보면 일정한 수준까지 도달할 수 있으며 개인의 독창성을 가미한 자신만의 기술을 습득할 수 있는 것이다.[18)]

인간의 정신적인 창작활동에도 기초이론이 있을까?

동화작가 지망생들의 유형을 보면 타고난 재능으로 아무런 도움 없이도 훌륭한 작품을 쓰는 사람이 있다. 몇 년씩 창작공부를 하면서 작가가 되는 사람도 있다. 반면에 끊임없이 습작을 하고 공부하였음에도 불구하고 제대로 된 작품을 쓰지 못하고 포기하는 사람들도 있다. 무엇을 어떻게 쓰면 되는지 전혀 모르거

출현 및 확산이다. 청교도주의에서 '아이들'이란 순수하거나 깨끗한 존재라기보다는 오히려 죄 속에서 태어나서 죄 속에서 성장하다가 결국 죄 속에서 죽어가는 존재였다. 이러한 상태에 있는 아이들을 구원하기 위한 방법을 강구하게 되었는데 방법론적 도구의 하나로서 아동들을 위한 '문학'이 태동되었다. 대표작품으로는 존 번연(John Bunyan)의 『소년과 소녀를 위한 책(A Book for Boys and Girls)』이 있다.

18) 거스 히딩크(Guus Hiddink)는 우리나라 축구를 올림픽 4강으로 올린 감독이다.
초기의 히딩크 감독 별명이 '오대영(5 : 0)'이었다. 시합할 때마다 5 : 0으로 지니까 붙인 이름이다. 그런데도 히딩크는 선수들에게 기술은 가르치지 않고 이론 중심의 기본체력을 강조하며 훈련시켰다. 사람들은 더 의아해하며 실력 없는 감독이라고 빈정거렸다. 하지만 히딩크 감독은 선수들의 기본체력이 형성되어야만 기술을 보일 수 있다고 생각한 것이다. 이처럼 기초이론에 의거한 체력단련 프로그램이 결국 올림픽 4강으로 진출하게 만든 바탕이 되었다.

나 너무 초조한 상황에서는 아무것도 쓰지 못하게 되는 경우도 있다.

동화창작은 반드시 '이론'을 의식하며 쓰지 않는다. 오히려 작가들은 저마다 "창작의 비밀"을 가지고 집필한다. 그러나 작가가 창작의 이론을 드러내지 않기 때문에 비밀처럼 보이는 것이다. 근본적으로 이론을 명확하게 전달할 수 없기 때문에 비밀처럼 보이는 것이다. 창작은 심리적인 세계의 작업이지만 그것을 헤치고 들어가면 현실적으로 다루는 방법이 반드시 있게 마련이다. 동화를 공부하고자 하는 경우 납득할 만한 기초 이론과 객관적인 훈련 시스템을 가진 곳은 극히 드물다.[19] 대체적으로 개인적인 경험이나 인물에 의존하여 자의적으로 운영된다. 기존의 체험 제일주의나 뭔가 있는 듯 비밀스럽게 구는 불가지론(不可知論)이 통용되고 있는 것이 현실이라고 보아도 무방하다.

그러므로 천부적 재능으로 노력하지 않아도 걸작을 쓸 수 있는 사람을 제외하면 대부분의 작가지망생들은 '의식'을 통해 무언가를 창조하기 위해 고통스런 길을 걸어야만 한다. 아무리 작가의 감성이 뛰어나다고 할지라도 그것을 어떻게 쓰느냐에 따라 작품이 달라지기 때문이다.

창작이론은 밤바다에 떠 있는 배의 등대처럼, 자동차의 내비게이션처럼, 구체적인 방법을 제시하는 안내자다. 즉 무엇을 써야 좋을지 모를 때, 어떻게 엮어내면 작가의 의도를 잘 나타낼 수 있는지, 어떻게 정리해야 하는지, 확실한 방법을 제시해 주는 멘토 *Mentor*가 된다. 올바른 방향설정이 되어야만 훈련과 경험이 그 진가를 발휘한다. 방향을 잘못 정하면 아무리 열심히 뛰어도 목적지와는 점점 멀어질 뿐이다.[20]

---

19) 가까운 일본, 중국의 대학교에서는 아동문학창작학과가 일찌감치 개설이 되어 있지만 우리나라의 경우 없다. 요즘에 들어서 아동문학의 중요성과 상업적 부가가치를 간파한 학교에서 개설하고 있는 실정이다. 그러므로 아동문학 창작공부는 스터디, 등단회원 중심으로 동아리가 형성되어 오늘에 이르렀다.

20) 예를 들면, 대구에서 서울로 가야 하는 사람이 있다. 이 사람은 무조건 서울로 가야 한다. 그런데 가는 길을 모른다. 그러나 다행히도 이 사람은 어떻게 하든 서울만 가면 되지 않느냐는 생각으로 이 길 저 길을 찾아서 간다. 좋게 말하면 용감하고 의욕이 있고 힘이 넘치는 사람이다. 반면, 나쁘게 말하면 우둔하고 고생을 사서하는 사람이다. 서울까지 도착하는 과정에서 이 사람이 겪어야 하는 것은 좋은 점 보다는 신체적 고통, 시간 낭비, 체력 소모, 중간 포기 등 나쁜 점이 더 많다.

이러함에도 불구하고 창작이론을 도외시하는 경우가 있다. 이유는 다양하겠지만 동화창작을 아주 쉽게 생각하는 데서 비롯된다. 말로는 동화창작이 어렵다고 하면서 행동은 아주 용감하게 들이대는 형태다. 창작하는 방법을 배워 제대로 써야겠다는 생각보다, 무작정 쓰고 보는 행동이다(물론 스스로 걸작을 쓰는 사람도 있지만 본 글에서는 일반적인 작가지망생을 대상으로 한다).

이는 대체로 자기 스스로 만족하는 경우다. 이렇게 봐도 잘 썼고, 저렇게 봐도 잘 썼다고 생각하기 때문에 자아도취에 빠지게 된다. 게다가 주변사람(친척, 지인, 아동문학가)들도 칭찬으로 일관한다. 괜히 단점을 지적하여 기분 나쁘게 하기보다는 듣기 좋은 말로 적당히 상대방의 기분을 맞춰 주려는 심리 때문이다. 또한 작품을 분석, 비판하여 장단점을 정확하게 짚어 줄 멘토가 없다. 그래서 자비를 들여서 출판을 하고, 서둘러 작가의 대열에 끼어든다. 이런 상황에서 발전을 기대할 수 없다.

대장간의 담금질처럼 쓴 소리가 오히려 최고의 작품을 만들기 위한 거름이 된다는 사실을 인지해야 한다. 우선은 더디고 힘들지 모르나 인내심을 가지고 꾸준히 공부하려는 자세가 무엇보다도 중요하다. 단 소리보다 쓴 소리에 귀를 기울이는 자세로 창작에 임해야 한다.[21)]

반면, 창작이론을 공부한 작가지망생이라고 해서 작품을 잘 쓴다는 보장도 없다. 나름대로 또 다른 난관에 부딪치게 된다. 전체를 보지 못하고 부분에만 집착하여 작품답지 못한 작품을 창작하는 경우다. 창작이론을 완전히 소화하지 못하는 데서 나오는 현상이다.

작품은 전체의 모습이 균형 있게 잘 짜여 있어야 한다.

바로 작가가 하고자 하는 말을 가장 잘 전달할 수 있는 구성이다. 독자의 이해도 및 감성을 가장 잘 이끌어 낼 수 있는 형태다.[22)]

---

21) 소설이나 시를 쓰고자 하는 작가지망생들은 동화작가의 경우와 다르다. 그들은 일단 공부부터 해야 한다고 생각한다. 그래서 대학교 문예창작학과에 입학하여 체계적으로 이론과 창작방법을 익히고, 개인적으로 창작교습을 받고, 수없이 많은 시간을 습작에 매진한다. 작가가 되기 위해 결코 서두르지 않고 적게는 몇 년, 길게는 십여 년을 제대로 된 작품을 쓰기 위해 몰두한다.

22) 작품의 선발기준도 미스코리아 선발대회와 흡사하다. 미스코리아 선발기준에 보면 신체

그러므로 창작이론과 작품은 서로 떨어질 수 없는 불가분의 관계다. 이론과 창작 중 어떤 것이 먼저 선행된다고 할 수 없다. 귤을 보면 신맛이 나고, 꿀을 보면 단맛이 나고, 한약을 보면 쓴맛이 나는 것처럼 창작이론은 작품 속에 내재되어 있는 그 무엇이기 때문이다. 비평가나 전문가들의 날카로운 분석과 비평을 통해 서두르지 않고 자신의 창작물을 정금처럼 연단시켜 나가야만 좋은 작품이 된다.[23)]

3. 동화작가의 특성

어린이에게 동화란 무엇인가?

심심할 때 상상의 날개를 달아주어 같이 놀아주는 친구다. 마음껏 날아다니게 하는 마법의 도구며 마음대로 시공을 넘나들 수 있는 타임캡슐이다. 억압된 감정을 분출할 수 있는 통로며 많은 사람들을 만날 수 있는 만남의 장소다. 풍부한 지식을 주는 선생님이며 아무리 보아도 재미있는 장난감이다. 결핍된 요소를 보완해 주거나 충족되지 못한 욕구를 해결해 주는 척척박사다. 즉 동화가 어린이에게 어떠한 존재인지를 단적으로 보여주는 관점이다.

동화는 어린이의 성장과정과도 밀접한 관계가 있다.

어머니 뱃속에서부터 듣게 되는 태교동화부터 유치원·초등학교까지 동화는 어린이의 필수품처럼 자리잡고 있다. 어릴 때부터 책읽기가 습관화되면 책에 담긴 지혜와 지식을 습득하여 풍요로운 삶을 살아갈 수 있기 때문이다. 그러므로 실용아동문학의 장르인 독서지도·동화구연·독서치료·논술 등 다양한 프로그램은 이미 어린이교육 전문프로그램으로 활성화되어 있다. 이처럼 동화는

각 부위별 비율이 있다. 무조건 다리만 길어서 안 되고, 무조건 얼굴만 작아서도 안 된다. 가장 아름다운 모습은 각각의 비율이 조화롭게 균형을 이루고 있는 모습이다.

23) 아동문학 평론이 앞으로 더욱더 활성화되어야 한다. 단, 비평가의 주관적인 인상주의적 비평보다는 창작이론에 의거한 객관적인 비평이 필요하다. 객관적이고 논리적인 비평은 좋은 작품의 밑거름이 된다.

문학성 뿐만 아니라 지식을 전달하는 교육의 매체로까지 활용된다.

문학을 통한 교육이란 말은 이미 낯설지 않다. 문학은 언어로 표현되어 있으므로 일찍이 할리데이가 '언어학습의 3대 범주론'에서 제기한 바 있는 언어의 학습(learning language), 언어를 통한 학습(learning through language), 언어에 대한 학습(learning about language)을 떠올릴 것이기 때문이다(Haliday, 1964).

하지만 문학교육이 언어의 뜻, 언어의 사용방식만을 가르치는 것이 아니다. 이러한 것들은 일차원적인 목표가 된다. 무엇보다 문학은 삶의 인지적, 정서적 경험을 표현하고 있다. 따라서 문학교육이란 문학이 갖고 있는 교육적 속성으로 인하여 문학에 내재된 사유와 인간의 사고와의 관련을 밝혀 내고 이를 통해 개별 독자가 개별 작품에 대한 감상의 타당성을 밝혀 내는 작업까지 포함한다.

즉 우리가 문학이라고 부르고 향유하는 것들 속에 이미 다양한 교육적 작용력이 내재하고 있다는 점이다. 그러므로 '문학을 통한 교육'은 문학의 교육적 작용력을 교육의 모든 장면에서 극대화하려는 교육적 의도가 문학교육의 방법이 되는 것이다.

그렇다면 어떤 사람이 동화작가가 되는 걸까?

동화작가는 어린이와 같이 마음이 맑은 사람이다. 날카로움보다는 감쌈의 문학을 지향하는 사람이다. 혼자보다는 함께 하기를 원하는 사람이다. 기도문을 쓸 때처럼 순수하고 정결한 마음을 가진 사람이다. 사랑하는 방법을 배우는 행복한 사람이다. 이러한 관점은 동화의 주요 독자인 어린이의 심성을 염두에 두었기 때문에 가능하다.

이처럼 동화작가는 자연의 아름다움 · 순수함 · 정직함 · 법칙 등을 가장 많이 닮은 어린이를 위해서 글을 쓰므로 다음과 같은 특성을 가지고 있다.

1) 어린이의 마음을 가꾸는 농부

어린이는 옳고 그름의 판단에 앞서 스펀지가 물을 빨아들이는 것처럼 흡수율이 높다. 그러므로 한 편의 동화는 어린이의 마음을 돌밭 · 자갈밭 · 모래밭 · 기름진 땅으로 변화시킨다.

동화작가와 어린이와의 관계는 농부와 땅의 관계와 같다. 농부가 오직 돈을 벌기 위해서 농약을 과다하게 사용하여 작물을 수확한다면 농약에 찌든 땅은 더 이상의 작물을 수확할 수 없는 산성토가 되어 버린다. 반면, 생명을 키워내는 땅의 소중함을 생각하는 농부는 비록 더디고, 힘들지라도, 맛도 좋고 건강에도 좋은 작물을 오랫동안 수확할 수 있다. 즉 선악에 대한 올바른 판단, 자연의 조화로움, 생명의 고귀함, 더불어 사는 세상, 사람으로서 지켜야 할 도리, 사회 구성원으로서의 의무, 감사함과 겸손함이 어린이의 마음을 기름진 땅으로 만든다. 그러므로 동화작가는 어떤 농부의 자세로서 작물을 가꾸어야 할지 늘 자각하여야 한다.

이에 영국의 아동문학가 조안 에이킨 *Joan Aiken*[24]은 〈공짜선물〉이라는 에세이에서 다음과 같이 말하고 있다.

> 대부분의 필자 – 대부분의 사람 – 는 평생 동안 어린이의 좋은 벗이 될 책을 만들기 위해 착상에 매달립니다. 무언가가 그 착상을 이끌어 냅니다. 그것은 치료하지 않으면 안 되는데 방치해 둔 어린 시절에 받은 마음의 상처일 수도 있지요. 또 아이들에게 이야기를 들려주다 보면 이것을 글을 써도 되겠다는 생각이 드는 경우도 있습니다. 여하튼 확실한 착상이 떠오르면 주변 상황에 따라 좋은 책 한 권, 때로는 두세 권씩 쓰기도 합니다(중략). 그저 쓰고 싶다는 생각에서만이 아니라 이것은 꼭 써야 한다는 강하고 순수한 충동을 느끼지 않고 어린이 책을 쓰는 것, 이것은 플라스틱 장난감 기관총이나 첨가물이 들어간 사탕 또는 물로 희석시킨 페니실린 등을 파는 것과 다를 게 없다는 부정한 행위라고 생각합니다.
>
> – 〈가시가 있는 파라다이스〉, 에드워드 브리센 편 –

2) 어린이의 마음을 그리는 화가

밝고 환하고 아름다운 그림을 많이 본 어린이는 긍정적이며 희망적인 마음을 가진다. 반면, 어둡고 칙칙하며 난폭한 그림을 많이 본 어린이는 부정적이며

---

24) 조안 에이킨은 1924년 영국에서 태어났다. 10대부터 작가의 길을 걷기 시작하여 시나리오 작가로도 활약하였다. 대표작품으로는 〈빗방울 목걸이〉, 〈황당한 월요일〉이 있다. 에이킨 자신의 창작방법과 체험이 구체적으로 그려진 『어린이 책을 쓰는 요령』도 출판되었다.

폐쇄적인 마음의 비중이 커진다.

동화작가는 글로서 밝고 환한 그림을 그리는 화가다. 구불구불한 곡선으로 삶의 여유를 보여주고, 반듯한 직선으로 강직함을 배우게 한다. 날카로운 송곳 같은 선으로 아픔을 느끼게 하고, 점점이 찍힌 점으로 내면의 소리를 듣게 한다. 다양한 사람들의 모습을 통해 삶의 소중함을 깨닫게 한다. 어떤 마음을 가지고 어떤 모습으로 살아가는 것이 보기 좋은 모습이 되는지 느끼게 한다.

어린이의 언어표현은 어른들의 언어를 모방하는 데서 비롯된다. 어린이의 언어는 의사소통의 표현력 뿐만 아니라 아름다운 감성의 표현까지 내포한다. 그러므로 동화작가는 부정적이고 폐쇄적인 언어보다는 밝고 아름다운 언어로 표현함을 추구한다. 아동문학은 그 어떤 어린이에게도 꿈과 희망을 줄 수 있는 글이지 삶에 대한 부정적인 시각이나 절망감을 심어 주지 않기 때문이다.

3) 어린이의 놀이터를 만드는 사람

어린이는 미성숙한 존재이므로 많은 제약을 받는다. 제한된 환경에서 수동적인 자세로 생활할 수밖에 없다. 안전을 염두에 둔 행동의 제약은 어린이의 정서적 본질과는 반대의 상황을 요구한다. 따라서 현실은 시공간의 자유로운 이탈과 만물교감이 가능한 어린이들에게 답답한 공간이다.

이때 동화는 어린이에게 놀이터가 된다. 현실과 비현실이 공존하는 무한한 넓이의 놀이터다. 상상할 수 있는 모든 것들이 현실로 이루어진다. 그 누구와도 마음껏 이야기하며 웃고 울 수 있는 곳이다. 어린이는 동화를 통해 자신의 욕구를 충족하며 새로운 일을 할 수 있는 에너지를 얻게 된다. 동화를 통한 상상력은 어린이에게 최고의 즐거움일 뿐만 아니라 자유의 상징이며 생명의 도약이다.

폴 아자르는 "어린이란 자유로운 상상력을 지닌 창조적인 존재며, 좋은 어린이 책이란 자유로운 상상의 세계를 펼쳐 놓은 책이다."라고 하였다. 즉 놀이와 공상, 상상의 즐거움이 어린이들에게 얼마나 중요한가를 역설한 것이다. 그러므로 동화작가는 어린이가 마음껏 상상하고 뛰놀 수 있는 놀이터로서 동화를 창작한다.

놀이라는 것이 대단히 소중하고 중요한 일임을 인식하고 있는 책. 지성과 이성을 단련하는 것은 반드시 당장에 이익을 낳거나 실제 생활에 이용하기 위한 목적이 아니며 목적으로 해서도 안 된다는 점을 분별하고 있는 책이 좋은 책이다.

4) 어린이의 영원한 선생님

동화책은 어린이의 심리 · 정서 · 지적 · 신체발달에 큰 영향을 미친다.

다음과 같이 세 어린이가 있다고 가정해 보자. 다음 예시는 책 이외의 환경적 요소는 배제하고 숫자 100을 최고기준으로 가정하여 비교한 자료다.

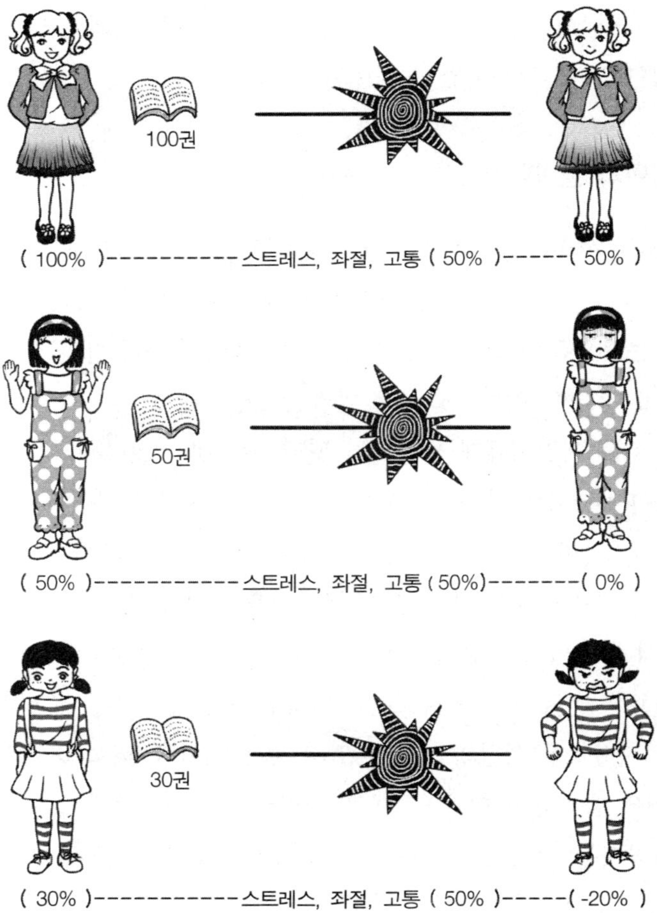

첫 번째 어린이는 어렸을 때 100권의 책을 읽었다. 두 번째 어린이는 50권의 책을, 세 번째 어린이는 20권의 책을 읽었다. 세 명의 어린이가 책을 읽고 얻은 감성지수와 이성지수를 숫자화하였다. 이후, 세 어린이가 세상을 살아가면서 받은 스트레스, 좌절, 고통, 슬픔의 강도가 똑같이 50이라고 했을 때 세 어린이의 마음은 각각 다른 모습으로 변화된다(그림 참조).

위 그림 중 세 어린이의 현시점을 분석해 보면 첫 번째 어린이는 삶을 살아갈 희망이나 용기가 50% 남아 있어서 생활에 적응하며 살아갈 수 있다. 두 번째 어린이는 0%이므로 삶에 대한 자신감 결여로 인해 소외된 사람으로 살아가기 쉽다. 세 번째 어린이는 -20%이므로 삶을 부정적으로 바라보게 된다. 세 번째 어린이는 세상을 향한 원망과 적대감이 내재되어 있어 어쩌면 신문의 사회면을 장식하는 악인으로 전락할 수도 있다.

동화작가가 쓴 책 한 권이 어린이들에 어떤 영향을 끼칠 지 생각해 보면 동화작가는 특별한 사명감을 가지고 작품 쓰기에 임해야 한다.

Tip **쉴러(schiller : 독일의 시인)**

'나는 실제 인생에서 배운 것보다 어릴 때 들은 동화에서 더 깊은 의미를 찾았다.'

4. 동화작가의 자세

작가는 자신만이 감지할 수 있는 감성이 있다. 작가는 사소한 것일지라도 생각을 많이 하고, 의문을 많이 가지고, 깊이 생각하는 사람이다. 작가가 되기 위해서는 다음과 같은 기본적인 자세가 필수적이다.

1) 감성의 안테나

작가는 작가만의 감수성과 관찰력에 의해 매일 새롭게 태어나는 사람이다.

어제 보았던 하늘, 새, 나무, 사람들도 오늘은 다르게 볼 수 있어야 한다. 다른 사람들의 눈에는 보이지 않는 것이 보여야 한다. 다른 사람들의 귀에는 들리지 않는 소리를 들을 수 있어야 한다. 다른 사람들은 느끼지 못한 촉감을 느낄 수 있어야 한다. 이러한 것들은 작품 세계를 형성하는 중요한 요소가 되기 때문이다.

이와 관련하여 강은교[25] 시인의 시 〈흙터〉를 보면 작가의 감성안테나에 걸린 소리들이 어떤 것인지 느낄 수 있다. 미세한 울림을 작가가 놓치지 않고 민감하게 찾아낸 글이다.

> 저 소리들이 들리는가.
> 흙터들이 기어가는 소리, 구겨진 옷 사이 솔기들이 기어가는 소리, 뜯어진 실밥들이 기어가는 소리, 어느 날 당신이 흘렸던 흐느낌들이 기어가는 소리……. 또는 프프프, 작은 웃음소리들이 기어가는 소리……. 세상은 사실 작은 울음소리들, 웃음소리들로 이루어져 있다. 그 소리를 들을 수 있다면 당신은 시인이다. 저 저녁 속에, 저 밥알 속에, 저 양푼 속에, 저 어둠 속에, 아니, 저 빛 속에, 아니 세상의 모든 먼지 속에 들어 있는 흐느낌 소리들을, 흙터 소리들을……, 꺼내라. 그래서 그 작은 거의 들리지 않는 그 소리들을 만져라. 소리의 실밥들이 흔드는 저물녘 빛을 쓰다듬어라. 또는 어깨동무하고 올 줄 아는 저 파도들을, 함께 엎디어 살 섞고 있는 모래들을……. 아무리 생각해도 이 세상은 그리 큰 것들로 이루어져 있지는 않다. 모두 몇 십억 또는 몇백억 같은 '큰돈'을 부러운 듯 이야기하지만 백억 원 따위로 저 꽃 송이의 생명을 피게 하였다가 지게 하지는 못하리라. 오히려 그 지독한 '돈-종이 냄새'에 꽃은 자기 봉오리를 피우지도 못하고 쓰러지리라.[26]

글을 쓰려면 사회, 자연, 사물, 인간 등 모든 것들을 예민한 관찰력으로 감지할 수 있어야 한다. 모든 문학의 소재는 보편적이나, 그 보편적인 것들을 특별하게 만드는 것은 작가의 민감성에서 비롯된다. '다 그런 거지 뭐.' 라든가 '별게 있겠어?'라는 마음에서는 독창적인 그 무엇이 나올 수 없다. 구태의연한 사고

---

25) 동아대학교 문예창작학과 교수며 1968년 「사상계」 신인문학상에 〈순례자의 잠〉이 당선되어 문단에 나왔다. 1975년 제2회 '한국문학상', 1992년 제37회 '현대문학상', 2006년 제18회 '정지용 문학상'을 수상했다. 작품집으로는 ≪허무집≫(1971), ≪빈자일기≫(1977), ≪소리집≫(창작과비평사, 1982) 등이 있다.
26) 윤재천 엮음, ≪그림과 시가 있는 수필≫, 문학관, 2009. p. 16.

방식이 누적되면 작가의 감각은 결국 녹슬어 버리고 만다.

이와 관련하여 엘리자벳 던은 "작가란 자기의 생애 동안 일어나는 모든 빛깔과 향기와 감정뿐만 아니라 다른 인간의 생애에 있어서의 이 모든 요소를 가능한 많이 감지해야 하는 직업이다."라고 하였다.

양주 전문가는 눈으로 보거나 맛을 보지 않고 향기만으로 술의 이름을 알아낼 수 있는 예민한 후각이 있다. 오케스트라 명지휘자는 백여 명의 연주자들이 동시에 연주하는 소릴 듣고도 틀린 음을 예민하게 지적해 낼 수 있는 남다른 청각이 있다. 아내가 사온 밥솥을 손으로 만져 보고도 불량품인 것을 알아내는 맹인의 날카로운 촉감이 있다.

작가의 오감신경도 이처럼 민감해야 한다. 작가의 오감에 의하여 표현과 내용이 달라지고 새로운 인간상이 창조된다. 그러므로 파도를 보고 힘찬 행진곡이 떠오를 수 있다. 발길에 차인 돌멩이를 보면서 소외된 자의 모습을 연상할 수 있다. 보도블록 사이에 홀로 핀 풀 한 포기에서 강한 의지력을 가진 여인을 떠올릴 수 있다.

민감한 오감은 태어날 때부터 형성되어 있는 것은 아니다. 날카롭고 예민한 감각은 오랜 기간 동안 거듭된 훈련의 결과로 발달한다. 작가는 좋은 문장을 쓰기 위해서 날카롭고 예민한 감각의 훈련을 쌓아야 한다. 사소한 일에서 조그만 차이점이라도 발견할 수 있는 세밀한 관찰이 필요하다. 민감한 오감은 인간생활의 특징을 파악할 수 있고, 캐릭터와 배경을 잘 묘사할 수 있다.

창작은 등장인물의 심리변화, 행동의 움직임을 포착하여 글로써 표현하는 행위다. 그러므로 작가는 다양한 상황, 사람들의 행동, 말, 습관, 표정, 버릇 등에서 감성안테나에 걸린 오감들을 메모하는 일이 중요하다. 민감한 오감은 늘 작동하는 것이 아니며 기억의 한계성이 있기 때문이다. 갑자기 혹은 우연히 글의 소재, 제목, 주제, 내용 등 발상이 떠오르면 무조건 메모하여야 한다.

이에 엘리자벳 던은 〈작가수첩 메모법〉에서 "창작으로서 생계비를 벌려는 사람은 반드시 수첩을 휴대해야 한다. 작가는 수첩에다 그의 모든 감각기관이 느낀 것, 그의 감정, 기억, 직관, 그리고 그의 지성의 일부도 기록해 둬야 한다."

며 메모[27]의 중요성을 강조하였다.

동화작가인 경우 특히 주변 어린이들의 행동과 말에 민감해야 한다. 이야기 속의 인물, 배경, 주제, 상황표현 등은 작가가 경험한 지각과 기억으로부터 나오기 때문이다. 어린이는 나이에 따라 성장속도가 현격하게 차이가 나므로 연령별로 구분하여 메모하는 것이 좋다. 길을 가든, 책을 보든, 이야기를 듣든, 언제든지 어른 이야기보다는 어린이의 이야기를 주의 깊게 청취하는 버릇을 습관화하여야 한다.

2) 눈높이 맞추기

어린이는 중요성의 유무를 떠나 무엇이든 보기 위해서, 듣기 위해서 계속적으로 노력한다. 늘 처음처럼 생각하는 어린이의 순수함 때문이다. 어린이들의 순수함이란 열 번을 반복해서 들어도 처음처럼 듣는 심리다. 순수함이란 그 어떤 선입견이나 자신만의 잣대로 평가하거나 다르게 해석하지 않고, '있는 그대로의 모습을 처음 본 것처럼 받아들이는 마음'이다.

동화작가는 어린이의 순수함을 닮아야 한다. 무엇이든 호기심으로 보고 듣기를 노력해야 한다. 백번 보았던 것도 처음 보는 것처럼 보아야 한다. 익히 알고 있던 내용도 처음 아는 것처럼 대해야 한다.

어린이의 사고는 고정화되어 있지 않기 때문에 어른들이 예측할 수 없는 이야기를 만들어 낸다. 어린이들은 자유롭게 시간 · 공간의 이탈이 가능하고 모든 만물과의 교감이 이루어지기 때문에 어른들의 추측으로 가늠하기 어렵다.

동화에서 살아있는 대화체는 바로 어린이의 입장에서 생각할 수 있는 말이다. 동화작가는 어른이기 때문에 어른만이 가지고 있는 딜레마에 빠질 수밖에 없다. 어린이의 심리보다는 어른의 입장에서, 기발한 상상력에서 유발되는 신선한 표현보다는 모범적이고 교육적인 표현이 더 앞서게 된다. 그래서 동화를 쓰는 일이 성인소설을 쓰는 것보다 더 어렵다고 하는 이유가 여기에 있다. 그렇다고

27) 엘리자벳 던은 메모할 때 여섯 분야로 나누었다. 담론, 감정, 소재와 구성, 이름과 제목, 사람, 인용문으로 구분하여 메모하였다.

미리 실망하거나 좌절할 필요는 없다. 어른은 누구나 유년 시절의 경험을 가지고 있으며 각자 어린이의 심성을 가지고 있기 때문이다. 어른들의 마음에도 어린이와 같은 마음이 그 어딘가에 깊숙이 박혀 있거나, 혹은 다른 마음으로 덮여져 있거나, 잠자고 있다. 다만 우리가 의식하지 못하고 있거나 찾지 않을 뿐이다.

동화작가는 유치(幼稚)해져야 한다. '유치하다'라는 말의 의미는 대체적으로 두 가지로 해석된다. 첫째, 나이가 어리다. ≒치유하다(稚幼—)의 의미다. 우리가 사용하는 유치부(幼稚部), 유치원(幼稚園), 유치원생(幼稚園生)의 의미와 같다. 둘째, 수준이 낮거나 미숙하다. ≒치유하다. 나이에 걸맞지 않는다는 의미다. 이는 부정적인 의미로써 나이와 맞지 않는 행동을 할 때, 즉 보기 좋은 모양이 아닐 때 빗대어 하는 말이다. 그러므로 동화작가는 순수한 어린아이와 같은 마음을 가진 유치함을 가져야 한다.

3) 아동문학의 즐거움

Tip

알렉산더(Alexander)

'문학이란 사치스런 것이 아니다. 그것은 장식품이나 문화적인 위치에서 상징하는 것이 아니라 인격형성 과정에 있어서 가장 필수적인 것으로 창조력과 상상력을 길러 준다. 특히 유아들의 세계는 그들이 보는 것, 만지는 것, 듣는 것에 국한되지 않으며 상상의 세계를 통하여 다른 사람의 생활과 경험 느낌을 공감한다. 따라서 유아들에게 여러 가지 방법을 통하여 문학작품을 즐길 수 있는 기회를 제공해 주어야 한다.'

어린이들은 재미가 없으면 곧바로 책을 덮어 버리고 다른 것을 찾는다. 책 읽기를 좋아하게 만드는 독서지도 방법도 중요하지만, 책 내용이 재미있으면 스스로 책을 읽게 된다. 어린이가 좋아하는 책은 아동문학의 즐거움이 담긴 책이다. 그러므로 동화작가는 아동문학의 즐거움을 알아야 한다. 아동문학에는 다음과 같은 즐거움이 있다.

(1) 오감언어의 즐거움

동화는 어린이를 주독자로 하므로 문장이나 언어가 갖는 리듬이나 운율, 느낌이 있다. 주로 오감을 중심으로 표현하는 언어유형이 여기에 속한다. 오감언어는 사물을 살아 움직이게 하는 효과가 있으므로 동적(動的)인 유아의 특성에 부합된다.

오감언어는 다음과 같은 특성이 있다.

가. 청각적 언어

모든 사물은 소리를 가지고 있으므로 다양한 의성어를 만들 수 있다. 의성어는 조어(造語)이므로 작가만의 감성으로 만들 수 있는 재미가 있다. 고저장단에서 느낄 수 있는 소리의 힘, 소리로 분별할 수 있는 사물의 이해, 소리가 만들어 내는 상황 등 다양하게 표현한다.

예 : 앰뷸런스 소리 - 삐뽀삐뽀~~, 비켜비켜~~, 애애앵~~, 급해급해~~, 기차 소리 - 칙칙폭폭, 뽀옥뽀옥(아기 기차), 철커덕철커덕, 끼이이이익~~

나. 시각적 언어

시각적 언어는 바로 눈앞에 보는 것처럼 느낄 수 있는 입체적 언어, 아름다운 정경이나 생각들을 떠올리게 하는 표현이다. 시각적 언어유형은 화자의 시점에 따라 달라진다. 시점의 폭이 좁으면 구체적인 표현의 언어유형을 사용한다. 시점의 폭이 넓으면 큰 움직임을 중심으로 한 언어유형이 나타난다.

유아들은 본능적으로 시공간을 마음대로 이동하므로 시각적 언어의 폭이 크다. 또한 호기심이 많아 작은 것도 큰 관심으로 바라보므로 시각의 폭이 극과 극을 오간다. 그러므로 시각적 언어의 폭을 마음대로 구사할 수 있는 재미가 있다.

다. 촉각적 언어

어린이들은 직접 느끼고 직접하기를 좋아하는 능동적인 존재다.

스스로 만지고, 비비고, 두드리고, 치고, 때리고, 부수어 보는 듯한 촉각을 느낄 수 있는 언어를 좋아한다. 시각과 청각보다 더 직접적인 체험, 뭔가를 드러내고 싶고 놀라게 하는 촉각적 언어를 통해 문학의 즐거움을 느낀다. 촉각적 언어표현은 체험의 맛을 한층 증가시킨다.

라. 후각적 언어

영아가 태어나자마자 엄마의 젖을 찾을 수 있는 것은 후각 때문이다. 후각은 형체가 없기 때문에 다양한 언어표현으로 즐거움을 유도할 수 있다. 특히 유아의 발달시기 중 항문기에는 대소변의 냄새에 아주 민감하게 작용한다. 방귀소리, 동물들의 배설물의 냄새 등을 즐겨한다. 또한 유년기의 어린이들은 사람마다 가지고 있는 체취라든가, 향수, 로션냄새, 세탁세제 냄새 등으로 사람의 이미지를 만들어버릴 만큼 민감하다.

향기와 냄새의 차이에서 오는 언어의 맛도 후각언어의 또 다른 느낌이다.

마. 미각적 언어

구강기에 해당하는 0세에서 1.5세까지는 무엇이든지 입으로 확인한다. 눈에 보이는 것들은 모두 입으로 맛보고 파악한다. 미각 역시 후각처럼 실체가 없기 때문에 다양한 맛의 언어표현으로 사물에 대한 이해도를 높일 수 있다. 또한 기본미각인 단맛, 쓴맛, 신맛, 짠맛 뿐만 아니라 매운맛, 달콤한 맛, 고소한 맛, 떫은 맛, 떨떠름한 맛, 구수한 맛 등 다양한 표현을 통해 식욕을 나타내는 언어의 즐거움을 느낄 수 있다.

오감언어는 마음 속으로 상상하여 간접 체험의 이해를 증진시킨다. 오감언어처럼 단어가 묘사한 그대로 상상해 보는 과정을 구체화(concretization)시킨다. 그러므로 오감언어는 우리가 흔히 보는 사물이나, 본 적이 없는 사물이나 사람을 규정짓는 요소가 된다. 또한 평생 동안 만날 수 없는 것들을 마치 본 것처럼 바로 옆에서 만져보는 것처럼 느낄 수 있는 체험의 즐거움을 준다.

오감언어는 인간만이 표현할 수 있는 언어의 맛이다.

> **Tip 오감언어 활용**
>
> 유아용 동화 창작시 오감언어를 잘 활용하면 효과 100%!!

(2) 카타르시스의 즐거움

사람이 동물과 다른 점은 희로애락을 느낄 수 있다는 점이다. 다른 사람의 감정을 이끌어 내기 위해서는 준비된 연출과 기획이 있어야 가능하다. 다른 사람을 웃기게 하거나 울게 하는 일은 상당히 어려운 일이기 때문이다.

동화는 어린이의 감정을 바로 끌어낼 수 있는 힘이 있다. 어린이는 있는 그 자체를 그대로 받아들이는 순수함이 있기 때문에 동화 속 상황을 그대로 받아들인다. 즉 어린이는 재미있는 상황을 함께 웃거나, 슬픈 장면을 함께 슬퍼한다. 주인공을 대신하여 악인에게 화를 내거나, 악인의 고통을 함께 마음 아파한다. 비록 허구의 인물이지만 어린이는 자기 자신을 비출 수 있는 거울을 발견하고 동일시하여 카타르시스를 이끌어 낸다.

(3) 일상탈출의 즐거움

대부분의 사람들은 시계 틀 안의 시계바늘처럼 규칙적인 틀에서 벗어나지 못한다. 이때 이탈을 꿈꿀 수 있는 곳이 바로 동화의 세상이다. 어린이는 어른의 보호 안에서만 생활하기 때문에 더더욱 일탈을 꿈꾼다.

어린이는 동화를 읽음으로써 시공간의 탈출로 인한 자유로움의 만끽, 다른 사람들의 삶과 생각을 체험하는 즐거움, 우리 존재의 의미를 생각하는 즐거움, 비현실세계에서의 깜짝 놀랄 정도의 색다른 이야기 등을 통해 일상탈출의 즐거움을 느낀다.

(4) 삶의 방식을 배우는 즐거움

동화에는 다양한 인물이 등장하여 다양한 사건을 만들어 간다. 등장인물의 생각에 의해 똑같은 상황이라도 전혀 다른 사건으로 진행된다. 등장인물의 시각에 의해 삶의 방식이 전환되는 것을 보는 즐거움이 있다. 그러므로 어린이는 친숙했던 삶의 방식보다 더 나은 방식이 있음을 배운다. 더 나쁜 방식을 봄으로써 자신의 삶을 수정하기도 한다.

동화는 어린이들에게 폭넓은 인간관계를 보여주고 느끼게 함으로써 조응능력을 발달시킨다.

(5) 단어와 텍스트 조합의 즐거움

작가가 일반인과 다른 점은 단어와 텍스트 간의 조합공식을 알고 있다는 점이다. 작가는 상황과 인물, 그리고 배경에 맞는 적절한 단어와 텍스트의 결합으로 새로운 이야기를 만들어 내는 사람이다.

그러므로 어린이는 동화를 통해 감정적으로 끼어들거나 빠져 나오게 하는 조직적인 패턴, 긴장의 연속, 클라이맥스와 해결, 우연과 필연이 얽히고 설킨 패턴으로 만들어지는 플롯의 즐거움을 느낀다. 또한 작가의 시점으로 특별히 강조된 요소로 인해 색다른 스토리텔링의 즐거움도 느낀다.

작가만이 가지고 있는 단어와 텍스트 간의 조합공식으로 인해 어린이들은 문학의 흥미성을 느끼게 되는 것이다.

(6) 여유의 즐거움

어린이는 동화를 통해 다양한 사람들의 삶을 이해하는 여유를 즐긴다. 평상시 감정을 조절하여 등장인물에 대한 극단적인 비판보다는 이해를 하게 된다. 사회의 흐름과 현실을 반영하여 누구라도 그 상황에 처하면 그렇게 될 수 있으리라는 너그러움을 가지기도 한다. 따라서 평소의 자신보다 더 여유 있게 동화에 등장하는 인물을 받아들인다. 즉 어린이는 동화 속 다양한 사람들을 만나게 됨으로써 원활한 조응능력을 가진다. 책을 많이 읽은 사람이 원만한 대인관계를 유지할 수 있는 까닭도 여기에 있다.

그 외 아동문학의 즐거움을 어린이가 즐기는 동화의 성격으로 풀이한 자료를 찾아보면 다음과 같다(석용원).

* 친근성 : 아이들의 생활주변에 있는 평소 친근하던 사항에서 나온 소재
* 미지성 : 미지의 세계에서 아이들이 알고 싶었던 것이 이해되는 내용
* 감촉성 : 눈에 호소하는 예쁜 색깔이나, 혀에 호소하는 맛있는 맛 등이 묘사된 것
* 과장성 : 하늘을 찌르는 듯한 거인이나 손가락만한 사람 등의 과장된 표현
* 활동성 : 늘 이야기가 움직이는 것, 많은 동사가 사용된 것, 사건의 변화가 활발한 것
* 경이성 : 뜻밖의 일, 혹은 이상한 일들이 돌발하는 것
* 결과성 : 결과의 흑백이 확실한 것
* 선율성 : 문장에 리듬이 있는 것, 노래 가사나 의음이나 적절한 반복이 있는 것
* 유머성 : 저절로 웃음을 자아내는 내용

이처럼 아동문학의 즐거움은 어린이의 성향에 바탕을 둔 것이다.

작가는 어린이의 성향을 파악하는 것도 중요하다. 어린이의 성향 혹은 동화가 갖추어야 할 조건을 정리해 보면 아래와 같다.

* 어린이들만이 가질 수 있는 세계, 어린이만의 생활 모습이 담겨 있는 동화에 어린이들은 흥미를 갖는다.
* 어린이는 어른보다 감각에 대한 욕구가 강하므로 색채 · 음향 · 향기 · 운동 등 감각을 자극시킬 수 있는 내용이 좋다.

* 어린이는 리듬과 반복을 좋아하기 때문에 특히 유아를 상대로 창작하는 동화는 이 점을 고려해야 한다.
* 어린이들은 풍부한 상상력을 지니고 있으므로 어린이들의 상상력을 만족시켜 줄 수 있는 내용을 담아야 한다.
* 어린이들은 활동적인 것을 좋아한다. 어린이 스스로 항상 움직이고, 다른 사람이 움직이는 것을 좋아하기 때문에 동화의 내용도 정적인 것보다 활동적인 것이 좋다.
* 어린이들은 강력한 탐구심, 호기심이 있다. 또한 어떤 것에 대한 기대감 등을 갖고 있으므로 이와 같은 심리를 충족시켜 줄 수 있는 이야기를 창작해야 좋다.
* 어린이들은 모험심에 대해 흥미와 관심을 갖고 있다. 그리고 천진난만하기 때문에 티 없는 웃음이 담긴 희극성을 좋아하므로 이 같은 곳에도 귀를 기울일 필요가 있다.
* 어린이들은 사실보다 조금 과장된 것을 좋아한다. 그러나 너무 터무니없이 과대 과장하거나 과소 과장하는 것은 좋지 않다.

이처럼 작가는 어린이가 느끼는 아동문학의 즐거움을 알고 있어야 한다. 작가가 어린이를 알고 대처하면 훨씬 더 큰 즐거움을 전할 수 있는 글을 쓸 수가 있다. "지피지기 백전백승(知彼知己 百戰百勝)"이라는 말이 아동문학 창작에도 해당된다.

4) 작문의 자세

문장이란 인간의 사고의식을 정리해 문자로 표기할 글을 말한다. 여기에서 '글'은 문자적 표현을 가리키며 '짓는다'는 것은 창조적 행위를 말한다. 그러므로 작문이란 문장으로 이야기를 만든다는 뜻이다.

작문을 바르게 이해하려면 두 가지 중요한 사항을 알아야 한다. 그 하나는 창조적 행위의 근본이 되고 있는 인간의 사고에 대하여 폭넓게 아는 일이다. 다른 하나는 언어구조에 관한 정확한 인식이 필요하다.

글쓰기는 섬광처럼 떠오르는 영감으로 창작하지 않는다. 글쓰기는 작가가 나타내고자 하는 내용을 언어체계에 맞도록 정리 정돈하는 작업이다. 즉 작가의 감성안테나에 걸린 모티브를 그 어떤 방법으로 풀어 나가는 작업이다. 똑같은 물이지만 담는 그릇에 따라 모양이 달라진다. 마찬가지로 똑같은 주제이지만 창작방법에 따라 전혀 다른 이야기가 된다. 그러므로 그 무엇을 어떤 방법으로, 어떤 모양으로 쓸 것인가가 중요하다.

창작이론은 작품을 분석하고 해석해서 뽑아낸 추출물이다. 마치 인삼에서 엑기스를 뽑아내는 이치와 같다. 따라서 창작의 이론과 실제는 서로 분리되는 것이 아니다. 좋은 글을 쓰기 위해서는 많은 작품을 읽어 보고 다른 작가들의 글쓰기 방법을 분석해 보는 작문의 자세가 중요하다.

노드롭 프라이 *Northrop Frye*[28]는 "시는 시인과 마찬가지로 태어나는 것이지 만들어 지는 것이 아니다(Poems, like poets, are born and not made.)."라고 말하였다. 자연의 법칙에 의하면, 사람은 사람의 형태를, 동물은 동물의 형태를, 식물은 식물의 형태로 태어난다. 태어난다는 것은 새로운 생명의 모체가 이미 존재한다는 의미다. 모체가 없이 하늘에서 뚝 떨어진 사람이 없다. 혈혈단신(孑孑單身)이라고 해도 분명 그 사람을 낳은 부모가 있는 것처럼 문학 역시 모체가 존재한다.

그러므로 시(詩)를 창작했다고 하더라도 그 시의 형태는 예전에 존재하고 있는 시의 형태다. 즉 본질은 같되 작가에 따라 내용만 바꾸었을 뿐이다.

이와 같은 맥락에서 T. S. 엘리어트 *Eliot*[29]는 「전통과 개인의 재능」이라는

---

28) 캐나다 퀴벡 주(州) 세르부르크에서 태어났다. 토론토의 엠마누엘 대학에서 기독교 신학을 공부하여 1936년 캐나다 연합교회에서 목사 자격을 받고 옥스퍼드 머어튼대학에서 문학박사 학위를 받았다. 1939년 빅토리아 대학의 영문학과 강사부터 시작하여 교수, 학장직까지 취임하였다. 캐나다 학술원 회원이며 캐나다 문학 연구에 뛰어난 공헌을 하여 1958년 학술원에서 훈장을 받았다. 저서로는 『Fearful Symmetry』, 『The Educated Imagination』 등이 있다.

29) 금세기 최고의 시인이며 비평가, 극작가로 호평받았다. 엘리어트의 집안은 금욕과 검소한 생활의 실천을 강요하는 엄격한 전형적인 기독교 집안(Unitarian파)이었다. 검소하고 금욕적

논문에서 "문학은 진보(improvement)하는 것이 아니라 발전(development)해 왔다"고 말하였다. 즉 생물의 진화는 시대에 따라 다른 것으로 변화하지만 문학은 변하지 않는 관습적인 원리에 의해 창조되는 것이라고 보는 관점이다.

예를 들면, 고려시대나 조선시대를 살았던 사람이나 지금의 시대를 살아가는 사람의 형태(본질)는 같다. 다만 그 시대에 맞는 의식주로 생활하면서 그 시대의 정신적 흐름으로 사고하고 행동한 점이 다를 뿐이다.

문학이 발전한다는 의미는 각 시대별 사람의 본질(신체적인 원형)은 같지만 그것들을 나타내는 현상(사람들의 정신적 사고의 표현)이 다른 것과 같은 의미다. 다시 말해서 문학은 시대의 변화에 따라 인간에 대한 이해가 심화되고 단순한 형태에서 복잡한 형태로 표현되는 것이다.

T. S. 엘리어트는 "하나의 새로운 예술 작품이 창조될 때 일어나는 일은 그에 앞서 존재하는 모든 예술 작품에서도 동시에 일어나는 것이다."라고 말하였다. 이는 사람들의 외양은 모두 달라도 엑스레이를 찍으면 같은 골격을 가지고 있는 것과 같은 이치다. 이야기의 골격은 예전부터 내려온 것이지만 작가가 어떤 소재, 사건, 언어를 선택하느냐에 따라 작품의 모양이 달라지는 것과 같은 맥락이다.

나만이 생각한 새로운 이야기꺼리라 할지라도 이 세상 그 누군가도 나와 같은 생각을 하고 글을 쓸 수 있다는 뜻이다. 작가는 창조자이지만 과거의 작품들을 읽고 터득한 지식을 벗어나서 완전히 새로운 것을 창조해 낼 수 없다는 의미다.

이에 헨리 밀러 *Henry Miller*[30]는 "무엇이 가장 처음인가? 작가가 하고 있는

인 기독교적 분위기는 젊은 시절 종교를 불신하고 벗어나게 하는 원인이 되기도 했지만 결국 엘리어트는 영국 국교로 개종해 독실한 신앙인으로 일생을 마쳤다. 엘리어트는 하버드(Harvard) 대학에서 문학석사 학위를 취득한 뒤 소르본느(Sorbonne)대학에서 1년간 프랑스 문학과 철학 과정을 수료했다. 다시 하버드로 돌아와 형이상학, 논리학, 심리학, 종교학 등을 연구하였다. 이러한 철학적 · 논리학적 연구는 엘리어트의 시 작품 전반과 비평영역의 사상적 기반이 되었다.

30) 미국 소설가다. 뉴욕 시립대학을 중퇴한 후에 전신회사(電信會社), 무허가 술집 경영 등 온갖 직업에 종사하면서 미국 각지를 방랑했다. 그러다가 소설을 쓰기 시작했으나, 작품은

일, 작가가 생각하는 모든 것들은 이미 존재한다. 작가는 중간매개자일 뿐이다. 작가는 이미 세상에 있는 일들을 사용하는 사람이다."라며 작가의 창작의 의미에 대하여 명쾌하게 정의하였다.

좋은 작품을 쓰고자 한다면 먼저 어떤 전형적이고 사회적으로 공인된 원리의 틀을 익히는 것이 중요하다. 작가는 무엇이든지 읽은 것(그것은 주위 사람들이 쓰고 있는 것을 의미한다)을 모방하는 데서 시작된다.

동화를 많이 읽으면 좋은 동화를 쓸 기회가 많아진다. 작가는 동화 읽기를 통해 문학적 관습(literary convention)이라고 불리는 어떤 전형적인 글쓰는 방식을 배울 수 있다. 동화 읽기를 통해 과거의 문학적 유산으로부터 경험한 전통적 관습을 잘 이용하여야 새로운 것을 창조해 낼 수 있다.

작가는 창작이론을 바탕으로 자기 자신의 뚜렷한 감각을 발전시켜 나간 사람들이다. 즉 많은 책을 읽고 언어구조에 대한 정확한 인식과 더불어 인간의 사고를 폭넓게 인식하여 자신만의 독특한 세계를 만들어 내는 사람이다.

작가는 어린이의 감성에 맞는 시적인 감성 다듬기, 현대적 감성의 표현력을 위해서 쓰고 또 쓰기, 이미지가 분명하게 떠오르는 문장표현 익히기, 동물과 인간이 하나가 되어 서로 교감을 나누는 즐거운 상황연출, 몇 번을 다시 읽어도 신선하며 어린이의 감성과 딱 맞아떨어지는 눈높이, 장황하게 설명하지 않아도 사건이 눈앞에 펼쳐지는 듯한 묘사력을 창조할 수 있어야 한다.

안데르센 *Hans Christian Andersen*은 "쓰는 데 필요한 것은 많은 피와 땀과 눈물이다."라고 말하였다. 작가는 읽고 또 읽고, 쓰고 또 쓰는 작문의 자세가 필수적이다. 그러므로 작가는 고독과 외로움을 즐길 줄 알아야 한다. 글쓰는 작업은 동행해 주는 사람이 없는 혼자만의 길이다.

모조리 출판을 거절당했다. 1930년 거의 무일푼으로 파리로 건너가 초현실파의 흐름을 따르는 무명작가들과 사귀며, 절망적인 기분으로 쓴 소설 〈북회귀선(北回歸線) Tropic of Cancer〉(1934)이 파리에서 출판되어 뜻밖에도 호평을 받았다. 〈북회귀선〉은 파리생활의 경험을 토대로 한 것인데, 소설이라기보다는 일종의 초현실파적인 파리생활의 스케치이지만, 시정(市井)의 풍경과 그의 반(反)문명적 사상이 신선한 문체로 생생하게 묘사되어 훌륭한 작품을 이루어냈다.

> 어린이의 책을 저작한다는 것은 예술을 위한 것이든 빵을 위한 것이든, 어른의 소설을 쓰기보다 어렵다. 그 까닭은 어린이의 책은 어른의 소설의 경우와 달리 先人이 남긴 작품과 끈질기게 경쟁을 각오하지 않으면 안 되기 때문이다. 그래서 이 경쟁자들과 대등하게 어깨를 나란히 했을 때는……. 어린이 책은 그 시즌에 나온 우수한 어른들의 책보다 훨씬 긴 생명을 가지게 된다.
>
> – A · A · 밀튼 『어린이를 위한 책』에서 –

동화작가는 창작과정이 중요함을 인식하여야 한다. '시작은 미미하지만 끝은 창대하리라(Though the beginning was small, yet the latter end would greatly increase.)'라는 말처럼 피와 땀으로 노력한 과정이 깃들여 있어야 한다. 어떤 자세로 임하느냐에 따라 동화작가로서 삶의 질이 달라지기 때문이다.

문학이란 인간의 삶을 언어로 표현한 예술이다. 지식의 전달이 아니라 작가의 정서 속에 용해된 감동적 사상이다. 따라서 문자라는 언어로 인간의 사상과 감성을 예술적으로 형상화한 언어예술이다. 그러므로 어린이는 아름답고 정직한 문장에 마음이 끌린다.

좋은 동화는 주위의 공기를 청량하게 만들고 호흡을 편안하게 한다. 마치 맹맹하던 코가 확 뚫리는 것처럼, 박하사탕의 맛이 시원하게 전해지는 느낌처럼, 삼림욕의 피톤치드처럼 우리의 정신을 맑게 해 준다.

하나!

한쪽 문이 닫히면 다른 문이 열린다.

- 잭 캔필드 -

두울!

열정은 반죽을 부풀게 하는 효모이다.

- 폴 J. 마이어 -

셋!

만약 당신이 당신의 일에 애정을 느끼고
그 일이 당신을 즐겁게 해 준다면
나머지는 저절로 따라올 것이다.

- 오프라 윈프리 -

넷!

희망에 사는 사람은 음악이 없어도 춤춘다.

- 영국 속담 -

다섯!

미래를 예측하는 최고의 방법은
미래를 만들어 가는 것이다.

- 앨런 케이 -

여섯!

당신의 꿈을 다른 누군가에게 보여주는 데는
많은 용기가 필요하다.

- 어마 봄벡 -

일곱!

우리의 경험을 거기에 들어간 비용을 받고 팔수만 있다면
우리 모두는 백만장자가 될 것이다.

- 애비게일 반 뷰렌 -

II

동화와 어린이

1. 어린이의 특성
2. 동화의 특성

1. 어린이의 특성

일반적인 사람들이 문학작품을 접했을 때 자신이 아는 대로 해석하고, 아는 대로 가르치며, 아는 범위 안에서 창작을 한다. 하지만 동화 창작은 독자가 일차적으로 어린이이기 때문에 어린이 발달단계나 어린이 심리를 모르면 창작에 실패할 확률이 높다.

간혹 어린이의 언어 · 심리 · 독서 발달단계를 전혀 모르는 상태에서 아동문학 작품을 평가하고, 작품을 창작하는 경우를 볼 수 있는데, 참으로 위험하고 무모한 행위라고 생각한다. 이 같은 경우, 어른(작가, 부모)들은 그러한 작품이 좋다고 이야기할 수 있으나 어린이들에게 외면당하기 쉽다.

특히 번역한 작품의 경우 원작의 좋은 내용을 잘 살리지 못한 글을 읽게 될 때 아쉬운 생각이 든다. 유아와 초등저학년용 번역본은 어린이의 특성을 감안하여 번역하는 세심한 주의가 필요하다.

동화작가는 일차적으로 누구를 대상으로 작품을 쓰는지 늘 인식하고 있어야 한다. 또한 '어린이에 대한 이야기'와 '어린이를 위한 이야기'의 차이점을 인지해야 한다.

'어린이에 대한 이야기'는 어린이의 생활을 캠코더로 촬영해서 그대로 보여주는 글의 형태다. 반면, '어린이를 위한 이야기'는 어린이의 생활을 중심으로 그리되 작가의 의도(작가관 · 주제 · 문장력 · 문학성)하에 새롭게 꾸며 내는 이야기다. 간혹 작품을 읽다 보면 어린이들의 생활을 그대로 옮겨 놓은 작품을 만나게 된다. 이는 작가가 동화에 대한 인식을 잘못하고 있는 까닭이다.

미야자와 겐지(宮澤賢治)는 어린이의 특성에 대하여 동화작가에게 이르기를 "더 많은 천진난만함과 유머를 지녀야 한다, 단순화시켜라, 순박함을 가져라, 인과율을 드러내지 말라."고 하였다. 이는 어린이의 눈높이 · 사고 · 심리 · 행동의 특성을 염두에 두고 창작해야 한다. 어린이가 이해할 수 있는 문장, 어린이의 눈과 마음으로 본 이야기 세상, 어린이가 납득할 수 있는 이야기로 창작해야 한다.

아동문학에서 지칭하는 어린이의 나이는 0세부터 18세까지다.

어린이는 성장 속도 및 변화가 크기 때문에 연령에 따라 도서 선정이 달라진다. 따라서 출판사에서 동화작가에게 원고를 청탁할 때에는 주요 대상연령을 정해서 의뢰한다. 최상의 도서 선정 방법은 적절한 시기(right time)에 적절한 사람(right person)에게 적절한 책(right books)을 읽게 하거나 들려주는 것이다. 즉 어린이의 언어 · 심리 · 독서발달에 맞는 책을 선정해 주는 것이 가장 효과적이다.

그러므로 동화작가는 적절한 책(right books)을 창작하기 위해서 어린이 발달에 관한 전반적인 이해와 지식이 필요하다. 어린이의 특성을 감안하고 창작한 작품이 본질적으로 어린이에게 다가갈 수 있기 때문이다.

이와 관련된 이론 중 프로이트의 심리발달과 에릭슨 *Erik Homburger Erikson*[1]의 사회발달은 창작시 어린이의 심리와 행동의 특성을 표현하는 데 도움이 된다.

프로이트에 의하면 아동은 한정된 양의 리비도(libido)[2]를 가지고 태어난다고 한다. 성적 에너지인 리비도는 신체적 즐거움을 경험하는 능력으로 그것의 집중 부위에 따라 발달단계가 구분된다. 즉 리비도가 구강에 부착되면 구강기, 항문에 부착되면 항문기, 그리고 생식기에 부착되면 남근기, 리비도가 잠복하면 잠복기, 이성을 향한 생식기로 구분하였다.

에릭슨은 인간이 사회 속에서 타인과 사회적 관계를 맺어 가는데 초점을

1) 독일 출생의 미국 정신분석학자다. 인간 형성을 문화 · 사회와 관련지어 설명했다. 특히 청년기의 '정체성 위기' 해결방법 여하에 따라서 역사의 양식을 창조하는 측면을 밝혀 냈다. 정체성 개념에 의해 프로이트 이후의 정신분석학적 자아심리학을 비약적으로 발전시켰다. 주요 저서로는 발달의 사회성을 주창하는 『유아기(幼兒期)와 사회』(1950), 『정체성과 생활주기』(1959), 개인생활사와 역사의 만남을 예증하는 『청년 루터』(1958), 『간디의 진리』(1969) 등이 있다.

2) 리비도는 라틴어에서 갈망, 욕망을 의미한다. 리비도에 대해 확실한 개념을 정의하기는 어렵지만 두 개의 특징으로 설명할 수 있다. 첫째, 자기보존 욕동으로 성질과 비슷하나 성적인 특성을 계속 유지되는 것으로 보는 개념이다. 둘째, 리비도는 욕동의 에너지로 항상 양적인 개념으로 나타난다. 정신분석에서 단계라고 말할 때 그것은 일반적으로 리비도의 발달단계를 가리킨다. 프로이트는 이미 연령과 시기와 발달단계의 구별에 관심을 보이고 있다는 것이다. 이것은 여러 정신 신경 질환이 어린 시절에 기원을 두고 있다는 사실의 발견과 짝을 이루고 있다. 이러한 프로이트의 관점은 문학에 등장하는 주인공의 어린 시절 이야기가 성인이 되어서 나타나는 행동과 연계됨으로 알 수 있다.

맞추어 인간의 발달단계를 구분하였다. 자아의 발달에 따른 건전한 정체감 형성을 강조한 관점이다. 따라서 신뢰감/불신감 단계(0세~1세), 자율성/수치와 의심 단계(2세~3세), 주도성/죄책감 단계(4세~5세), 근면성/열등감 단계(6세~11세) 등으로 구분하여 어린이가 사회에 적응하는 과정을 설명하였다.

1) 구강기(oral stage), 신뢰감 / 불신감 단계(0~1.5세)

구강기에 리비도가 집중하는 부위는 구강(입·혀·입술)이다. 영아는 보이는 것은 무엇이든지 입으로 확인하여 리비도를 충족시킨다. 영아마다 리비도를 충족할 수 있는 크기(혹은 양)가 다르다. 따라서 어른의 기준 하에 영아의 구강기 행동을 제재하는 것은 바람직하지 않다.

예를 들어, 가짜 젖꼭지를 사용하여 구강을 충족시켜 주는 경우다. 만약 구강기 욕구가 적절하게 충족되지 않는다면 욕구불만이 생기게 된다. 이 욕구불만은 아동기 동안 엄지손가락 빨기, 손톱 물어뜯기, 연필 씹기와 같은 행동으로 나타나기도 한다. 또는 과식이나 흡연, 수다쟁이, 껌씹기 같은 습관으로 형성된다는 심리학자의 이론이 있다.

이와 같은 구강기의 특징은 영유아 동화 창작시 활용할 수 있다. 오감을 표현한 동화 창작시 도움이 된다. 영아기의 책은 주로 그림중심의 그림책이 해당한다. 대체적으로 주변 사물에 대한 구별에 도움을 줄 수 있는 사물인지 중심의 그림책이다. 부엌에서 사용하는 물건, 거실에 있는 물건, 방 안에 있는 물건 등이 그림책의 기본이 된다. 이런 경우, 지능발달에 도움을 주는 청각·촉각·시각·미각·후각의 오감을 중심으로 한 팝업북 형태의 그림책이 주류를 이룬다.

그 외 유년부와 초등부 대상의 동화 창작시에도 구강기의 특징을 응용할 수 있다. 손톱 물어뜯기, 손가락 빨기, 연필 씹기 등을 소재로 한 생활동화다. 그러나 꿈 처리로 해 버리거나, 친구들의 놀림으로 잘못된 버릇을 고치거나, 어른들의 훈계, 선물공세로 습관을 고치게 하는 방법 등은 바람직한 방법이 아니다. 평면적인 구성이며 교육성이 표면에 드러나므로 흥미성을 유발하기 힘들다. 구강기의 특징을 소재로 창작할 때에는 소재/소재, 주인공/주변인물의 원격결합, 혹은 비현실 이야기로 설정하는 것이 좋다.

구강기는 영아가 최초로 인간관계를 형성하는 시기가 된다. 엄마의 신체에서 분리된 영아는 새로운 사회에 대한 불안함을 가진다. 인간이 최초로 느끼게 되는 분리불안을 경험하는 시기다. 이때 영아는 주변에 있는 사람(부모, 혹은 부모를 대신하는 사람)에 대한 신뢰감/불신감을 형성하게 된다.

신뢰감은 건강한 성격의 가장 기본적인 요소가 되므로 양육자와 영아와의 건강한 신체적 · 심리적 상호작용이 필요하다. 영아는 양육자로부터 따뜻하고 애정적인 보살핌을 받게 되면 이 세상이 살기 좋은 곳이라는 확신감과 신뢰감을 무의식적으로 획득하게 된다. 반면, 불신감은 영아가 위안을 얻기 위해 어떤 요구(배고픔, 배설, 아픔 등)를 했을 때 방치하거나 거칠게 다루어질 때 형성된다.

신뢰감/불신감의 심리를 중심으로 창작할 때는 영아와 가족 구성원(할아버지, 할머니, 엄마, 아빠, 언니, 오빠, 아기) 간에 신뢰감을 줄 수 있는 내용이 좋다. 양육자가 사랑이 담긴 행동과 말로 영아를 양육하는 모습, 영아 주변의 사람들이 영아를 얼마나 사랑하는지를 보여주는 글 등이 해당한다.

영아가 가정에 대한 인식이 신뢰감/불신감인가는 성인이 되어서도 영향을 미친다. 이러한 경우, 동화뿐만 아니라 소설에서도 많이 응용하고 있다. 버려진 아이, 양육자의 보살핌을 충분히 받지 못한 아이는 무의식적으로 신뢰감을 대신해 줄 사람, 사물을 찾게 되고 그것에 지나치게 의존하거나 소중히 여기는 행동들로 나타난다. 소설의 경우, 주인공의 유년기 시절 결핍된 어떤 요소가 그대로 잠재되어 있다가 성인이 되어 나타나는 특이한 행동들이 여기에 속한다. 동화의 경우, 어린이가 유난히 애착을 가지는 작은 담요, 인형, 열쇠고리, 신발, 새장, 강아지, 어떤 꽃 등이 주인공의 심리를 대변하여 사건화된다.

영유아를 대상으로 창작하는 경우 작가는 책의 형태를 인지하는 것도 필요하다. 책의 형태에 따라 글의 양식이 달라지기 때문이다. 이 때 글은 동시처럼 짧으면서도 리듬감이 있는 글이 좋다.

아프리카 동물 친구들의
숨바꼭질놀이

☞ **오감중심의 그림책 예시자료**

시각 : 〈상에서 가장 큰 흰긴수염고래〉, 〈악어아저씨를 따라 해 보세요〉

촉각 : 〈아프리카 동물 친구들의 숨바꼭질놀이〉

청각 : 〈아기오리 다섯 마리〉

오감 : 〈빨간 동그라미〉

☞ **가족관계 예시자료**

두산동아 ≪과학동시≫ 중 〈사자가족〉, 〈안녕 빠이빠이 창문〉

2) 항문기(anal stage), 자율성 / 수치와 의심의 단계(1~3세)

항문기는 대소변 훈련의 시기로서 리비도가 항문 주위에 집중한다. 유아는 배설물을 보유하고 방출하는 것으로 쾌감을 느낀다. 이 시기의 유아들은 자신의 배설물이 오염물이라는 생각을 하지 않고 하나의 독립된 존재로 생각한다. 그러므로 오줌이나 똥을 손으로 만지거나 혹은 변기에서 볼일을 보고 난 뒤 배설물의 모양에 대해서도 자연스럽게 이야기를 한다. 그러므로 유아들은 배설물(오줌·똥)에 대한 이야기를 좋아한다.

예를 들면, 배변 가리기 습관 이야기, 배설물을 다룬 이야기, 다양한 동물들의 배설물 모양 등이 있다. 이때 유의할 점은 배설물을 적나라하게 표현하기 보다는 간접적으로 희화화시키는 방법이 좋다. 직설적이고 노골적인 표현은 오히려 배설물에 대하여 부정적인 혐오감을 줄 수 있는 단점이 있다. 그러므로 경쾌하게 유머러스하게 표현하는 것이 좋다.

이 시기에 부모가 유아의 배변습관을 지나치게 훈련하거나, 느슨한 상태로 방임하면 성인이 되어서도 항문기의 부작용이 남게 된다. 극단적인 질서의식과 청결이나 더러움과 무질서의 형태로 항문통제에 대한 갈등이 생긴다. 예를 든다면, 지독한 변비, 남의 집 화장실은 절대 가지 못함, 노상방뇨 잘 하는 사람,

결벽증, 청결개념이 없는 사람 등이 될 확률이 높다.

또한 이 시기의 유아는 스스로 선택하고 결정하기를 원한다. 유아가 새로운 정신적 기술과 운동기술을 사용한다는 점이다. 심리적으로 행동의 주체가 자기 자신이라는 것을 서서히 깨닫게 되는 것이다. 그러므로 '나', '내꺼', '내가 할 거야', '현영이 꺼야!', '안 해' 등의 말로서 자기주장을 나타낸다. 바로 유아가 스스로 할 수 있는 자율성을 형성하게 되는 단계다.

이런 경우, 부모가 유아의 자유로운 선택을 허용하고 강요하거나 창피를 주지 않을 때 자율성이 길러진다. 아이를 너무 과잉보호하게 되면 아이는 스스로 환경에 대처할 능력을 상실해 자신의 능력에 회의감을 갖게 된다. 특히 자율적인 대소변 훈련은 유아로 하여금 자신의 행위에 대한 독립심을 키워 줌으로써 자율성 발달에 기초가 된다. 반면 엄격한 배변훈련은 부모의 기대에 적절한 행동을 보여주지 못하게 되어 수치감이나 회의감을 갖게 되며 사랑, 노력, 시간, 돈에 있어 인색하고 소심해진다.

자율성/수치와 의심의 단계의 동화를 창작할 경우 능동형의 문장이 효율적이다. 유아가 주체가 되어 무언가를 해 내는 주동문의 형태가 좋다. 바로 유아의 자율성을 인정해 주는 문장의 형태다.

예를 들면, 유아가 주동적이면서 유아가 능동적으로 대처함으로 일어날 수 있는 여러 가지 이야기(실수, 반복, 인내, 협조 등)를 통해 인지하게 되는 이야기가 좋다. 이런 경우 이야기가 평면적이므로 흥미성이 감소되는 것을 감안하여 출판사에서는 팝업북의 형태로 제작을 하기도 한다.

과학 동시

똥은 참 대단해

☞ **항문기에 해당하는 예시자료**

두산동아 ≪과학 동시≫에서 〈동물의 똥〉, 〈똥은 참 대단해〉

☞ **자율성에 해당하는 예시자료**

〈악어아저씨 준비됐나요?〉

3) 남근기(phallic state), 주도성 / 죄책감 단계(3~6세)

남근기는 리비도가 성부위에 집중되며 성기의 자극으로부터 쾌감을 느낀다. 이 나이의 유아들은 인간의 탄생에 대한 관심을 나타낸다. 이성의 성기에 대해서도 강한 호기심을 보인다. 인간의 탄생에 대한 인식과 더불어 남자 · 여자로서의 성역할에 대한 올바른 개념이 인식되고 고착화되는 시기다.

여아는 엄마가 자신과 동일한 성(性)임을 인식하게 된다. 여아는 남아와 같은 성기가 없기 때문에 남근선망(penis envy)을 경험한다. 그러므로 여아는 엄마가 아빠와 함께 자는 것을 못마땅하게 생각하고 엄마에게서 아빠를 독차지하려는 마음을 가진다. 이때 여아는 엄마보다 아빠를 더 사랑하게 되는 엘렉트라 콤플렉스(Electra complex)를 경험하게 된다.

남아는 아빠가 자신과 동일한 성(性)임을 인식하게 된다. 남아는 자신의 성기를 자랑스러워하고 아빠보다 엄마에게 더 애착을 가지게 된다. 하지만 엄마를 사랑하는 아빠가 있음을 인식하게 됨으로써 아빠를 자신의 경쟁대상으로 생각한다. 그러므로 아빠가 자신의 성기를 거세할지도 모른다는 거세불안(castration anxiety)에 빠진다. 따라서 남아는 엄마에게서 아빠를 떼놓기 위하여 엄마와 함께 잠자기를 원하고 엄마의 사랑을 독차지하고자 한다. 이때 남아는 아빠보다 엄마를 더 사랑하게 되는 오이디푸스 콤플렉스(Oedipus complex)를 경험하게 된다. 이 시기에 유아가 자신의 존재가치를 충분히 인정받고 성장하는 경우와 그렇지 못한 경우에는 유아의 행동이 달라진다. 보통 아이들 경우, 부모의 자연스런 성역할의 교육과 사랑으로 인해 엘렉트라 콤플렉스와 오이디푸스 콤플렉스는 해결된다. 반면, 여아가 남아선호 사상의 환경, 여아로서 생김새로서 인정을 받지 못한 경우 등에서 자신의 성(性)에 대하여 자긍심을 느끼지 못한다. 따라서 여아가 남아처럼 행동하거나 남자와의 경쟁에서 꼭 이겨야만 한다는 심리를 가진다. 유난히 남자에게 공격적인 성향을 무의식적으로 가지게 된다.[3]

---

3) 페미니즘은 19세기 중반에 시작된 여성 참정권 운동에서 비롯되어 그것을 설명하는 이론까지 포함하는 개념이다. 페미니즘의 시초는 자유주의에 근원을 두고 있는데, 자유주의적 페미니즘

남아인 경우, 남아라는 이유로 과잉보호되었을 때 독재자의 성향을 가지거나, 여성형의 남아가 되기도 한다. 남근기의 충족이 방임되었을 때는 여성편력이 심하거나, 소위 말하는 '바바리 맨'이 되기도 한다.[4]

특히 이 시기의 유아들은 언어를 획득하고 개념들을 이해하게 되며 신체적 움직임이 많아지면서 더욱 많은 것을 행할 수 있다. 자신의 활동에 대한 목표와 계획을 세우는 주도성이 발달하게 된다.

즉 주도성/죄책감 단계에 해당되며 인지기능이 발달함으로써 호기심이 가장 많은 때다. 또한 동성부모를 동일시함으로써 갈등을 해소하면서 자신의 행동을 주도적으로 수행할 방안을 발견하게 된다. 이 갈등을 해결하는 과정에서 상상으로 이성부모에 대한 소유욕을 갖게 되는데, 이 갈등이 잘 해결되지 않으면 이성부모에 대한 성충동으로 인해 생긴 두려움 때문에 죄의식을 가질 수 있다. 이때 가상놀이를 통하여 유아는 그들의 소망을 표현하게 된다(예 : 인형놀이, 소꿉놀이 등).

그러므로 이 시기에 알맞은 동화는 성교육용 동화가 적절하다.

성교육용 동화는 어린이의 성역할 형성에 중요한 영향을 준다. 윌 *Will*과 존스 *Jones*(1937)의 조사연구에 의하면 7세까지의 어린이는 부모를 모방하고, 그 이상의 연령에서는 모방하던 가족을 벗어나게 된다. 여아는 자기가 인식하고 있는 이상적인 인물을 닮으려고 노력하고 남아는 사회에서 영향력 있는 인물을 통하여 동일시 모델을 찾는다고 하였다.

에 의하면 여성의 사회 진출과 성공을 가로막는 관습적, 법적 제한이 여성의 남성에 대한 종속의 원인이다. 따라서 여성에게도 남성과 동등한 교육기회와 시민권이 주어진다면 여성의 종속은 사라진다고 한다.

반면 사회주의적 페미니즘은 마르크스주의 페미니즘이 성별 특성을 간과했다고 지적하고, 여성 억압은 노동자 억압과 마찬가지로 중요하며 따라서 자본주의와 가부장제를 한 가지 개념을 사용하여 분석하여야 한다고 주장한다.

자유주의와 사회주의적 입장에서 페미니즘을 고려한다면 그야말로 여성상위 시대가 되지 않을까 한다. 이러한 페미니즘을 주장하는 여성의 유년기를 분석해 보면 남근기의 설명이 도움이 되리라 생각한다.

4) 유명한 플레이보이인 카사노바는 유년 시절 유랑자처럼 떠도는 배우인 부모 밑에서 자라지 못하고 외할머니인 마르지아 파루시 손에서 자라났다고 한다. 또한 연산군을 비롯한 역대 왕들의 여성편력도 익히 알고 있는 실정이다. 이들의 유년기 시절 남근기는 충족인가 결핍인가를 분석해 보는 것도 창작에 도움을 줄 것이다.

성역할은 성적 차원에 따른 사회적 지위에 관련된 가치 · 태도 · 인성 · 특성의 문화 기대에서 오는 행동기준이다. 성역할 발달은 대체로 정신분석학 이론, 행동주의 이론, 인지발달 이론으로 설명된다. 따라서 부모는 각 나라의 문화에 따라 규정된 성역할을 자녀에게 가르치게 된다. 즉 남자와 여자의 역할을 구분시킨다. 남자인가 여자인가에 따른 적절한 행동에 대해 보상을 강화시킨다. 반면, 성별에 해당하는 부적절한 행동은 벌을 주거나 보상을 연기함으로써 소멸시킨다.[5)]

콜버그 *L. Kohlberg*[6)]는 유아의 성역할에 대한 개념은 5~6세에 결정되고, 한 번 결정된 성역할의 개념은 새로운 성 형태의 태도를 습득하게 된다고 하였다.

성교육용 동화는 대체적으로 외국작가의 작품이 주류를 이룬다. 이러한 이유는 성에 대한 인식이 개방되어 있는 외국과 달리 우리나라의 경우 폐쇄적인 부분이 있기 때문이다. 앞으로 우리나라에서도 성(性)에 대한 스토리를 재미있게, 거부감 없이 받아들일 수 있는 작품 창작이 필요하다.

성교육 동화 중심내용은 엄마와 아빠와의 관계, 누나와 동생과의 관계, 신체에 대한 정확한 지식 및 남자와 여자의 차이점, 그로 인한 정체성 확립, 성에 대한 기본인식이 이루어지게 한다. 이러한 역할에서 오는 주도성을 긍정적으로 인식하는 것이 건강한 사회생활을 하는데 바탕이 된다.

성교육용 동화 단계는 ① 나에 대한 인식, ② 성 지식, ③ 깨끗한 몸가짐을 위한 생활습관, ④ 성역할 개념, ⑤ 느낌 알기 등 네 가지로 구분한다.

① 나에 대한 인식 동화는 출생 · 자아긍정 · 개인특성 차이에 대한 인식 등이

---

5) 인지발달 이론에서는 성역할 발달 과정을 동일시나 신체적 차이, 문화적 차이로 보지 않고 경험을 통한 유아의 인지발달의 결과로 보고 있다.

6) 미국 출신의 심리학자. 도덕적 사고 또는 도덕추론 능력의 발달에 관한 연구로 심리학 발전에 많은 기여를 함. 고등학교 졸업 후, 나치의 박해를 받던 유대인 문제로 고민을 하다가 도덕적 사고와 관련된 주제에 관심을 갖게 되며, 이를 계기로 시카고 대학에 진학하여 학부과정과 동대학원의 석사 및 박사과정을 마치고 학위를 받게 됨. 그의 주 관심분야는 도덕적 사고의 발달과 관련된 분야로, 시카고 지역의 중산층 아동 및 청소년들을 대상으로 도덕적 갈등사태를 담고 있는 이야기(콜버그가 사용한 도덕 갈등을 담고 있는 스토리 가운데는 '하인즈-Heiz-이야기'가 대표적임)를 들려준 후 이에 대한 피험자들(연구에 참여한 아동 및 청소년)의 견해 및 판단을 분석하여 도덕 판단(추론) 능력의 발달단계(3수준 6단계)를 제시하게 된다.

중심이다. 예를 들면, 출생부분은 장피어리의 〈엄마 뱃속에 악어가 들어 있어!〉가 적절하고, 개인 특성 차이는 조호상·이진아의 〈똑같은 친구는 없어요〉, 자아긍정의 부분은 미스치담안의 〈큰 다람쥐와 작은 코뿔소〉, 레오티머스의 〈이대로가 좋아〉 등이다.

오줌놀이

② 성 지식 관련 동화는 탄생, 몸의 구조, 몸의 인식 등이 중심이다. 예를 들면, 탄생부분은 배빗 콜의 〈엄마가 알을 낳았대요〉, 몸의 구조 부분은 야규겐이지로의 〈벌거숭이 벌거숭이〉, 몸의 인식부분은 빅노리아 파시니의 〈너랑 나랑 뭐가 다르지?〉 등이다.

③ 깨끗한 몸가짐을 위한 생활습관 관련 동화는 옷 입기, 청결교육, 이닦기 등이 중심이다. 예를 들면, 이닦기 부분은 코미타로우 〈악어와 치과의사〉, 성현주의 〈오줌놀이〉 등이다.

설탕엄마 소금아빠

④ 성 역할 개념의 동화는 남자와 여자, 아빠와 엄마의 차이점, 평등한 성역할 인식, 직업 등이 중심이다. 성역할 부분은 비아프사의 〈아빠처럼 될래요〉, 직업 부분은 버니스럼의 〈이 다음에 크면 무엇이 될까요〉, 디디에 코바르스키의 〈설탕엄마 소금아빠〉, 성현주의 〈고릴라가 이사 가는 이유〉 등이다.

고릴라가 이사 가는 이유

⑤ 느낌 알기 부분에 관한 동화는 사랑받는 좋은 느낌, 싫은 느낌, 감정표현, 의사 전달과 결정 등이 중심이다. 예를 들면, 사랑 부분은 맥스 벨트하우스의 〈사랑에 빠진 개구리〉, 가스 윌리엄스의 〈흰 토끼와 검은 토끼〉, 의사전달 부분은 베네딕 뜨라페르페의 〈두더지 부부의 소동〉 등이다.

이처럼 영아기와 유아기의 발달단계에는 공통적인 특성이 있다.

모든 사물을 살아있는 생명체로 보는 시각이다. 사물을 구분은 하되 차별하지 않는 시각이다. 시간과 공간을 초월하여 오가며 모든 만물과 통할 수 있는 만물교감의 시각이다. 바로 어린이의 정서적 본능을 바탕으로 한다.[7]

---

7) 예를 들면, 유아가 책상 옆을 지나가다가 부딪쳤다. 이때 유아가 울자 엄마는 책상을 탁

로쿠베 조금만 기다려

달을 먹은 아기 고양이

그러나 이 시기의 유아들에게 사물을 구별할 수 있도록 고유의 이름을 알게 한다. 그 이름은 고유의 성질을 나타내고 있음을 그림책을 통해 교육을 한다. 사물마다 다른 것은 이름이 다르기 때문이며, 그 이름은 객관적이고 공통어로서 사회생활하는 데 의사소통이 됨을 알게 한다. 이 때 유아들에게 의자를 책상이라고 가르치면 의자를 책상이라고 부른다. 아무런 의심 없이 그대로 받아들인다. 이는 일체의 경험 이전의 인간의 정신 상태를 나타내는 유아의 백지설과 맞닿아 있다.[8)]

따라서 감수성을 자각시켜 줄 수 있는 내용, 인간다운 고귀한 감정을 유아의 마음에 불어넣는 내용, 동식물의 생명뿐 아니라 삼라만상의 생명을 모두 중시하는 마음을 심어 주는, 천지의 만물과 그 만물의 영장인 인간 속에 있는 신비스러운 것을 헛되이 하거나 소홀히 하는 마음을 결코 유아들에게 심어주지 않는 내용이 좋다. 바로 유아들의 심성과 맞닿아 있기 때문이다.

예를 들면, 하이타니 겐지로의 〈로쿠베 조금만 기다려〉, 케빈 행크스의 〈달을 먹은 아기 고양이〉 등이 있다.

치면서 책상을 혼낸다. 그러면 유아는 울음을 그치게 되는데 이때 유아는 책상도 유아와 같은 생각을 갖고 있는 생명체로 보기 때문이다. 그래서 이 시기의 유아들에게는 모든 물건에 의인화를 시켜도 무리가 없다. 오히려 그런 작품들이 유아들의 사고와 맞물려 흥미를 더해 준다. 미분화적 상상에 가까운 창작동화가 유아들의 흥미를 끄는 것도 이런 이유 때문이다.

8) 가와베 가즈토, 허환 옮김, 『드라마란 무엇인가』, 시나리오 친구들, 1999. p. 29.
프랑스의 극작가 이오네스코(Ionesco)의 『스토리 넘버』에 나오는 그림동화 시리즈의 내용을 보면 유아들의 사물인식을 극명하게 보여 준다. - 세 살짜리 여자아이가 아버지에게 이야기를 해 달라고 졸라댄다. 게으르고 늘 꾸벅꾸벅 조는 아버지는 그 때마다 이상한 이야기를 꾸며댔다. 어떤 이야기에서는 등장인물 모두 이름이 쟈크린느였다. 이것을 진짜로 믿은 딸은 쇼핑을 가서도 주위 사람들과 물건의 이름을 모두 '쟈크린느'라고 믿어 사람들을 당혹스럽게 한다. 또 문을 '벽'이라고 부르고 발을 '귀'라고 이름 붙이자 딸은 '벽을 열고 귀로 듣는다'라고 고집을 부려 주위 사람들의 눈을 휘둥그레지게 한다.

4) 잠복기(latent period)-근면성 / 열등감 단계(7세~12세)

잠복기는 초등학생 시기에 해당한다. 리비도가 무의식 속에 잠복하므로 어린이는 성적 욕구를 일시적으로 잊어버린다. 그 사회가 요구하는 기본기술을 획득하기 위하여 노력한다. 즉 가정의 울타리에서 벗어나 새로운 단체생활에 적응해야 하는 부담감과 새로운 인간관계에 관심이 집중된다. 그러므로 어린이는 가족 이외의 성인, 동성의 또래들과의 놀이로부터 새로운 사회적 가치를 획득하게 된다. 어린이는 학교에서 타인과 함께 일하고 협동하는 능력을 발달시킨다.

열등감은 가정이나 학교에서 혹은 또래와의 관계에서 계속적인 실수를 하게 되어 성취할 기회가 주어지지 않으면 무능력감을 느끼게 된다. 반면, 학교에서 주어진 학습을 수행하면서 타인으로부터 인정을 받고 과제완수로부터 오는 즐거움을 느낀다면 어린이는 사회에 대한 긍정적인 시각을 갖고 건전한 근면성을 개발한다. 이 때의 근면성은 이후의 학교생활이나 학업성취의 기초가 된다.

이 시기의 어린이는 읽기, 쓰기, 셈하기 등 인지기능을 학교에서 배우게 되므로 좀 더 긴 문장을 이해할 수 있다. 이 단계에 아동의 잠재적 능력이 개발되어 키워지지 않는다면 아동의 능력은 영원히 잠재될 수 있다.

초등학생을 대상으로 한 동화 창작은 초등학교 저학년/고학년으로 구분되며 생활동화가 주를 이룬다. 생활동화란 현실적으로 일어날 수 있는 이야기이므로 현실감이 생명이다. 초등학생이 주인공이 되어서 일상생활에서 겪는 여러 가지 사건을 통한 깨달음을 주제로 한 이야기다. 그렇다고 해서 어린이들의 생활을 그대로 옮겨 놓은 듯한 생활동화는 지양해야 한다.

저학년 대상의 생활동화는 사회생활의 질서 · 예의 · 옳고 그름 · 사람과 사람간의 관계 · 도덕성 · 우정 등이며 행동중심의 이야기가 많다. 특히 초등 1~2학년의 도덕성 발달은 전도덕적 단계로서 행위의 근본 원인이 선과 악이다. 주제도 전래동화에서 많이 나타나 있는 권선징악적인 것이 주종을 이룬다. 특히 상과 벌의 기준이 명확하여야 하고, 가치 판단이나 도덕적 규범이 작품 속에 내재되어 있어야만 효율적인 작품이 된다.

초등 1～2학년의 판타지 세계는 미분화적 상상에서 조금 분화된 상태다. 이 시기는 변환적 시기로서 움직이지 않는 것은 생명을 부여하지 않고 움직이는 것만 생명을 부여한다. 그러므로 의인화의 수법을 사용할 때 주의를 기울여야 한다. 예를 들면, 사슴의 의인화는 수용될 수 있으나, 돌멩이의 의인화는 아동들에게 거부감을 받는다. 꿈도 비현실의 세계라는 것을 알면서도 외부에서 눈으로 볼 수 있는 것으로 생각한다. 그러므로 꿈의 처리도 어느 정도 사실을 인정하면서 시적 분위기인 판타지의 세계를 이끌어 가는 것이 좋다.

초등 3~4학년의 도덕성 발달은 인습적 역할 순응의 단계에 있다. 그러므로 자신이 다른 사람들을 기쁘게 해 주기를 원한다. 물론 타인의 기준을 따르지만 일반적인 규율을 내면화시키는 과정이다. 따라서 동화 창작시 주인공이 이 시기의 어린이라면 주인공이 뭔가 의미 있는 일을 하거나 성취감을 느낄 수 있는 일들을 만드는 과정으로 사건화해 보는 것도 효율적인 창작방법이 될 것이다.

고학년인 경우 자기 수용적 원리의 도덕성이 완전히 획득되는 시기다. 상대방의 존재를 인식하고 여러 가지 상황을 다른 사람과 함께 상호 역할 수용을 하는 시기로서 도덕성을 완전히 획득한다. 처음에는 사회적으로 인정되는 두 수준 사이에서 갈등이 있을 수 있다는 것을 인식하게 된다. 두 기준 사이에서 어떤 것을 택할 것인지 결정하려고 하므로 행위의 통제가 내적인 것이 된다.

고학년용 소년소설은 주인공의 내면, 갈등 사태를 중심으로 주제를 형상화하여야 한다. 자아와 현실의 대립 사태의 내면적인 흐름을 현실적으로 세밀하게 묘사하는 것이 좋다. 작품 속의 인물이 곧 어린이의 인격 형성에 동일화를 가져다 주기 때문이다. 어린이는 작품 속에 전개되어지는 자아와 세계의 끝없는 대결을 통하여 도덕적 가치를 판단하고 그것을 자기 인격에 수용하게 된다. 그러므로 소년소설은 개인의 자아의식을 일깨워 주고, 다른 사람의 개성을 인정하고 존중해 주는 내용이 좋다. 인물 설정에 있어서도 다양한 인물이 한 작품 속에 등장할 수도 있다. 이런 경우, 전형적/개성적, 평면적/입체적 인물이 등장하며 주제는 자아의 발견과 넓은 세계로의 꿈을 실현해 나가는 것이 주가 된다.

또한 우주의 객관적 질서를 이해하고, 사물과 이름과의 상징성을 인식한다. 꿈은 사고의 산물이라는 것을 알고, 언어는 인간만이 가지고 있다는 것을 깨닫는다. 이 시기의 창작동화는 판타지의 세계가 미분화적 상상에서 멀리 떨어진 분화의 세계에 있음을 안다. 그러므로 갖고 싶은 것을 가질 수 없고, 하고 싶은 것을 하지 못하는 현실적 문제 상황에 부딪치게 된다. 따라서 다시 미분화적 상상의 세계로 되돌아가려는 회귀적 경향을 보이기도 하지만, 대부분은 논리적 질서에 의한 합리화를 배우게 된다. 고학년용 판타지는 무조건적인 생명 부여를 용납하지 않고 반드시 리얼리티의 확실한 뒷받침이 있어야 한다.

이처럼 초등학생의 현실인식, 주체성, 도덕성 발달단계는 동화의 교육적 가치와 연관이 있으므로 작품 내에 스며들어 있는 주제가 중요한 역할을 한다.

초등학교 어린이 특성 및 정서적 변화과정을 요약하면 다음과 같다.

어린이들에게는 먼저 극히 초보적인 감정이 찾아온다. 함께 있고 싶다는 바람, 남에게 도움이 되고 싶다는 배려, 동정, 상냥함, 친근함을 담은 신뢰감, 이것들은 행복하고 따뜻한 가정의 분위기에 싸여 일찍부터 길러지는 감정이다.

12세까지의 어린이들은 이상적인 인물이나 안전, 행복에 관심을 갖는다. 그들도 이 정도의 감정은 가질 수 있다. 남들이 관대하게 대해 주기를 바라지만 사실 관대함에 대해서는 그들 자신도 잘 알고 있다.

또한 용기나 명예심도 갖고 있다. 이는 천성적으로 타고난 공포나 남에게 칭찬받고 싶어하는 욕구에서 자연스럽게 배어 나오는 감정들이다. 어린이들은 남에게 의지하지 않으면 살아갈 수 없으므로 성실함이나 희생정신도 잘 알고 있다. 게다가 가족에 대한 감정은 그들의 이기심이나 부모를 공경하는 본능을 충족시켜 준다. 그들은 약한 존재인 만큼 더욱 정의를 사랑하고 존경하는 감정을 지닌다.

그 밖에 자유를 사랑하는 마음이 있다. 부모의 예절교육이나 엄격한 교육에서 자유에 대한 사랑을 품게 된다. 이런 감정들은 12세까지의 어린이들이 강하게 느끼는 것들이다.[9] 이런 특성을 감안하여 창작한다면 보다 더 독자에게

9) 세드(Scheid)의 『어린이의 문학적 감각의 발달』에서 일부 인용.

가까이 다가갈 수 있는 작품을 쓸 수 있을 것이다.

2. 동화의 특성

동화는 어린이에 대한 원초적인 사랑을 전제조건으로 창작되므로 동화만의 특성을 가지고 있다.

동화는 감정이입의 단순 강렬함이 있다. 자신의 정서를 인식하는 메타무드(meta-mood)다. 자연이나 사물들에 대한 아름다운 정서를 부여하고 신의 정서를 바르게 인식하고 긍정적으로 표현한다. 그러므로 정서지능 향상을 돕는다. 어린이의 정서적 도피 내지는 대리충족의 기회를 제공한다. 삶을 살아가면서 만나게 되는 여러 가지 문제해결 시 도움을 준다. 자기중심적 사고를 탈피하여 이타주의를 지향한다. 민족애와 민족의 이상에 대한 이해를 돕는다.

동화의 개념은 두 가지로 구분한다.

광의의 개념은 '어린이들을 위한 이야기'로서 어린이를 위해서 쓴 이야기이면 모두 동화에 해당한다. 반면, 협의의 개념은 '어린이들을 위한 이야기' 중에서 근대 사실주의 작품(소년소설)을 제외한 전통판타지 형식만을 의미한다. 일반적이고 포괄적인 의미의 동화(어린이들을 위한 이야기)는 동화(판타지) + 소년소설을 일컫는다.[10]

협의의 개념인 동화, 즉 판타지는 전통적 문학형식으로 산문시적 · 상징적 문학형식을 취한다. 환상성을 구조의 원리로 삼고 초논리성, 마술성이 내재되어 있다. 현실과 비현실을 넘나들며 시공을 초월하여 자유롭게 소재나 사건을 다룬다. 판타지에서 비현실의 공간이 존재하는 이유는 주인공의 결핍된 요소나

---

10) 소년소설이란 현실생활에서 일어날 수 있는 이야기로 창작한 글을 의미한다. 즉 사실주의 문학의 형태다. 그러므로 생활동화, 혹은 아동소설이라고도 한다. 초등학교 저학년을 대상으로 한 소년소설을 일명 '생활동화'라고 하는데 골목에 노는 아이들과 교실에서 생활하는 아이들의 생태묘사 위주의 읽을거리가 주를 이룬다. 소년소설은 초등학교 고학년을 대상으로 쓰인 심리위주의 내적 성장, 내면의식의 흐름을 주로 다룬다.

욕구충족을 위해서 설정된 공간이며, 현실에서는 이룰 수 없는 주인공의 희망과 꿈을 비현실공간에서 충족할 수 있게 되며, 그로 인해 정서적 안정과 또 다른 꿈과 희망을 가지게 된다. 주인공의 꿈은 소박하게 요약된 미적 표현으로 인간 일반의 보편적 진실을 그린다.

소년소설은 근대적 문학형식이며 산문문학이다. 현실적이며 구체적인 리얼리즘 문학으로서 현실성을 추구하는 소설의 형태다. 단지 주요 독자가 초등학교 고학년 이상 청소년을 대상으로 한다는 점에서 성인소설과 다르다. 소년소설은 소년 · 소녀를 독립적인 인격체로 보여주는 보편주의를 지향하여 현실적이며 필연적인 것으로 다룬다. 플롯, 유기적인 관계를 통해 인물의 성격이나 디테일까지도 사실에 입각해서 다룬다. 생활, 순정, 명랑, 역사, 전기, 모험, 추리, 과학소설 등이 해당된다.

1) 동심(童心)

"동화는 어린이들에게 꿈과 사랑을 주는 문학이다." "동화는 수천 년에 걸친 인간의 경험들이 침전되고 녹아 내려서 말간 물이 고요함으로 고여 있는 거울이다. 그 거울을 가만히 들여다 보면 태고적 모습 그대로가 보인다. 온갖 소리들이 걸러지고 걸러져서 영혼의 종소리가 되어서 들려온다." 등처럼 맑고 고운 동심이 동화의 중심내용이 된다.

동화작가라면 "어린아이와 같은 마음을 가진 사람만이 천국에 갈 수 있다."는 말의 의미를 되새겨 볼 필요가 있다.

2) 상상력

동화는 애니머티즘(Animatism)과 애니미즘(Animism)을 근원으로 한다. 동화는 하늘과 땅은 한 뿌리이고 세상만물은 한몸(天地同根 萬物一體)으로 이루어져 있음을 보여 준다. 이는 어린이들의 정서적 본능인 시간 탈출 · 공간 탈출 · 만물 교감과 일치한다. 즉 동화는 세상만물이 한 몸임을 일깨워 주는 문학이다.

동화는 동물/식물 · 사물/인간과의 관계에서 차별성보다는 동질성을 찾는다. 차별하지 않는다는 것은 이 세상에 존재하는 모든 생명은 똑같이 소중하다는 생명존중의 사상으로 이어진다. 모든 만물의 생명의 무게를 저울에 달아 보면 무게가 모두 똑같다는 생명의 소중함을 뜻한다. 생명존중의 사상은 상호간에 공존 공생하며 하나로 어우러지는 아름다움으로 승화되는 것이다. 동화는 사람만이 최고가 아니라 사람 · 식물 · 동물 · 무생물을 같은 눈높이로 바라보는 문학이다. 그러므로 동화는 인도주의 문학으로서 윤리성과 교육성이 내재되어 있다.

어린이들이 마음대로 오갈 수 있는 시간 탈출, 공간 탈출로 인한 만물 교감의 상상세계가 바로 동화의 세계다. 동화세계에서 어린이는 힘을 얻고 미래의 세상을 꿈꾼다. 그러므로 상상력을 바탕으로 쓴 이야기, 아무도 가보지 않은 곳을 마치 가 본 듯 그려져 있는 이야기, 현실과 비현실 공간을 오가며 현실을 인식하고 더 나은 자신의 꿈과 이상을 실현할 수 있는 이야기를 원한다. 동화가 모두 해피엔드로 끝나는 것은 어린이로 하여금 이 세계 속에서 살 의미를 깨치게 하며 어려움을 극복할 수 있는 자신과 용기를 만들어 주려는 것이다.

그러므로 괴테 *Johann Wolfgang von Goethe*[11]는 "동화는 경쾌한 상상력의 유희"라고 언급하면서, "동화는 우리에게 불가능한 사건을 가능하거나 불가능한 조건 아래서 단지 가능한 것으로 묘사하는 것"이라고 정의하였다.

---

11) 고전파의 대표자이자 독일의 시인 겸 작가다. 1770년 독일 질풍노도 운동의 실질적 선도자인 고트프리트 헤르더를 만나 독일 민속과 정신에 대한 깨우침을 얻었다, 제젠하임이란 마을에서 목사의 딸 프리데리케 브리온과 사랑에 빠지며 감미로운 서정시들을 많이 썼다. 1771년 프랑크푸르트로 돌아와 변호사로 개업했지만 업무보다는 창작에 몰두하여 그해 질풍노도 시기의 대표적 희곡 〈괴츠 폰 베를리힝겐〉의 초고를 썼다. 말년에 완성된 그의 역작 〈파우스트〉를 비롯해 여러 작품을 시작하였다. 1774년 발표한 그의 첫 소설 〈젊은 베르테르의 슬픔〉이 발표되자마자 대단한 선풍을 불러일으켰다, '슈투름 운트 드랑'(질풍노도시대, 문예의 혁명 운동)의 대표작으로서 전 독일 뿐만 아니라 전 유럽에 알려졌다. 1775년 아우구스트 공의 초청으로 그의 교육 겸 사담역으로 바이마르에 갔으며, 그 후 재상의 지위에까지 올랐다. 한편 그는 슈타인 부인과의 사랑과 1년 반의 이탈리아 여행을 통한 고대 및 르네상스 미술을 접하게 되었다. 1974년 무렵, 실러와 친교하게 되었고, 이들의 우정은 실러 사망 시까지 계속되었다. 그들은 서로 격려하면서 걸작들을 세상에 많이 내어 놓았으며, 짧은 풍자적 비판시 〈크세니엔〉을 쓰기도 했다

노발리스 *Novalis*[12]는 동화를 시(詩)의 본질로 간주하고, 동화에서 정서의 최상의 것을 표현할 수 있는 장르이므로 동화는 시적 환상과 서사적 리얼리티의 하모니의 결정체로 보았다. 또한 "모든 동화는 어느 곳에서나 있을 수도 있고 어떤 곳에도 없을 수 있는 고향세계에 대한 꿈이므로 동화는 서사적이며 서정성이 강한 문학이다"라고 정의하였다.

어린이들의 미성숙한 몸과 마음은 미래를 향한 성숙을 갈구하고 있다. 정형화된 인간 형태대로 자라나는 것이 아니라 어린이 각자가 원하는 인간형을 꿈꾸는 것이다. 어린이들은 무한한 가능성이 잠재된 마법의 세계에서 살고 있다. 그러므로 어린이들은 아직 소유하지 않은 온갖 것들을 소유할 수 있는 풍부한 가능성을 지니고 있다. 이러한 가능성은 상상력에서 시작되며 상상은 어린이들에게 최고의 즐거움일 뿐만 아니라 자유의 상징이며 생명의 도약이 된다.

그런데 현실적으로 어린이들은 자신의 의지와 상관없이 미성숙한 존재라는 이유만으로 많은 제약을 받는다. 마음대로 생각하면 현실 규칙에 어긋나고, 마음대로 말하면 엉뚱한 어린이로 취급받는다. 더구나 어린이들은 단 한순간도 쓸데없이 보내서는 안 되며, 가능한 한 빨리 애늙은이가 되도록 노는 시간에도 공부를 해야 하는 시대에 살고 있다.

따라서 어린이는 어른과 마찬가지로 원망, 불안, 요구, 압박 등의 무의식 속에서 살고 있다. 그러므로 어린이는 동화 안쪽에 깊숙이 자리잡고 있는 또 다른 가치 무의식의 꿈이 어린이들로 하여금 동화를 사랑하게 한다.

예를 든다면 여자 아이가 인형을 아기로 삼고 노는 인형놀이는 아기를 낳아 기르고 싶다는 무의식의 원망(願望)을 대리 만족하는 행위다. 어린이는 동화 속

---

12) 귀족 가문에서 태어나 엄격한 경건주의적인 가정교육을 받은 노발리스는 철학과 역사학을 비롯한 다양한 학문에 심취하였다. 졸업 후 행정서기관으로 일하기도 했던 그는 연인 소피 폰 퀸의 죽음을 통해 신비주의적, 종교적 감정에 눈을 뜨게 되었다. 이러한 경험을 통해 서사시 〈밤의 찬가〉와 미완의 장편 소설 〈푸른 꽃〉이 탄생하였다. 그 후 노발리스는 낭만주의 작가 티크 등과 교류하면서 문학 활동을 벌이는 한편 자연 과학 분야에 심취하여 프라이베르크 광산 학교에서 공부를 시작한다. 그 곳에서 만난 율리 폰 카르펜티어와 약혼하지만 29세 때인 1801년 폐질환으로 요절하였다. 대표작으로 〈꽃가루〉, 〈신앙과 사랑〉, 〈성곡〉, 〈기독교 혹은 유럽〉 등이 있다. 특히 노발리스의 〈푸른꽃〉은 상상력을 충족하기에 좋은 작품이다.

주인공과 자기를 동일시한다. 공상 속에서 거인을 퇴치하거나, 임금이 되거나, 공주와 결혼을 하면서 욕구를 충족시키며 불안에서 해방된다. 그러므로 동화는 어린이의 무의식에 직접 작용을 하여 심리만족을 충족시켜 준다.[13)]

3) 문학적 감동

주요 독자가 어린이지만 문학적 표현, 즉 적재적소에 알맞은 문장력으로 예술적 감동을 이끌어 내야 한다. "문학은 우리를 가르치지 않는다. 다만 감동을 줄 뿐이다." 라며 괴테가 말한 것도 바로 문학의 감동을 의미한다. 어렸을 때 읽었던 동화 한 편을 예리하게 분석하여 공부하지 않았어도 그 동화 한 편이 전달하는 문학적 감동이 삶의 교훈이 되는 것을 우리는 알 수 있다.

프뢰벨 *Friedrich Wilhelm August Fröbel*[14)] 또한 "어린이는 다섯 살까지 그 생애에서 배워야 할 일을 다 배운다."며 어렸을 때 읽은 동화 한 편의 감동을 이야기하였다. 야콥스 *Roman Jakobson*[15)]는 "문학은 선택된 아름다운 언어로 구성되어 있기 때문에 어렸을 때부터 아름답고 풍부한 언어를 배우고 경험하게 됨으로써 모국어의 아름다움을 깨닫고 아름다운 심성을 기를 수 있다."며 동화의 문학적 언어표현의 중요성을 이야기하였다.

폴 아자르는 다음과 같이 문학적 감동에 대해 이야기하였다.

---

13) 인간의 정신적인 세계는 의식과 무의식으로 나누어진다. 무의식은 보편적 무의식과 개인적 무의식으로 구별되며 정신작용에 여러 가지 큰 영향을 미친다.

14) 독일의 교육자다. 그리스하임에 일반 독일 교육연구소를 창설하였고 블랑켄부르크에 세계 최초의 유치원을 세워 유아교육에 앞장섰다. 이후 보모양성과 유치원 사업 보급에 주력함과 동시에 여성교육의 발전에도 힘썼다. 아이들의 자기활동 · 연속발전 · 사회화 · 노작(勞作) · 체험 등, 그의 이론 모두가 유아의 신성에 관한 확신에서 생긴 것이라고 할 수 있다. 한편 유아교육의 실천면에서 구체(球體) · 점 · 선 · 정육면체 등의 장난감을 사용하는 유희를 통하여 인간성을 배양할 것을 제창하였다. 저서로는 『인간교육 Die Menschenerziehung』(1826), 『어머니와 애무의 노래 Mutter und Koselieder』(1844) 등이 있다.

15) 러시아 출신의 미국 언어학자로 프라하학파의 창시자다. 프라하, 하버드대학교 등에서 강의했다. 언어학과 인접과학과의 통합을 시도했다. 저서는 『음성분석 서설—판별적 특징과 그 관련량』, 『Selected Writings』 등이다.

> 나는 예술의 본질에 충실한 책을 사랑한다. 직관에 호소하고 사물을 직접 느낄 수 있는 힘을 어린이들에게 주는 책, 어린이들도 읽자마자 이해할 수 있는 소박한 아름다움을 지닌 책, 어린이들의 영혼에 깊은 감동을 주어 평생 가슴 속에 추억으로 간직되는 책, 그런 책이다.

동화의 문학적 감동은 흥미성과 관련이 있다. 어린이는 재미가 없으면 금방 싫증을 내는 특성을 가지고 있으므로 재미가 있어야 한다. 여기에서 재미란 우스갯소리나 농담, 말장난이 아니라 새로운 소재로 호기심과 신선함과 역발상적 재미를 줄 수 있는 흥미성을 말한다.

동화에서 흥미성은 이야기의 전개나 사건들이 어른들이 뻔히 유추할 수 있는 구성이나 사건이 아니라 어린이들의 상상력을 충족시켜 줄 수 있는 전개나 사건이어야 한다는 의미다. 적재적소에 어울리는 낱말의 선택 또한 어린이들의 흥미를 유발시킬 수 있다. 이와 관련하여 폴 아자르는 다음과 같이 이야기하고 있다.

> 나는 어린이들이 즐겨 머릿속에 그리는 것을 그대로 담은 책을 사랑한다. 온 세상 삼라만상 속에서 특히 어린이들의 취향에 맞추어 선택된 것, 어린이들을 해방시키고 기쁘게 하며 행복하게 하는 이미지, 눈 깜짝할 사이에 어린이들에게 덤벼들어 그들을 현실 세계의 굴레로 얽매어 버리지 못하도록 지켜 주는 신비의 세계, 그런 것을 어린이들에게 주는 책을 나는 사랑한다.

4) 교육성

모든 문학과 예술의 목적을 인간 정신의 교육이라고 본다면 동화의 교육성은 당연하다. 흔히 아동문학은 "문학성과 교육성이라는 두 개의 바퀴로 굴러가는 마차"라고 요약할 만큼 교육성의 비중이 높다. 하얀 백지와도 같은 어린이 사고의 세계에 균형잡힌 구도를 세워 주는 것이 교육이라고 보았을 때 동화의 역할은 상당히 크다. 어른들이 이렇게 해라, 저렇게 해라는 지시 · 명령형의 교육보다는 한 편의 이야기로서 어린이들의 마음의 변화는 물론 행동까지 변화시킬 수 있기 때문이다. 하지만 아동문학에서의 교육성은 부작용을 초래하기도 한다.

동화를 통한 교육성은 어린이만의 특별한 욕구보다는 '현실생활을 잘 할 수 있는 어린이형'을 만들어 제시하게 되는 경우다. 오직 어른들이 생각하는 올바른 어린이형, 어린이의 발달에 적합한 교육적인 내용만이 주제로 다루고 나타낼 때 부작용이 나타난다.16)

즉 동화에 덧바른 교육성이 책읽는 재미와 놀이의 즐거움을 억압하는 점, 동화가 제2의 교과서인 냥 쓰인 동화로 인하여 나타난 아동문학의 한계성 등이다. 교육성으로 인해 무한한 가능성의 에너지를 내포하고 있는 어린이의 정서적 본능이 가려지고 만 것이다.

결론적으로 동화의 교육성은 아이들 스스로 그들의 삶을 가능한 한 최대로 풍부하게 살아갈 수 있도록 문학적 경험의 가치를 수용하고 향유할 수 있어야 한다. 문학성과 교육성을 동화에서 어떤 형상으로 표현할 것인가가 동화작가의 과제다. 이와 관련하여 폴 아자르는 다음과 같이 말하고 있다.

> 어린이들로서는 아직 소화할 수 없는 진리, 전혀 재미있지도 않고 아무런 의미도 없는 진리가 있다. 물론 어린이들은 그런 것을 몹시 싫어하지만 그 나이에 어울리게 재미있는 이야기로 부드럽게 포장하여 내밀어 주면 어린이들도 기꺼이 맛볼 것이다. 이런 방법으로 어린이들에게 진리를 가르친다면 부모들도 무척이나 기뻐할 것이다. 어린이들의 영혼은 맑고 그 감수성은 순수하다. 따라서 새로이 이런 교육을 받으면 놀랄 만큼 예민한 반응을 보인다. 그 영혼이 백지상태인 만큼 모든 것을 흡수해 버리는 것이리라. 예를 들면, 이야기의 주인공이 불행한 일을 당하면 그들은 슬퍼하고 의기소침해 한다. 주인공이 행복해지면 뛸 듯이 기뻐한다. 또 악한 남자나 여자가 설치고 돌아다니면 안달을 하면서 지켜보지만 마지막에 그런 무리가 벌을 받는 모습을 보면 무척이나 기뻐한다.

따라서 어린이는 동화를 읽음으로써 다음과 같은 과정을 거치게 된다.

첫째, 작품 속에 나타난 세계를 있는 그대로 파악하고 그러한 세계를 들여다볼 수 있는 차원의 인식적 상상력을 인지한다. 둘째, 들여다 본 세계를 비판,

16) 소재, 이데올로기, 교육적, 윤리적 가치만을 주제로 한 글이다. 이는 아동문학 작가와 교육학자들의 견해가 같다는 의미다. 즉 어른들의 시각은 어린이들이 오직 현실 생활을 잘 하는 데 목적을 둔 것이다. 이러한 시각은 문학이 어린이들을 짜 맞춘 듯 하나의 모델로 인간의 행동과 말을 통일시켜 버릴 수도 있는 문제점을 가지고 있다.

반성할 수 있는 능력으로서의 인식적 상상력을 인지한다. 셋째, 독자가 꿈꾸는 어떤 이상적 · 당위적 세계를 창조해 보는 수준의 초월적 상상력을 인지한다.

동화는 동심을 바탕으로 꾸민 서정적이고 환상적인 이야기며, 남녀노소 모두가 즐겁게 읽을 수 있는 시적 요소를 갖춘 산문문학이다. 그러므로 동화의 세계는 꿈의 세계며, 초현실의 세계며, 초현실적인 현상들을 현실적인 사건들로 꾸며서 이야기하는 마술의 세계다. 또한 동화의 세계는 현실에서 일어날 수 없는 모든 일들이 그 속에서 일어날 수 있는 신비의 세계다. 동시에 그 세계에서 묘사된 일들이 언젠가는 실현될 수도 있다는 믿음 가운데 그려지는 미래의 세계이기도 하다.

5) 단계성과 단순 명쾌성

아동문학의 독자는 영아기 · 유아기 · 아동기 · 청소년기로 크게 구분된다. 동화 창작시 각 단계에 맞는 제재나 문체, 구성, 대상을 고려하여야 하며 그 시기의 어린이들과 친숙한 것이어야 한다. 그러므로 출판사에서 동화작가에게 원고를 청탁할 경우 주독자의 연령에 맞는 원고 길이나 낱말 선택을 요구한다. 주독자의 연령이 이해할 수 있는 문장의 길이나 낱말의 수가 적절해야만 내용에 대한 이해도가 높기 때문이다.

대체적으로 문장 및 원고의 길이는 나이에 비례한다. 예를 들어, 주독자의 연령이 3~5세라고 한다면 한 페이지 당 문장의 수는 3~5줄 내외로 이루어진다. 한 문장을 이루고 있는 낱말의 수도 3~5개로 이루어진다. 물론 이는 기준이며 상황에 따라서 더해지거나 제외되는 경우도 있다.

문장의 형태는 단문 혹은 중문으로 이루어진다. 바탕글과 대화체의 비율은 2 : 3 혹은 1 : 3의 비율이 효율적이다. 영유아인 경우, 내용을 설명하는 바탕글보다 등장인물이 직접 말하는 대화체가 훨씬 이해도가 높다. 영 · 유아기에는 주인공과의 감정이입과 정서교감이 원활하게 진행되는 시기이기 때문이다.

그러므로 동화작가는 자신의 이야기가 어린 독자에게 잘 받아들여질 수 있도록 장치들을 사용한다. 예를 들면, 더 짧은 문장, 더 쉽고 더 짧은 단어, 복잡하지 않은 구문, 상상력이 풍부한 대화, 직선적인 구성, 제한된 캐릭터, 추상적인 언술 회피 등과 같은 의식적 노력이다.

또한 주요 독자가 어린이임을 감안하여 정서, 이데올로기, 도덕, 종교 등이 그 나라 혹은 그 시대에 맞지 않는다고 판단되었을 때 다른 말로 대체하는 '순화'의 작업까지 행한다. 즉 각 나라의 고유정서, 사회주의와 민주주의, 도덕의 기준, 종교에 대한 견해의 차이를 감안하여 같은 동화라도 그 나라의 기준에 맞추어 순화하는 경우다.

예를 들어, 원본에는 절에 간다고 되어 있지만 교회에 간다고 하거나, 나쁜 짓을 한 죄인에게 가하는 형벌도 참혹한 정도의 수준에 따라 달리 표현하는 경우다. 또한 어려운 한자를 쉬운 한글로 대체하거나, 인격을 침해할 수 있는, 식모, 계모, 청소부 같은 말은 도우미, 새엄마, 환경미화원으로 대체한다. 즉 동화작가는 성인작가와는 달리 주요 독자가 어린이임을 감안하여 여과지에 걸러 내는 작업을 또 한 번 해야 한다는 의미다.

그렇다고 동화 창작시 통계적으로 짧은 문장을 쓰고 '어려운' 낱말을 아껴 쓰는 것은 예술적 장치의 단순화나 빈곤화를 의미하지 않는다. 오히려 동화의 의식적인 단순성과 소박성은 아동문학의 예술적 장치에 해당하는 것이다. 쉽고 단순한 문장으로 그 어떤 주제를 전달하는 것이 더 어려운 창작임을 작가들은 알고 있다.[17)]

---

17) 성인문학에서도 마찬가지다. 스테디셀러로 남겨진 작가의 작품을 보면 누구나 읽어도 이해할 수 있는 문장과 낱말로 되어 있음을 알 수 있다(예 : 서정주의 〈국화 옆에서〉). 오히려 난해하고 일생에 단 한번 쓸까 말까한 낱말들의 조합으로 이루어진 작품들은 작가 혼자만 만족할 수 있는, 소수의 욕구를 충족시켜 줄 수 있는 작품에 지나지 않는다. 결코 문학은 어려운 글의 조합체가 되어서는 안 된다. 언어의 본질이 의사소통의 매개체임을 감안했을 때 작가도 해석할 수 없는 단어의 조합은 그야말로 문학에 대한 잘못된 인식이며 작가의 허영에서 비롯된다. 모든 문학과 예술의 목적을 인간 정신의 교육이라는 측면을 감안한 것이다.

III

동화창작 기법

1. 소재 찾기
2. 주제와 어린이 욕구
3. 주제
4. 구성의 유형
5. 구성의 5단계
6. 이야기의 순환논리
7. 인물의 선택과 제시
8. 시점
9. 서사
10. 묘사

문장이란 인간의 사고의식을 정리해 문자로 표기한 글이다. 작가는 자신이 나타내고자 하는 의미를 문장으로 표현한다. 이를 작문이라고 하는데 작문은 글을 짓는다는 뜻이다. '글'은 언어의 문자적 표현을 가리키며, '짓는다'는 창조적 행위에 해당한다.

작문을 바르게 이해하려면 두 가지 중요한 사항을 알아야 한다.

첫째, 언어구조에 관한 정확한 인식을 필요로 한다. 둘째, 창조적 행위의 근본이 되는 인간의 사고(심리)에 대하여 폭넓게 알아야 한다.

그러므로 작가가 되기 위해서는 창작이론을 공부해야 하고 다양한 삶을 살아가는 사람들의 심리와 행동에 예리한 관찰이 필요하다. 물론 아무런 환경적 영향 없이도 뛰어난 작가가 될 수 있으나 이는 타고난 천재적 기질에 의한 것이다.

대부분의 작가는 무단한 공부와 더불어 끊임없는 쓰기작업으로 작가로서의 영역을 구축한다.

1. 소재 찾기

음식의 맛은 재료의 신선함과 조리방법에 의해 결정된다. 따라서 맛있는 음식을 만들기 위해서 먼저 준비해야 할 것이 재료선별 작업이다. 동화쓰기도 소재가 참으로 중요하다. 그래서 작가들은 신선한 소재를 찾기 위해서 많은 것을 보고 듣고, 여행을 하고 책을 읽는다. 주제(사랑, 우정, 효도, 진실 등)는 보편적일 수 있지만 소재는 작가의 의도에 따라 다르게 접목할 수 있기 때문이다.

소재는 주제를 살리기 위한 '이야깃거리의 재료'다. 주제가 아무리 좋아도 그 주제를 전개시켜야 할 소재가 빈곤하다면 어떤 한계점에 부딪치게 된다.

1) 신선한 소재

소재가 신선하다는 의미는 누구에게나 낯익은 소재가 아니다. 그렇다고 신선한 소재를 찾으러 화성으로 갈 수는 없다. 민감한 시선으로 우리 주변을 살펴볼 때 색다르게 와 닿는 것이 바로 신선한 소재다.

예를 들면, 매일 보던 두루마리 휴지가 한순간 마법의 양탄자로 보일 경우 바로 신선한 소재가 된다. 물론 소재를 어떻게 이끌어 나갈 것인지 사건의 연계성도 중요하다.

소재는 주제와 긴밀성 내지는 연관성을 갖고 반드시 주제를 뒷받침해 줄 수 있어야 한다. 소재는 어린이의 관심거리이거나 흥미를 유발할 수 있는 요소가 되어야 한다. 아무리 좋은 소재이라 할지라도 어린이의 눈높이에서 볼 때 관심거리가 되지 않는 것은 무용지물이다.

소재 찾기는 감성안테나를 달고 다니며 어린이의 호기심으로 탐색해야 한다. 어린이의 시적인 감성과 하나의 아이디어에서 계속 파생되어 가는 풍부한 상상력이 필요하다. 어린이의 마음을 움직일 수 있는 이야기, 어린이들이 가슴 설레면서 울고 웃을 수 있는 드라마틱한 요소를 찾아내야 한다. 어린이가 공감할 수 있는 스토리로 전개할 수 있는 소재를 찾는 것이 동화작가의 중요한 임무이기 때문이다.

2) 오감의 소재

캐더린 앤 포터 *Katherrine Anne Porter*[1]는 소재의 논의에서 작가의 지각과 기억의 중요성을 말하였다. 그녀는 창작시 인물들, 상황들, 객체들, 훗날의 기억들과 흡수될 수 있는 감정들을 끌어 내거나 스토리를 창조해 낼 때 3세 때의 기억으로 되돌아가야 한다고 하였다.

즉 지난해 겨울의 눈은 잊어가고 있지만 어린 시절 보았던 눈의 모습, 맛,

---

1) 미국의 여성소설가다. 인종과 종교의 차이에서 일어나는 여러 가지 문제에 관심을 보였다. 날카로운 심리분석은 버지니아 울프를 연상하게 한다. 여성에 관하여도 진보적인 성향을 보였으며 "남성이 신을 위하여 일할 때 여성은 남성을 위하여 일하였다"라고 말하였다. 그녀의 말대로 지금까지 세계 역사는 남성들의 역사와 크게 다름없었다. 그러나 새천년에는 바야흐로 여성의 역사가 펼쳐지게 될 것이다. 천연 자원이 거의 고갈된 지금 이 세계에 유일하게 남아 있는 자원이 하나 있다면 그것은 바로 여성이라고 주장하는 학자들이 있다.

냄새를 기억해 내는 어린이의 지각처럼 늘 예민하게 깨어 있어야 한다. 음향, 시각의 포착, 소리, 촉각에 대한 기억은 나이와 함께 둔감해지나 어린이는 보거나 듣기 위해서 계속적으로 노력한다. 그러므로 작가는 어린이의 지각처럼 처음과 같이 보고 들어야만 소재 찾기에 성공한다.

어린이의 지각처럼 되기 위해서는 훈련이 필요하다. 예를 들어, 예리한 감각으로 30분 동안 포도나무와 꽃송이를 바라본다. 그 후 이것에 대해 두 페이지 정도의 글을 쓴다. 어린이와 같은 마음으로 꽃을 보면서 상상력을 키워 보는 훈련이다.

소재 찾기는 그야말로 다양하다. 포토에세이집인 ≪시선≫[2]과 ≪끌림≫[3]은 카피라이터 감성안테나에 포착된 장면과 한두 줄의 문장이다. 하나의 장면, 인물, 사물을 정지된 시간으로 포착한 것이 포토예술이라면, 문학의 묘사는 정지된 장면을 언어로 표현한 것이다. 그러므로 사진을 소재로 하여 입체적인 이미지를 글로서 형상화하는 것도 문장력 향상 및 소재 찾기에 좋은 방법의 하나다. 또한 사진은 직접 경험하지 못한 세계와 캐릭터를 구체적으로 보여주므로 배경이나 공간을 설정할 때 많은 도움이 된다.

또한 각 지역의 전설도 훌륭한 소재가 된다. 설악산 만경대 아래에 있는 백담사의 암자에 관한 전설을 모티브로 한 정채봉의 〈오세암〉, 그리스 신화 가운데 프리기아의 왕인 미다스에 관한 전설을 모티브로 한 이솝의 〈황금거위〉, 인디언 붓꽃의 전설로 내려오는 〈인디언 붓꽃의 전설〉 등 다양하다.

다음은 일상생활 속에서 작가의 감성안테나에 걸린 소재 혹은 느낌들의 예시자료다. 소재와 소재의 더하기, 소재에서 빼기, 소재에서 새로운 발상 유도 등에서 비롯된 재료들이다. 같은 소재에서도 각기 다른 이야기가 만들어질 수 있는 부분이므로 참고가 될 것이다. 어떤 작가는 이야기 도중에 좋은 소재가 발견되면 곧장 집으로 들어가서 자신의 작품 소재로 만든다고 한다. 열 명의 작가에게 똑같은 소재를 주어도 열 가지의 이야기로 나올 수 있는 것이 소재의 또 다른

2) 박웅현 글, 박규호 사진, 도서출판 예문, 2003.
3) 이병률, ≪끌림≫, 랜덤하우스, 2005.

면이다.

아래의 소재들은 불후의 명작 모티브가 될 수도 있다.

☞ **소재 찾기의 예시자료**

1. 모기 : 왱왱이 모기는 내 짝꿍 같아요. 자꾸만 내 귀에 대고 말을 걸어요.
2. 두루마리 휴지 : 마법의 양탄자 휴지, 휴지 타고 훨훨 구름나라까지 가고 싶어요.
3. 가로등과 풀벌레 : 달님이 불러 모은 반짝반짝 친구별. 가로등은 풀벌레들을 친구로 불렀어요.
4. 여행가방 : 여행 가방을 열면 미지의 세계로 연결되는 계단이 있지 않을까.
5. 해파리 : 바다의 UFO
6. 엄마 찾는 삼색 고양이 : 새끼 삼색고양이가 자신의 털 색깔로 엄마고양이를 찾는 과정. 여러 가지 색에 대한 인지, 아이와 엄마간의 유대 강화
7. 파인애플+보물찾기=다이아몬드 : 보물찾기로 숨긴 다이아몬드를 연상한다.
8. 원두+물건 찾기=꽃밭 : 떨어진 원두를 개가 꽃밥으로 오해해서 꽃밥을 잃어버린 꽃을 찾아다니는 이야기
9. 도둑+팽이=달팽이 : 달팽이 도둑이 팽이처럼 빙글빙글 돌아다니며 동물들 눈을 어지럽게 만들고 야채를 훔치는 이야기
10. 붕어 아가미+연못=반달이 연못에 빠져 못난이 금붕어 아가미에 붙어 밝게 빛나는 이야기
11. 걸어 다니는 비둘기 : 비둘기가 걸어다니게 된 사연, 그리고 비둘기를 날게 하기 위한 아이의 노력
12. 전봇대에 걸려 있는 바구니 : 불현듯 눈에 띄는 바구니 하나. 누가 무슨 사연으로 저기에 바구니를 달아 놓았을까.
13. 고장난 바람개비 : 바람개비는 바람요정들의 학교. 공기가 너무 오염이 되어 돌리기가 힘들어진 바람요정들이 심술이 나서 등교거부를 하게 된다.
14. 토성의 고리 : 토성이 허리띠를 하고 있어요. 그런데 살이 빠지기 전의 것인지 커서 빙빙 돌아요.
15. 비가 쓴 편지 : 비가 오는 날, 비를 맞은 나뭇잎들은 편지지가 된다. 토도독 토도독, 비는 나뭇잎에 편지를 쓴다. 누구에게 보내는 편지일까.

16. 화장실 앞에 깔아 놓은 얼룩무늬 발판 : 여러 동물들이 뛰어노는 야생 숲, 얼룩말로 이야기를 꾸며 볼 수 있다.
17. 콩과 옥수수 : 콩들 사이에 섞인 옥수수. 프라이팬에 콩과 옥수수를 볶자, 옥수수는 예쁜 꽃 모양의 팝콘이 된다.
18. 무지개 : 무지개 밑에는 보물상자가 있다는 설화가 있다. 보물상자에서 자신이 원하는 물건을 하나 가질 수 있다면 어떨까?
19. 머리카락 빗자루 : 엄마가 하는 빗자루 청소를 하고 싶지만 엄마는 못하게 한다. 나무막대에 떨어진 머리카락을 붙이기 시작, 드디어 친구들, 엄마, 아빠할머니 머리카락을 줍고 살짝 뽑아 붙였더니 엉기성기 볼품없는 빗자루가 만들어진다. 까만색, 갈색, 흰색 머리카락으로 만들어진 빗자루
20. 잠자리와 풍선 : 잠자리가 죽었다. 엄마는 땅에 묻어 주라고 하지만 하늘을 날며 사는 잠자리를 땅에 묻으며 답답할 것 같다. 그래서 풍선을 사서 잠자리 무덤을 만들어 날린다.
21. 껌지도를 만들어라! : 껌 씹는 걸 싫어하는 엄마, 껌을 사주지 않자 껌을 집안 곳곳에 몰래 붙여 둔다. 어디에 붙였는지 기억하기 위해 껌지도를 만든다. 그러나 청소왕 엄마가 못 볼 리 없다. 엄마와 아이의 껌 숨기기 떼어 내기 숨바꼭질 놀이
22. 쇼를 하라 : 실어증에 걸린 아이. 방법을 찾던 아버지는 길에서 마법사를 만나게 되고, 세 번 웃기면 낫는다는 말을 듣고 쇼를 하는 아버지
23. 국경, 인종을 넘는 사랑이 기존의 혈연 중심적 전통가정의 모습과는 다른 현대의 새로운 가족상의 모습을 그려 본다. 예) 사랑에 빠진 개구리, KTFSHOW 곰 가족 광고 참고
24. 이 빠진 한글 : 비속어, 인터넷어, 핸드폰어 등 실생활에서 하나하나 도망쳐 사라지는 한글의 자음, 모음들의 이야기
25. 꽃 속에 떨어진 편지
26. 치킨가게 앞에 우두커니 서 있는 KFC 할아버지의 모습
27. 오토바이를 타고 가는 사람의 뒷모습
28. 보도블록 사이에 핀 민들레꽃
29. 감동을 주는 신문기사
30. 어린이들의 대화
31. 한 잔의 물을 보며 바다 속의 세계, 고래와 인어를 연상시킨다.
32. 발이 저린 것의 의미

33. 거울 : 방에 걸린 거울에는 또 하나의 방이 있다. 나도 두 개, 방도 두 개, 모두 두 개의 세상이 있다.
34. 핸드폰 : 줄줄이 말하는 수다쟁이. 나와 너를 이어주는 목줄
35. 집 앞에 세워진 빨간 자전거 : 이 자전거를 타고 달리면, 나를 초대한 사람 이 사는 나라로 갈 수 있지 않을까? → 빨간 자전거를 타고 달려가자 어느 새 전혀 다른 세상으로 들어왔다.
36. 코스모스 : 코스모스 꽃잎이 이상하게도 자꾸 어딘가를 향해 날아가는 것만 같다. 저 꽃잎을 따라 가면, 나도 날 수 있을까? → 주인공은 코스모스를 따라 날아가는데, 그 곳에서 벌과 나비들의 속삭임을 엿듣게 된다.
37. 할머니의 조각이불 : 조각이불을 만들려면 여러 색이 필요하지 않을까? →조각이불을 만들던 할머니를 구경하던 주인공은 알록달록한 천 중 유독 노란색이 부족하다는 것을 깨닫고 할머니의 이불을 완성시킬 노란색들을 찾아 여행을 떠난다.
38. 구멍난 양말 : 구멍난 양말 속에서 누군가가 나오지 않을까? → 구멍난 양말을 늘 신기 싫다며 던져 버리던 주인공에게 어느 날 초인종 소리와 함께, 던져 버린 양말의 숫자만큼 난쟁이들이 찾아온다. 난쟁이들이 각각 퀴즈를 낸다. 맞추지 못하면 난쟁이들의 마을로 가야 한다.
39. 봉숭아꽃 : 봉숭아꽃 색깔이 손톱에 물드는 것처럼, 내가 손가락으로 그리 는 것들이 물들면 어떨까? → 봉숭아꽃 물을 손톱에 물들이던 꼬마가 시들어 가는 꽃을 만지자, 꽃들이 하나 둘씩 살아난다.
40. 커다란 달걀 : 이 속에는 왠지 병아리가 아닌 다른 것이 있지 않을까? → 어느 날 집 앞에 커다란 바구니가 배달된다. 달걀 속에서 뭔가 소리가 들린다. 그런데, 이건 병아리 소리가 아니잖아!
41. 꽃 : 저 멀리 섬에 꽃나무를 심어도 향기가 여기까지 날아올 수 있을까?→ 하늘나라에 계신 어머니가 너무나 좋아하던 꽃을 전해줄 방법을 찾던 꼬마가 꽃을 종이로 접어 커다란 연에 매달아 하늘로 날려 보내자, 종이꽃에서 그윽한 꽃향기가 퍼진다.
42. 책 : 책이 말을 하면 어떨까? → 아빠의 다락방에 몰래 들어간 주인공이 보물을 찾으려다가 오래된 책들을 발견하고 발로 뻥 차버리자, 책들이 벌떡 일어나 춤을 추며 주인공에게 자기들이 만들어진 나라들의 이야기를 들려준다.
43. 마녀 : 내 친구가 어느 날 마녀라는 사실을 알게 된다면? → 친한 친구가 알고

보니 쫓겨난 마녀였다. 나쁜 일을 많이 해야 점수를 얻어 돌아갈 수 있다. 사람들도 해치지 않고, 친구도 도울 수 있는 좋은 방법이 없을까.

44. 단풍나무 : 단풍나무와 버드나무가 서로 좋아하게 된다면? → 단풍나무 아저씨는 어느 날, 자신과 다른 색깔로 치장한 버드나무 아가씨를 보고 얼굴이 자꾸만 빨갛게 물든다. 그런데 버드나무 아가씨는 얼굴색 하나 변하지 않는다. 내가 싫은 걸까?

45. 무지개 : 구름이 친구랑 참새 친구가 무지개로 줄넘기를 하고 있네요. 구름이는 무지개 줄넘기를 하다가 다리가 걸려서 울고 있어요.

46. 축구공 : 친구와 축구공을 차다가 공이 진흙에 빠져 버렸어요.
진흙이 공위에 세계지도를 그렸네요. 지구가 축구공이었으면, 사람들은 모두 어지러웠을 거예요.

47. 얼음 : 꽁꽁 얼은 얼음판 위에 살짝 올라섰더니, 얼음 밑에도 또 하나의 세상이 있었어요.

48. 달팽이 : 침 흘리고 다니는 아기. 천천히 기어가는 달팽이는 지나갈 때마다 끈적한 물을 묻히고 다닌다. 그 모습이 침 흘리며 천천히 기어가는 아기와 닮았다.

49. 노래하는 소파 : 우리 집 가죽 소파는 앉을 때마다 가죽 구겨지는 소리가 난다. 그 소리가 듣기 싫었다. 그래서 소파가 아름다운 노래를 연주하는 것을 생각했다. 소파는 사람들이 앉을 때마다 노래를 부르는 것이다. 소파는 사람들이 앉는 것을 자신들에게 안긴다고 생각해 사람들이 앉을 때마다 흥겨워서 노래를 부른다고 상상했다.

50. 동물원에서 놀러온 앵무새 : 생활동화의 소재로 생각했다. 말대꾸를 잘 하는 아이가 주인공이다. 아이는 가족들과 동물원에 놀러 갔다가 자신의 말을 따라 하는 앵무새가 신기해 엄마에게 데리고 오자고 조른다. 엄마는 결국 앵무새 한 마리 사주게 된다. 그런데 이 앵무새가 아이의 말을 따라 하고, 말대꾸를 하는 법을 배워서 아이에게 말대꾸가 잘못된 것임을 알게 해 준다.

51. 책을 오븐에 구워 먹어 보세요 : 책을 읽기 싫어하는 아이가 주인공이다. 아이가 책을 너무 읽기 싫어하자 엄마는 아이가 책을 읽을 때마다 아이가 좋아하는 쿠키를 구어 준다. 아이는 책을 읽으면 쿠키가 나온다고 생각하고 책을 오븐에 구워 먹게 된다. 딸기잼도 바르고, 자신이 좋아하는 생크림도 올려 책을 맛있게 먹는다. 책을 쿠키와 동일시해서 아이에게 흥미를 주고 싶었다.

사소한 것을 소중한 것으로 볼 줄 아는 사람은 행복하다. 일상적으로 행하는 모든 행위에서 새로운 의미를 발견할 줄 아는 사람 또한 행복한 사람이다. 작가는 사소한 것이 중요하다는 것을 인식할 줄 아는 사람이다. 동화작가는 이런 것들을 세심하게 관찰하고 노래할 줄 아는 사람이다. 많은 사람들이 오가며 무심코 지나치는 쓰레기더미 난지도를 보며 거대한 쥐라기를 떠올리는가 하면, 버려진 강아지, 밤이면 설쳐대는 쥐, 사진, 까치집과 철탑 등을 그냥 지나치지 않고 예리한 시각으로 포착하여 훌륭한 작품으로 완성하는 것이다.

주변의 모든 것들을 새로운 시각으로 보는 습관을 갖는 것이 좋은 동화를 쓰는 지름길이다.

2. 주제와 어린이 욕구

주제는 독일어 thema의 번역어로 작품의 의미를 나타낸다. 문장에서 나타내고자 하는 중심적인 의미, 작가가 한 작품을 통하여 나타내고자 하는 참된 의도, 즉 작가의 중심사상을 말한다. 작품을 꽃이나 나무에 비긴다면 주제는 드러나지 않고 침윤(浸潤)되어 있는 그 꽃과 나무의 뿌리와 같다.

주제는 작가가 말하고자 하는 창작동기, 철학, 신념, 인생관, 인생의 진실 등이다. 독자가 작품을 읽고 무엇인가 느낄 수 있는 것이 바로 주제다. 따라서 작가와 독자 간의 공감대를 다 같이 만족시킬 수 있어야만 진정한 주제다. 그러나 주제에 대하여 강박관념을 가져서는 안 된다. 주제는 보편적인 개념이므로 작가에게 강한 도덕적 확신만 있다면 그것은 저절로 글을 통해 나타나기 때문이다. 주제는 구체적인 범위가 바람직하며 불변의 진리가 되어야 한다.

주제는 작가가 잘 알고 있는 문제를 다루는 것이 좋다. 단, 작가는 글을 쓰는 도중에도 "무엇을 쓰고 있는가"의 '무엇'을 항시 염두에 두면서 글을 써야 한다.

동화작가는 주제를 선정할 때 어린이의 욕구가 무엇인지를 염두에 두지 않으면 안 된다. 어린이의 욕구를 외면한 주제는 물 위에 떠 있는 기름과 같은 존재가 될 뿐 아니라 독자에게 감동을 줄 수 없다.

> 어린이는 거의 태어나자마자 우리 인생의 주류가 되는 문제들, 관심들, 그리고 주제들에 접촉하기 시작한다……. 동화는 사실적이건 상징적이건 어린이가 성장하는 모든 과정에서 집 안이나 집 밖에서 실제로 부딪치게 되는 문제나 감동을 표현하는 것이다.
> 작고 악한 사람들이나 늙고 지친 사람들도 성공에 이를 수 있게 하는 온정 어린 용기가 담긴 이야기들, 두려움과 위험을 극복하는 이야기들, 놀람, 마음 졸이는 흥분, 모험에 찬 전환과 뒤얽힘으로 책 페이지마다 새로운 전망과 발견이 번득이는 이야기, 폭소를 터뜨리게 하는 이야기, 그리고 우리 자신과 똑같은 사람들 또는 우리가 되고 싶다고 희망하는 사람들로 가득 찬 이야기 – 이 모든 이야기들이 근본적으로 모든 어린이들이 찾고 있는 것들이다.

칼 루이스 *Claudia lewis*는 『유아를 위한 글쓰기(Writing for Young Children)』에서 위와 같이 어린이의 욕구에 대하여 설명하고 있다. 즉 동화의 주제와 소재는 어린이의 욕구와 밀접한 관계가 있다는 것이다. 어린이의 기본적 욕구는 대체적으로 다섯 가지로 구분한다.

1) 사랑의 욕구

사랑은 완벽을 추구하며 이 세계를 이끌어 가는 근원적인 힘이다. 동서고금을 막론하고 모든 사람들이 가지고 있는 욕구다. 그러나 누구든지 사랑하고 싶거나 사랑받고 싶어도 상대방의 존재여부, 상대방의 반응이 만족스럽지 못할 때 애정결핍을 느낀다.

어린이는 사랑하는 경우보다 사랑을 받고 싶다는 욕구가 더 강하다. 기본적으로 부모 · 친구 · 선생님의 사랑을 받고 싶은 욕구다. 그런데 어린이는 상대방에 대하여 무조건적인 1 : 1의 독점적인 사랑을 원하므로 애정결핍이 생길 수 있다. 부모가 없거나, 동생이 태어나거나, 교사의 관심여부, 친구의 태도 등에서 비롯된다.

반대로 사랑하고 싶은 욕구에 대한 결핍도 나타난다. 애완동물의 죽음, 인형 분실, 애착을 가지고 있는 이불, 베개, 책, 장난감 등 주변사물과의 관계에서 나타난다. 결핍은 어린이의 성격형성에 영향을 미칠 뿐만 아니라 성인이 되어서 성격을 형성하는 요소가 된다.

그런데 어린이가 좋아하는 이야기는 사랑받는 사람 이야기보다는 사랑하는 사람의 이야기에 매력을 느낀다. 못생긴 괴물을 좋아하는 미녀, 파랑새가 되면서까지 공주를 사랑하는 멋진 왕자, 눈의 여왕이 궁전까지 찾아가는 카이를 사랑하는 소녀 겔다, 육지의 왕자를 사랑한 인어공주 등이다.

이와 같은 동화의 주제는 사랑받는 것보다 주는 것에 더 비중이 크다. 이러한 이야기를 통해 어린이는 사랑이란 가장 숭고하고 아름다운 감정이라는 사실을 예감한다. 어떠한 희생도 할 수 있는 어떠한 압박에도 물러서지 않는, 숭고한 마음이 사랑임을 알게 된다.

플라톤은 “사랑이란 영혼의 원리이고 완전한 형태를 낳기 위해 서로를 원하는 두 영혼의 정열이며 최고의 통일을 상징하는 것”이라고 하였다. 아이러니하게도 어린이는 이 어려운 플라톤의 말을 동화를 통해 당연한 말로 이해를 해 버린다. 그 어떤 수식어나 변질된 해석과 보탬 없이, 있는 그대로의 사랑을 받아들이기 때문이다.

2) 소속의 욕구

인간은 원초적으로 태어나기 전부터 소속감을 갖는다. 누구의 아들딸로서 시작하여 어느 유치원의 유치원생이 되는, 그야말로 인간은 소속감에서 벗어날 수 없다.

이러한 상황에서 가족, 친구, 주변 사람들에게 인정받고자 하는 욕구는 당연하다. 이 중 어느 하나라도 결여되면 돌출적인 행동, 반항, 지나친 행동 등으로 나타난다.

유년기의 소외된 경험은 성격 형성에 상당한 영향을 미친다. 다른 동네로 이사를 가거나, 다른 유치원으로 전학을 하는 경우, 부모의 죽음이나 이혼으로 인한 소속감 결여는 어린이의 생활에서 중요한 사건이 된다. 따라서 소속감에 대한 욕구를 주제로 한 이야기는 동화의 주된 소재로 다뤄지고 있다.

3) 성취의 욕구

개인적인 만족감 · 일 · 신체적인 장애 극복에서의 성취욕이다. 유년기는 자기중심적인 사고를 갖기 때문에 스스로 하기를 좋아하고 스스로 해결하기를 원한다. 어른이 보기에는 미미할지라도 어린이의 입장에서 보면 어린이의 일상생활 하나하나가 대단히 중요한 일이며 성취감을 느낄 수 있는 일이다.

젓가락으로 반찬을 집는 일, 물을 흘리지 않고 마시는 일, 혼자서 신발을 신는 일, 혼자서 바지를 입는 일, 혼자서 양치를 할 수 있는 일, 퍼즐을 혼자서 맞춘 일, 색칠을 정해진 선 안으로 칠한 일, 수박을 혼자서 드는 일 등 헤아릴 수 없을 정도로 많다.

이처럼 어린이의 개인적인 만족감은 성인의 기준과 다르다. 어린이마다 능력이 다르고, 느끼는 성취감도 다르고, 성취감을 느끼는 정도가 지극히 주관적이기 때문이다. 초등학년을 대상으로 하는 경우 자신이 하고자 하는 일의 목표달성, 미래의 자기이상형 추구, 환경적, 신체적 장애조건의 극복 등을 주제로 다룬다.

4) 안전의 욕구

사람들은 누구나 스스로를 안전하게 지키려는 욕구를 가지고 있다. 특히 어린이는 어른과 달리 불안전한 환경에 노출되어 있다. 무엇이 자신에게 안전한 존재인지 아닌지에 대한 분별력이 부족할 뿐 아니라 신체적인 조건도 열악하다. 그러므로 지속적인 교육을 통해 사물과 사람으로부터 자신을 지킬 수 있는 방법과 판단력을 배운다.

안전에 대한 욕구는 외부적인 요인과 정신적인 요인으로 구분된다.

외부적인 요인으로는 주거환경, 외부사람, 사물로부터 안전을 위협받을 때 생기는 욕구다. 외부적인 요소는 나이가 어리면 어릴수록 어린이의 안전을 위협하는 비중을 크게 차지한다. 자연재해에 대한 이해부족, 주변사물의 올바른 사용방법, 교통, 가스, 난방기구, 전기로 인한 사고 등이다. 이러한 안전사고는 사전에 방지할 수 있는 장점이 있으므로 상황에 대처하는 행동요령과 올바른 사용방법을 교육하는 것이 필요하다.

정신적인 요인은 부모나 주변사람에 대한 불신에서 비롯되는 욕구다. 정신적으로 안정된 어린이는 신체적 · 사회적 · 물질적 조건이 불운해도 잘 자랄 수 있다. 하지만 사회의 제반 요소들은 어린이들의 정신적인 안전을 위협하고 있다. 물질만능주의로 인한 유괴사건, 가족 화합의 부족이나 가정의 결손, 도덕성의 해이로 인한 어린이 학대와 성폭력 등이다.

프로이트가 지적한대로 유년기의 정신적 결핍은 성격 및 행동에 영향을 미친다. 따라서 어린이의 의도와는 달리 겪어야 하는 정신적인 안전을 위협하는 요소를 제거해 줄 수 있는 사회적인 장치와 관심이 필요하다.

안전의 욕구는 동화에서 많이 응용되고 있다. 모험동화에서는 외부적인 요인(바다 • 사막 • 정글 • 비 • 천둥 • 우박 • 폭포 등)이 긴장감을 유발하는 장치가 된다. 생활동화에서도 외부적인 요소도 사용되나 특히 가정의 문제점으로 인한 안전에 대한 욕구가 결핍된 부분을 중심으로 다룬다.

5) 지식습득의 욕구

인간이 가지고 있는 욕구 중 알고자 하는 욕구 때문에 인류의 발전이 이루어졌다. 알고자 하는 욕구는 나이가 어릴수록 강하다. 어린이 경우 보이는 모든 것들이 신기하고 새롭다. 특히 만 2세가 지나서부터 유난히 달라지는 것은 '이게 뭐야'라는 의문형 질문을 많이 한다. 어른에겐 익숙한 주변사물이지만 어린이에겐 무한한 호기심을 유발시키는 요소가 되기 때문이다.

유년기의 알고자 하는 욕구는 참으로 중요한 행위다. 유명한 과학자나 철학자의 유년 시절 특징 중 하나가 사소한 것에서부터 알고자 하는 욕구이었다. 따라서 어린이의 알고자 하는 욕구를 충족시켜 주는 것이 바람직하다. 어린이가 관심을 가지는 분야의 지식습득, 각 교육영역에서 이름을 남긴 위인전, 예술가들의 행적을 통한 자신의 목표추구 등이 있다.

동화의 대부분이 알고자 하는 욕구를 주제로 한 내용이다. 주변사물을 인지하는 그림책부터 시작하여 과학자·철학자·예술가·종교가 등 각 영역에서 뛰어난 업적을 남긴 사람들의 유년 시절을 소재로 한 동화들이다.

이와 같이 인간의 공통된 기본적 욕구는 드러나 있는 주제나 숨겨진 주제로 각 작품 속에 내재되어 있다. 하지만 하나의 욕구가 중심이 된 이야기는 등장인물의 행동과 태도를 통한 개성적인 표현이 필요하다. 이때 사람의 심리를 평면적인 설명이나 요약으로 나타내면 교육적인 훈시처럼 느껴질 수 있다. 도덕적·정신적인 문제들은 작가나 화자의 설명보다는 등장인물의 행동과 반응으로 그려내는 것이 호소력과 설득력이 강하다.

3. 주제

1) 형태면

작가는 자신이 나타내고자 하는 주제를 가장 효율적으로 가장 감동적으로 표현하고자 한다. 이때 작품의 성격이나 흐름을 감안하여 주제를 나타내는 형태상의 방법 중 하나를 택한다.

주제를 나타내는 형태는 다섯 가지로 분류한다.

(1) 두괄식

발단부분에 주제를 제시하여 분명히 하는 경우다. 주제가 이해하기 어렵거나 혹은 주제를 강조함으로써 작품의 이미지를 각인시키고자 할 때 쓰는 방법이다. 유년기 동화, 연설문, 웅변 원고에 주로 사용된다. 또는 주제가 이야기를 이끌어가는 원인이 될 때, 수수께끼처럼 주제를 사건으로 풀어 나갈 때 사용한다.

(2) 미괄식

결말부분에 주제를 제시하는 방법으로 세심한 서술이 필요하다. 주로 많이 쓰는 방식으로 결말에 주제를 이미지화함으로써 독자로 하여금 감동의 여운을 남기게 한다.

(3) 쌍괄식

발단부분과 결말부분에 주제를 제시하는 방법으로 주제를 강조하기 위함이다. 주로 길이가 긴 장편이나 중편동화에서 많이 사용한다.

(4) 나열식

주제를 글 전체 요소요소에 드러나게 하는 방법이다. 주로 어려운 문제를 설득하기 위해서 사용하는 방법이다. 이 방법은 동화에는 잘 사용하지 않는다. 주제를 너무 인식시켜 버리면 스토리의 재미와 감동이 줄어들 수 있기 때문이다.

(5) 중괄식

주제를 글의 중간에 배치하는 방법이다. 주제에 비중을 두지 않는 방식으로 가볍게 독자를 설득시킬 때 효과적이다.

2) 내용면

모티브(motif)는 작품을 쓰려는 작가의 동기며 주제가 된다. 러시아의 형식주의자의 관점에서 살펴보면 모티브는 두 가지로 구분한다.

광의의 개념은 한 작품 · 한 작가 · 한 시대, 또는 한 장르에서 자주 발생되는 유사하거나 동일한 낱말 · 문구 · 내용을 말한다. 우리 설화 속의 이별한 임이나, 전래동화에서의 계모와 도깨비, 서양 동화의 요술할멈과 마녀 이야기 등이 이에 속한다.

프레드릭

협의의 개념은 한 작품을 여러 개의 문장으로 요약 정리해 보았을 때 한 작품에서 찾아볼 수 있는 최소의 의미 단위, 즉 주제의 최소 단위다. 미지의 세계에 대한 모험심, 친구나 가족을 위한 배려, 동물이나 자연에 대한 사랑, 불행과 슬픔, 어린이의 이기심 등이다.

시대나 장르와 상관없이 가장 보편적으로 활용되고 있는 모티브가 있다. 모티브의 본질적인 의미를 분석하고 검토해 보면 창작에 도움이 된다. 시대가 바뀌어도 변하지 않는 주제이지만 작가의 개성이나 시각에 따라 문학성이 있는 작품으로 창작된다. 즉 같은 주제라 할지라도 작가가 어떤 시각으로 보느냐에 따라 전혀 다른 작품이 되기 때문이다.

이솝의 〈개미와 베짱이〉와 레오 리오니 *Leo Lionni*[4]의 〈프레드릭〉은 일반적인 노동의 개념을 주제를 다루고 있다. 하지만 작가의 시각에 따라 전혀 다른 작품이 된 경우다.

〈개미와 베짱이〉는 노동이란 육체를 움직여 눈에 보이는 생산물을 얻어 내는 것만이 가치 있는 노동으로 본 견해다. 눈에 보이는 생산물이 없는 노동은 가치가 없다고 본다. 육체적인 노동을 하지 않으면 망한다는 식의 노동에 대한 절대적인 사고방식이다.

〈프레드릭〉은 눈에 보이지 않는 정신적인 산물도 노동이라고 보는 견해다. 물질로 인한 풍요로움의 만족감은 한계가 있지만 정신적인 풍요로움은 무한한 만족감과 가치를 지닌다고 본다. 정신적인 노동의 대가에 비싼 임금을 지불하는 요즘의 현황을 볼 때 일리 있는 이야기다.

---

4) 레오 리오니(1910~)에 의하면 그림책이란 어린이들이 처음으로 접하는 잘 짜인 판타지의 세계이므로 어린이들이 판타지의 세계에 푹 빠져들게 하는 장치로 그림의 중요성을 강조한다. 즉 어린이들은 책을 읽는 동안에 글과 그림 사이의 관계를 찾아내고, 그것을 바탕으로 자신만의 독특한 감성과 이미지를 발견한다는 이야기다. 그는 글이 짧을수록 어린이가 마음으로 글을 읽어 내고, 그 책의 깊은 의미까지 이해하는 데 도움이 된다고 한다. 이런 까닭에 레오 리오니의 작품을 살펴보면 어린이들이 좋아하는 동물들을 주인공으로 단순한 특징만을 살려 놓아 어린이들이 더욱 더 판타지의 세계로 푹 빠져들게 만든다.

이처럼 작가가 노동이라는 주제를 어떻게 보느냐에 따라 작품이 달라진다. 이러한 배경에는 당시 사회적 · 문화적 흐름의 영향을 받았음을 알 수 있다. 산업사회에서는 이솝의 〈개미와 베짱이〉가, 정보화사회에서는 레오 리오니의 〈프레드릭〉이 창작될 수밖에 없는 경우와 같다.

예로부터 작가들이 많이 활용한 주제의 내용면에서 모티브를 간단하게 살펴보면 다음과 같다.

(1) 감동

'감동'이라는 모티브는 고전적인 모티브라고 생각하겠지만 문학의 본질이다. 사람들이 책을 읽는 이유 중 하나가 문학작품을 통하여 느끼게 되는 카타르시스(katharsis)는 감동에서 시작된다.

아리스토텔레스 *Aristoteles*[5]는 『시학』에서 드라마의 효용으로서 카타르시스를 꼽고 있다. 카타르시스는 당시의 의학용어로 '사혈(瀉血)', 즉 체내에 엉겨 있는 나쁜 피를 배출한다는 의미다. 이것을 심리적으로 응용해 인간의 마음속에 쌓이는 개운치 않는 잡스러운 감정을 한꺼번에 내뱉게 한다는 의미로 사용하였다.

드라마에서 보여주는 비극적 흥분은 관객의 심리에 쌓이는 정서를 배출해 감정의 중압에서 해방과 경감의 쾌감을 일으키게 한다. 따라서 카타르시스는 정화(purification)와 배설(purgation)의 의미를 지니고 있다. 그러므로 문학의 카타르시스는 등장인물의 감정, 사고, 성격, 태도에 대한 감상을 문장으로나 말로 표현

---

5) 고대 그리스의 철학자며 플라톤의 제자다. 플라톤이 초감각적인 이데아의 세계를 존중한 것에 대해, 아리스토텔레스는 인간에게 가까운, 감각되는 자연물을 존중하고 이를 지배하는 원인들의 인식을 구하는 현실주의 입장을 취하였다. 스승 플라톤이 초감각적인 이데아의 세계를 존중한 것에 대해, 아리스토텔레스는 인간에게 가까운, 감각되는 자연물을 존중하고 이를 지배하는 원인들의 인식을 구하는 현실주의 입장을 취하였다. 그러나 이 두 철학자가 대립되었다는 생각은 피해야 한다. 왜냐하면, 아리스토텔레스는 스승의 철학에서 깊은 영향을 받아 출발하였고, 뒤에 독자적인 체계를 구축하는 데도 플라톤의 철학적 범주 안에서 이루어진 것으로 생각되기 때문이다. 그의 사상적 특징은 소여(所與)에서 출발하는 경험주의와 궁극적인 근거에까지 거슬러 올라가는 근원성, 지식의 전부분에 걸친 종합성에 있다.

플랜더스의 개

시키는 "감상의 고백"이다.

반면 정신분석에서는 카타르시스를 마음의 상처나 콤플렉스를 밖으로 발산시켜 치료하는 정신요법의 방법으로 여긴다. 즉 등장인물에 대한 감상의 고백을 통해 환자(임상학적인 의미)는 자신의 내면적인 정서나 사고, 성격, 태도에 대한 감상을 대신 분출하여 감정의 정화작용을 하기 때문이다.

어린이가 동화를 통해 느끼는 카타르시스는 어른보다 훨씬 강도가 강하다. 어른은 자신의 희로애락을 드러내기보다는 숨기려고 하지만 어린이는 순수하므로 그대로 드러내기 때문이다. 유년 시절에 읽었던 동화 한 편이 성인이 되어서도 기억되어지는 경우와 같다. 그러므로 동화는 어린이의 억압된 감정과 결핍된 감정들을 정화시킬 수 있는 좋은 텍스트다

카타르시스는 책을 읽게 됨으로써 나타나는 사고의 변화과정 중 한 부분이다. ① 동일시 → ② 감정이입 → ③ 전이(체험) → ④ 카타르시스(희로애락 표출) → ⑤ 통찰력으로 이루어진다.

어린이는 자신을 닮은 주인공과 동일시함으로써 자연스럽게 감정이입을 하게 된다. 따라서 주인공의 희로애락을 같이 체험하면서 평소에 분출하지 못했던 자신의 감정을 보태어 분출한다. 만약 주인공의 희로애락이 70%라면 어린이는 자신의 감정을 보태어 100%를 발산하면서 카타르시스를 느낀다. 또한 주인공의 행적을 통해 자신의 행동에 변화를 가져오게 되는 통찰력을 가진다.

감동을 주는 이야기는 억지로 만들어지는 이야기가 아니다. 사람들의 가슴에 와 닿는 이야기, 따뜻한 마음을 그린 이야기다. 평범한 일상생활에서 나오는 것이지 별도로 불행한 소재를 준비하는 것이 아니다.

안데르센의 〈성냥팔이 소녀〉는 우리 주변에서 쉽게 볼 수 있는 구걸하는 소년이거나 소녀다. 위다 *Ouida*[6]의 〈플랜더스의 개〉 역시 주변에서 볼 수 있는

6) 많은 멜로 드라마풍의 작품을 쓴 영국 소설가. 주요 작품에는 개[犬]에 대한 깊은 애정과 부정(不正)에 대한 항의와 예술에 대한 정열을 쏟은 아동문학 〈플랜더스의 개〉가 유명하고 그 밖에 〈뉘른베르크의 스토브〉가 있다.

개다. 구리 료헤이(栗良 平)의 〈우동 한 그릇〉[7]도 가난한 가족의 이야기다. 텔레비전에 방송되고 있는 '인간극장'이나 'TV동화'도 그저 평범한 사람들의 이야기다. 감동을 주기 위해서 무리한 설정을 한 이야기가 아니다. 하지만 감동을 느낄 수 있는 까닭은 감동은 억지로 만들어서 발생시키지 않기 때문이다.

아름다운 마음, 따스한 마음을 가진 이야기는 미담이나 동정심을 유발시키는 이야기가 아니다. 인간적인 소박한 감동을 문학으로 승화시킨 작품이다. 따라서 불행한 모티브에만 의존하는 것은 자칫하면 통속적인 이야기로 전락될 수 있으므로 유의해야 한다.

(2) 노인과 어린이

노인과 어린이는 상당히 유사한 면이 많다. 사람의 발달과정에서 보면 어린이와 노인은 시작과 마지막 부분에 해당하는 시기다. 현실적으로 보았을 때 상당히 차이가 있는 것처럼 보이지만 사람의 일생 중에서 가장 자연친화적이고 욕심이 없는 시기가 유년기와 노년기다.

작은 것에도 만족하고, 자연의 아름다움을 알며, 사람과 사람, 사람과 동물, 사람과 식물 간에 구별은 하되 차별하지 않는다. 누구의 생명이나 모두 소중한 것임을, 더불어 살아가는 모습이 가장 아름다운 모습임을 아는 시기다.

전래동화에 등장하는 노인은 착하거나 악한 이분대립적인 전형적인 인물이 대부분이다. 창작동화에서는 다양한 캐릭터로 노인이 그려진다. 시대변화에

7) 일본 작가 구리 료헤이(栗良 平)가 동화 〈우동 한 그릇〉을 써서 화제를 일으킨 일이 있다. 〈우동 한 그릇〉이 발간되고 나서 얼마 후 일본의 일간지들은 다음과 같은 기사를 앞 다투어 보도한 일이 있다. '지난 2월 일본 국회 예산심의위원회 회의실에서의 일이다. 질문에 나선 공명당의 오쿠보 의원이 난데없이 뭔가를 꺼내 읽기 시작했다. 대 정부 질문 중에 일어난 돌연한 행동에 의아했던 의원들은 낭독이 계속되자 그것이 한 편의 동화라는 사실을 깨달았다. 이야기가 반 쯤 진행되자 좌석 여기저기에서 손수건을 꺼내는 사람들이 하나 둘 늘어가더니 낭독이 끝날 무렵에는 회의장이 울음바다로 변했다. 장관이건 방청객이건 여당이건 야당이건 편을 가를 것 없이 모두가 흐르는 눈물을 주체하지 못했다. 국회를 울리고, 거리를 울리고, 학교를 울리고 결국은 나라 전체를 울린 눈물의 동화가 바로 〈우동 한 그릇〉이다. 가난에 찌든 시대를 살았던 어머니와 어린 두 아들 사이에 펼쳐지는 감동적인 이야기로 이 동화가 발표되자 일본 전체가 눈물바다가 되었다.

욘 할아버지

호호 아줌마가 작아지는 비밀

따라 어린이와 노인이 처한 환경이 달라졌을 뿐만 아니라 어린이나 노인이나 인간의 본질인 개인의 행복을 추구하는 것이 당연한 것으로 보는 관점이다.

어린이용 책이라고 해서 노인을 마음씨 좋고 어린이를 도와 주기만 하는 사람으로 묘사할 수는 없다. 통상적으로 노인은 살 만큼 살아서 삶에 미련이 없다고 생각하지만 오히려 생명에 대한 애착이 강하다. 치매, 신체장애, 지병을 앓고 있는 할아버지 할머니의 모습을 통해 느낄 수 있는 부분이다.

어린이에게 노인은 어떤 경우라도 마냥 인자하고 착한 이미지는 아니다. 노인 중에는 어린이 못지않게 호기심이 많거나, 장난을 좋아하거나, 실수투성이거나, 고집쟁이도 있기 때문이다. 동화의 교육성을 감안하여 무조건 노인은 소중히 받들라는 식의 자원봉사자 말 같은 동화는 지양해야 한다. 인간의 본질을 바탕으로 노인과 어린이의 사랑을 넉넉하게 그려내는 동화가 되어야 한다.

예를 든다면, 페터 헤르틀링의 〈욘 할아버지〉의 할아버지는 장대 같은 키에 비쩍 마르고 엉뚱하며 우스갯소리를 잘한다. 엉덩이를 가리기도 힘든 수영복을 입기도 하고, 자기 자리에 앉은 손님을 내쫓기도 한다. 그러나 젊은이를 이해하며, 사랑에 빠지기도 하고 때로는 자기 멋대로 행동한다. 사랑할 수밖에 없는 할아버지 캐릭터다. 알프 프로이센[8]의 〈호호 아줌마가 작아지는 비밀〉의 호호 아줌마도 할머니에 가까운 캐릭터다. 어린이만큼 호기심이 많고 어떤 일이든 어른처럼 고정 관념적으로 생각하지 않는다. 오히려 어린이보다 더 뛰어난 상상력으로 위기를 모면하는 좌충우돌형의 할머니 캐릭터다.

---

8) 알프 프로이센은 노르웨이 한 가난한 시골집에서 태어나, 어려운 집안 형편 때문에 학교를 다니지 못했다. 하지만 풍부한 상상력과 그것을 시나 문장으로 표현해 내는 타고난 재능이 있었다. 이런 재능을 바탕으로 글을 쓰기 시작해, 1945년 처음으로 단편 모음집을 냈다. 음악적 재능도 뛰어나 자신이 직접 노랫말과 노래를 지어 불렀고, 노르웨이를 비롯한 북유럽에서 옛날부터 전해져 내려오는 민요를 모아 널리 알리기도 했다. 호호 아줌마 이야기는 프로이센이 어린이를 위해 쓴 작품들 중에서 가장 유명하며, 농촌의 음유 시인 작품답게 자연과 인간에 대한 훈훈한 정이 배어난다.

우산을 타고 날아온 메리 포핀스

파멜라 린든 트래버스[9]의 〈우산을 타고 날아온 메리 포핀스〉[10]에 나오는 메리 포핀스도 할머니 유형의 인물이다. 말린 고구마처럼 꺼칠하게 생긴 외모이지만 유모다. 아이들의 비위를 맞춰 주는 일도 없고 오히려 아이들을 째려 본다. 아이들이 물어도 콧방귀나 뀌고 대꾸도 안하지만 아이들이 따를 수밖에 없는 개성 있는 캐릭터다. 메리 포핀스의 삼촌인 위그씨와 코리 할머니 역시 개성 있는 노인의 유형이다.

(3) 죽음

일반적으로 동화에서는 죽음을 모티브로 하지 않은 걸로 인식하고 있다. "동화는 아름답고 밝고 희망찬 이야기이어야 한다."라는 교육성에 대한 잘못된 인식 때문이다. 하지만 죽음을 모티브로 한 이야기는 실로 다양하다. 동화는 인간의 내면적 진실을 보여주는 문학이므로 실제 인생의 악과 잔혹함도 보여줄 필요가 있다.

나지 *Nagy*의 이론에 의하면 죽음에 대한 어린이들의 이해는 3단계로 구분된다. 제1단계(5세 이하)의 어린이는 죽음을 생명의 연속으로 생각하고 일시적이며 가역적인 것이라고 생각한다. 제2단계(5–9세)의 어린이는 죽음을 마지막이고 영원하다는 것을 인식한다. 그러나 죽음을 피할 수 없는 것으로 보지 않으므로 자신과 결부시키지 못한다. 제3단계(9–10세)의 어린이는 죽음이란 모든 사람들에게 해당되므로 자신들도 죽을 것이라는 것을 깨닫는다.

죽음에 대한 사고가 미분화적 상상의 단계에서 점차 분화되어 감을 알 수 있다. 즉 죽음에 대해서 바르게 인식을 하고, 죽음을 받아들일 줄 아는 사고로 발전한다.

1단계에 해당하는 동화는 비참하기 보다는 단순하게 해학적으로 다룬다. 즉

9) 호주 퀸즈랜드 출생으로 18세 이후 영국에서 살면서 창작과 비평 활동을 하였다. 『메리 포핀스』 시리즈로 8권 출간하여 작가로서 인정을 받았다.
10) 이 작품의 유모 메리 포핀스는 할머니가 아니다. 하지만 일반적인 유모의 성격이나 성향과는 전혀 다른 인물로 그려졌기 때문에 예시작품으로 넣었다.

늑대와 일곱 마리 아기염소

행복한 왕자

해학적이거나 죽음을 일상생활의 하나의 일처럼 단순하게 처리한다.

예를 들면, 전래동화 〈해님달님〉의 호랑이가 두레박줄이 끊어져서 죽는 일, 안데르센의 〈빨간 모자〉에서 늑대가 사냥꾼에 총에 맞아 죽는 일, 그림형제의 〈늑대와 일곱 마리 아기염소〉에서 사냥꾼이 늑대의 배를 갈라 죽이는 일 것 등이 있다.

2단계에 해당하는 동화는 슬픔의 미학으로 승화시킨 이야기다. 예를 들면, 〈성냥팔이 소녀〉에서 소녀의 죽음은 천국으로의 여행으로 연계된다. 〈인어공주〉에서 인어공주의 죽음은 영원한 사랑을 의미하는 물거품으로 전환된다. 〈플랜더스의 개〉에서 플랜더스의 죽음은 믿음과 충성의 상징체로 남는다. 오스카 와일드 *Oscar Fingal O'Flahertie Wills Wilde*[11]의 〈행복한 왕자〉에서 왕자의 죽음은 이타주의로 깨달음을 얻게 한다.

어린이에게 일부러 죽음을 들먹거리지 않아도 어린이는 생명이 무엇인지 나름대로 이해하고 있다. 문제는 죽음을 다루는 작가의 자세다. 죽음은 늘 삶의 옆에 있으며 어린이라고 비껴 갈 수 없다. 어린이들에게 죽음을 보여줘서는 안 된다고 생각하여 마지막에 부활시키거나 두려움의 상징으로 표현하는 것은 옳지 못하다.

3단계에 해당하는 동화는 일상생활에서 예기치 않게 맞이한 죽음을 객관적 상관물로 혹은 긍정적인 시각으로 바라본 작품이다.

예를 들면, 죽음은 삶의 한 부분처럼 다가옴을 보여주는 니이미 닌키치(新美南

---

11) 아일랜드의 극작가, 소설가, 시인, 단편 작가이자 프리메이슨 회원이었다. 날카롭고 약삭빠른 재치로 유명하며, 런던의 후기 빅토리아 시대 사람으로 가장 성공한 극작가 뿐만 아니라, 그 시대의 가장 알려진 유명인 중 하나로 평가된다. 와일드는 퀸즈베리 사건이라는 유명한 재판으로 인해 극적인 몰락을 겪게 되고, "막중한 풍기문란"으로 감옥에 수감된다. 학자인 H. 몽고메리 하이드는 이 용어가 영국 법정에서 "비역죄(Buggery Act 1533)"에까지 이르지 않은 동성애를 의미한다고 주장한다. 그는 이일로 인하여 영국에서 영원히 추방당하게 되고 평생 돌아오지 못했다. 그는 1900년 파리에서 죽었다. 대표작으로는 〈욕심쟁이 거인〉, 〈별에서 온 아이〉 등이 있다.

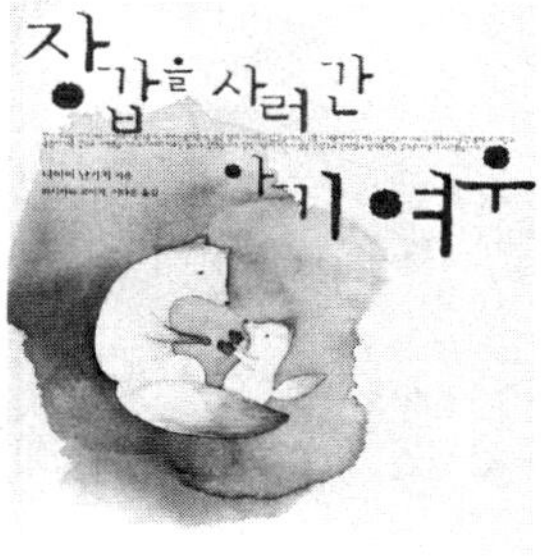

장갑을 사러 간 아기 여우

吉)의 〈금빛여우〉, 어제까지 멀쩡하게 생활하던 할머니가 잠이 든 모습으로 죽음을 맞이하는 가코 사토시의 〈잠이 든 할머니〉, 분재를 유난히 사랑한 할아버지의 죽음을 삶의 윤회설로 바라본 기바이 에쯔코의 〈분재를 가꾸는 할아버지〉, 죽음이 단지 슬프고 부정적인 것만 아니라 긍정적인 시각으로 받아들이는 주디스 바이올스트의 〈고양이 바니가 좋은 열 번째 이유〉, 자연의 질서와 세상을 살아가는 법으로 죽음을 이해한 마저리 키난 롤링즈의 〈아기사슴 플랙〉 등이 있다.

> 발소리를 죽이고 가까이 다가가 막 문 밖으로 나가려는 금빛을 향해 탕 하고 쏘았습니다. 금빛은 푹 쓰러졌습니다. 효주가 가까이 다가갔습니다. 집안을 둘러보니 마루에 밤이 놓여 있는 것이 눈에 띄었습니다.
>
> "아니 이럴 수가."
>
> 효주는 깜짝 놀라 금빛을 쳐다보았습니다.
>
> "금빛 너였구나. 항상 밤을 가져다 준 것이."
>
> 효주는 화승총을 탁 떨어뜨렸습니다. 아직 총부리에서는 푸른 연기가 새어 나오고 있었습니다.[12)]

죽음과 연계되는 것은 잔혹함이다. '잔혹함'은 인간 본능의 한 부분이므로 이야기의 매력이 된다. 무서운 이야기와 잔혹한 이야기만큼 사람들의 흥미를 끌고 인간의 본질을 묘사하는데 적합한 것은 없다. 하지만 죽음은 대상연령에 따라 단순하고 소박한 형태로 표현하기도 한다. 다만 동화의 주요 독자가 어린이임을 너무 의식한 도덕적인 배려와 쓸데없는 상식은 지양해야 한다. 마땅히 죽어야 할 사람을 되살리거나, 악을 선으로 바꾸는 따위의 지나친 배려는 지양하고 인간의 본질을 그려야 한다.

20세기 심리학자들, 특히 프로이트, 카를 구스타프 융 *Carl Gustav Jung [karl gstaf jŋ*, 브루노 베텔하임 *Bruno Bettelheim*은 동화의 요소들을 보편적인 공포와 욕망의 표현으로 해석했다.

---

12) 니이미 난키치, 이다운 옮김, 〈금빛여우〉, ≪장갑을 사러 간 아기 여우≫, 부광, 2004. p. 28.

오즈의 마법사

브루노 베텔하임은 『마법의 사용(Uses of Enchantment)』(1976)이라는 저서에서 죽음의 교육성에 대해 이야기하였다. 민간에 전해 내려오는 많은 옛날 이야기가 눈에 띄게 잔인하고 독단적인 성격을 갖고 있다. 이는 성장 단계에 있는 어린이들에게 지극히 자연스럽고 꼭 필요한 '죽여 없애기(killing off)'를 반영하는 것이므로 교육적으로 볼 때 오히려 유익하다고 주장했다.

> "어린이가 살인의 욕망, 사물 심지어 사람까지 갈기갈기 찢고 싶어한다는 것을 부정하고 싶은 부모는 자기 아이들이 가능하면 그런 생각에 동참하는 것을 막아야 한다고 믿는다(마치 그것이 가능한 양). 다른 어린이들도 같은 환상을 가지고 있다고 함축적으로 말해 주는 옛이야기에 접근하는 것을 지나치게 거부함으로써 어린이는 자기가 그런 것을 상상하는 유일한 존재라고 느끼게 된다."[13)]

예를 들어, 라이먼 프랭크 밤 *Lyman Frank Baum*의 〈오즈의 마법사〉에 나오는 죽음은 실로 잔혹한 참상을 보여 준다. 더구나 동화 전체 이미지에 어울리지 않는 늑대와 까마귀의 죽음의 표현이 의아해질 정도다.

> 양철 나무꾼은 늑대들이 다가오자 도끼를 번쩍 들어 머리를 잘라 버렸습니다. 순식간에 늑대 사십 마리의 머리가 바닥에 뒹굴었습니다.… 허수아비는 잽싸게 까마귀의 목 을 잡아 부러뜨렸습니다. 순식간에 허수아비 주변에 사십 마리의 까마귀들이 쌓였습니다.[14)]

반면, 마법사 오즈가 도로시의 친구들에게 뇌와 심장, 그리고 용기를 되찾아 주는 부분은 이와 반대되는 표현이다. 뇌가 없는 허수아비에게는 왕겨 주머니를 담아주고, 따뜻한 심장이 없는 양철 나무꾼에게는 비단으로 만든 예쁜 심장을 넣어 준다. 그리고 겁쟁이 사자에게는 먹으면 용기가 생기는 황금빛 액체를 따라 준다.

---

13) 브루노 베텔하임, 김옥순, 주옥 옮김, 『옛이야기의 매력』, 시공주니어, 1998. p. 199.
14) 라이먼 프랭크 바움, 김석희 옮김, ≪오즈의 마법사≫, 시공주니어, 2005.

거미줄

이처럼 극과 극으로 설정된 것은 어떤 이유에서일까. 오즈의 행동 이미지는 부드럽고 밝고 환하나 양철 나무꾼과 허수아비의 행동은 파격적이고 잔인하기까지 하다.

아래 글 역시 마찬가지로 참혹함을 적나라하게 드러내고 있다. 아쿠타가와 류노스케(芥川龍之介)의 〈거미줄〉의 주인공인 '두자춘'이 지옥에서 경험한 내용이다.

이 글을 읽으면 지옥에는 절대로 가고 싶지 않은 곳으로 기억된다. 더구나 짐승이 된 부모를 귀신들이 채찍질하는 모습은 끔찍하다. 이런 잔혹함을 묘사한 까닭은 지옥이라는 곳의 끔찍함을 나타내고자 한 의도로 풀이된다. 더불어 나쁜 행동을 하지 말라는 교훈을 주고 있으나 대상연령을 고려해야 할 부분이다.

> 두자춘은 무참하게도 칼에 가슴을 찔리고, 화염에 얼굴을 데이고, 혓바닥을 뽑히고, 살갗이 벗겨지고, 쇠 절굿공이에 찧기고, 기름 냄비에 삶기고, 독사에게 골수를 빨리고, 뿔매에게 눈동자를 파 먹히고……(생략) 채찍은 윙윙 바람을 가르면서 장소를 가리지 않고 억수같이 퍼붓는 비처럼 말의 가죽과 살을 파고들었습니다. 짐승이 된 부모는 괴로운 듯몸을 비틀며 눈에는 피눈물을 머금은 채 차마 듣기에는 처절한 울음소리를 냈습니다.[15]

이처럼 동화의 주제로서 죽음을 표현할 때, 어떤 방식으로 처리해야 하는지가 작가의 과제다. 악과 잔혹함을 자각할 수 있는 풍부한 상상력, 인간이나 자연의 참된 모습을 깊이 이해할 수 있는 감수성 등 다각적인 죽음의 표현이 필요하다.

4. 구성의 유형

구성이란 이야기를 어떤 모양으로 이끌어 갈 것인가에 대한 설정이다. 지그재그 모양의 직선으로 이어갈 것인가. 아리랑 고개처럼 구불구불하게 이어갈

15) 아쿠타가와 류노스케, 조양옥 옮김, 〈두자춘〉, ≪거미줄≫, 현대문학, 2006. p. 77.

것인가. 이 두 가지 설정은 전체 흐름의 줄기로서 스토리 라인형과 플롯형이 있다. 즉 하나의 줄을 매듭이 있는 줄로 만들 것인지 생김새 그대로 놓아 둘 것인지를 결정한다.

스토리 라인형은 시간의 흐름에 따라 저절로 일어나는 사건을 보여주는 이야기다. 반면, 플롯형은 꼬아서 만든 줄에 마디가 있듯이 원인과 결과형식으로 일어나는 이야기다.

1) 스토리 라인형

E. M. 포스터는 『소설의 제양상(Asepects of the Novel)』에서 이야기(story)와 플롯(plot)을 구별해야 한다고 강조하였다. '이야기'는 사건들을 그냥 연속적으로 결합시켜 간 것이라면 '플롯'은 사건을 필연적인 인과관계가 있도록 결합시켜 놓은 것이라고 말하였다. 즉 스토리 라인형은 공간 이동이나 시간의 경과에 따라 이야기를 전개해 가는 형식이다. 시간의 흐름에 따라 사건이 발생하거나 이어지는 이야기 형식이다.

스토리 : 왕이 죽고 얼마 지나지 않아 왕비도 곧 죽었다.
플 롯 : 왕이 죽었다. 왕비는 왕의 죽음을 슬퍼하며 시름시름 아팠다. 병석에 누워 있던 왕비는 왕의 이름을 부르며 죽었다.

스토리 라인형는 시간의 흐름이 중심이 되며 시간 순서에 따라 두 가지로 분류된다. 등장인물의 모든 행위를 시간의 순서에 따라 서술해 나가는 진행적 구성과 시간 순서가 뒤바뀌는 분석적 구성으로 구분된다.

스토리 라인형의 시간은 계절이나 태양의 주기와 같은 자연의 시간(time in nature)에 맞춘다. 자연의 시간에 대해 한스 마이어홉 *H. Meyerhoff*은 다음과 같이 말하였다.

> 시간은 경험에 있어서 생산적 · 창조적 요소며 사물과 상품과 자아를 창조하고 개선하는 영원한 원천이다. 즉 아리스토텔레스적 용어를 사용하면 생성(becoming)을 존재(being)로 바꾸고 잠재적인 것을 완전하게 하는 영원한 조건이다. 시간의 방향은 인간이 희망하고 열망한 것은 꼭 실현되고 창조와 진보의 기회가 오며 전심전력을 기울이면 개인의 행복과 구원을 얻을 수 있으리라 믿기에 매달리는 조건이 된다.[16)]

스토리 라인형에서 시간은 등장인물의 욕망에 따라 이어지는 하나의 선상이다. 반대로 등장인물은 이 시간을 붙잡고 자신이 열망하는 그 무엇을 얻기 위하여, 희망을 추구하기 위하여 행동한다. 스토리 라인형의 특징은 주인공이 처음과 달리 결말부분에서 심리변화를 일으킨다.

동화에서 스토리 라인형은 주로 성장관련 심리를 다루는 이야기에 사용한다. 유년기나 초등학교 저학년 대상인 경우, 잘못된 버릇이나 습관을 가진 어린이가 어떤 사건을 통하여 잘못을 알고 버릇을 고치게 되는 이야기다. 또는 친구 · 동물 · 사물과의 관계에서 처음과는 다른 주인공의 마음의 변화를 행동으로 보여주는 내용들이다.

소년소설인 경우, 자기정체성을 확인하고자 할 때 혹은 자기정체성을 상실한 주인공이 어떤 상황, 사람, 사물을 남다른 충격으로 접하면서 일어나는 심리상태다. 이로 인해 어떤 중대한 인식으로 동일성을 회복하게 되는 과정이다. 성숙하는 과정에서 겪게 되는 심리의 변화를 보여주는 이야기 형태다.

스토리 구성은 시간의 흐름을 어떤 방식으로 구성하였는가에 따라 연쇄 고리식 구성, 교차 전개식 구성, 삽입식 구성으로 구분한다.

첫째, 연쇄 고리식 구성은 여러 작은 이야기들을 인과관계나 필연성 없이 여러 개의 이야기를 한 줄의 사슬을 엮어 놓듯이 이어 놓은 형태다. 예로서 삽화 · 일화 · 여행담 등의 이야기다.

예를 들면, 존 번연의 〈천로역정〉, 생텍쥐페리의 〈어린왕자〉, 정채봉(丁埰琫)[17)]의 〈강나루 아이들〉에서 시작하여 〈저 들 밖에서〉까지 7편 이야기는 화자

---

16) H. Meyerhoff, Time in Literature(Berkerley & L. A. : University of Califomia Press, 1974), p. 67.

17) 아동문학가. 한국의 성인동화 장르를 개척한 작가로 방정환 등 침체되었던 한국의 아동문

오세암

하늘새 이야기

인 흰 구름이 다니면서 본 이야기들이 있다.

둘째, 교차 전개식 구성은 두 가지 이상의 삽화를 동시적으로 전개하는 방식이다. 시트콤 드라마 형태며 주로 중편동화에서 사용한다. 특징은 장소 설정이 두 곳으로 정해져 있고, 등장인물이 두 곳의 장소에서 이야기를 만들어 가는 형태다.

예를 들면, 성현주의 〈여섯 개의 굴렁쇠〉 경우, 컴퓨터 속 게임 세계와 현실이 두 곳의 장소로 설정되어 있다. 게임의 왕과 소년의 이야기가 두 곳의 장소를 중심으로 하나로 펼쳐지는 형태다.

셋째, 삽입식 구성은 중심적인 이야기 속에 어떤 에피소드를 끼워 넣어 등장인물의 내면이나 주제를 선명히 드러내는 형태다. 이야기의 전체적인 흐름을 전환시키거나 자연스럽게 만드는 형태다. 주로 이야기 사이사이에 전설 · 추억담 · 무용담 · 노랫말 등의 글이 삽입된다.

동화에서 주로 많이 사용하는 형태며 하나 혹은 여러 개, 혹은 연속적으로 삽입하는 경우가 있다. 연속적으로 삽입하는 경우는 보통 노랫말인데 중간중간에 연속으로 삽입하면서 주인공의 심리를 표현한다.

예를 들면, 정채봉의 〈하늘새 이야기〉는 처음부터 주인공 남자 아이인 '열'이 이야기가 나오지 않는다. 한 페이지 넘어가면 병원에 입원했던 '연화'가 '정원사'에게 보낸 편지글이 나온다. 이 편지글에서 주인공인 '열'이에 대한 정보를 알려주면서 '열'이가 등장하는 형식으로 되어 있다.[18]

정채봉의 〈또 하나의 눈동자〉에서는 류시화 시인의 시를 결말로 처리하면서 사랑의 의미를 강조하고 있다. 알프 프로이센의〈척척박사씨와 노래하는 모기〉[19]에서는 노랫말이 나온다. 노랫말의 내용은 엄마모기가 아기모기에게 어

학을 부흥 발전시키는데 이바지한 작가이기도 하다. 주요 작품에는 〈물에서 나온 새〉, 〈오세암〉, 〈초승달과 밤배〉, 〈멀리 가는 향기〉, 〈느낌표를 찾아서〉, 〈초승달과 밤배〉, 시집 ≪너를 생각하는 것이 나의 일생이었지≫가 있다.

18) 정채봉, ≪하늘새 이야기≫, 현대문학어린이, 2001.

19) 알프 프로이센, 홍연미 옮김, ≪호호 아줌마가 작아지는 비밀≫, 비룡소, 2007,

떻게 하면 사람의 피를 빨아먹을 수 있는지 방법을 가르쳐 주는 내용이다. 유아의 운율에 맞도록 노랫말로 처리한 부분이다.

특히 노먼 린지의 〈마법 푸딩〉의 노랫말과 시(詩)는 기존에 있는 시가 아닌 점이 특징이다. 등장인물의 감정이 격렬해질 때마다 자신의 감정을 전달하거나 다스리기 위해 삽입된 것이다. 노랫말과 시는 어린이의 운율에 맞도록 되어 있으며 문장력이 탁월하다.[20)]

마법 푸딩

아래 글은 〈마법 푸딩〉에서 와틀베리 아저씨가 분노를 참기 위해 부르는 노래다.

> 내가 이렇게 펄쩍펄쩍 뛰는 게/흥겨워서 그러는 거라고 생각하면 오산이야/나는 무례하게 모욕당한 생각을 지워 없애려고/이렇게 펄쩍펄쩍 뛰고 있는 거야//
> 아저씨의 분노는 위안을 찾아야 해/아저씨의 분노는 위로를 받아야 돼/내가 이렇게 펄쩍펄쩍 뛰는 것은/아저씨의 비판을 달래기 위해서야//
> 나는 펄쩍펄쩍 뛰고/분노로 부글부글 끓어오르고/내 격한 분노는 너무 많은 위안을 찾았기 때문에/나는 몇 주 동안 펄쩍펄쩍 뛰어야 할 거야//[21)]

2) 플롯형

아리스토텔레스는 『시학』에서 모방적(mimetic)은 인간의 기본 본능이며, 현실의 모조가 아니라 '보편자'의 표상이라고 주장했다. 여기에서 보편자의 의미는 매일의 경험 속에 현존하는 자연의 질서다. 이 자연의 질서는 문학에서 플롯의 의미가 된다. 따라서 아리스토텔레스에게 작품은 단지 이전부터 존재하고 있는

---

20) 노먼 린지, 김석희 옮김, ≪마법 푸딩≫, 웅진주니어, 2006. p. 66.
푸딩을 먹는 즐거움을 나타낸 노래 : 나뭇잎 위에 눕는 것보다 더 좋은 것이 있다면/그것은 새벽에 나뭇잎 위에서 일어나는 것/저녁에 잠을 자는 것보다 더 좋은 것이 있다면/그것은 아침에 잠에서 깨어나는 것//모닥불 불빛보다 더 좋은 것이 있다면/그것은 아침에 깨어나자마자 보는 눈부신 햇빛/밤에 먹는 푸딩보다 더 좋은 것이 있다면/그것은 동이 틀 때 먹는 푸딩//별들이 찬란하게 빛나고 있을 때/노래를 부르는 것보다 더 좋은 것이 있다면/그것은 아침 식사로 푸딩을 먹으면서/새벽에 노래를 부르는 것.
21) 노먼 린지, 김석희 옮김, ≪마법 푸딩≫, 웅진미디어, 2006. p. 124.

현실의 반영이 아니라 그 자체가 자연의 형식적 법칙을 따르는 표상이다.

따라서 플롯형은 사건을 필연적인 인과관계가 있도록 결합시켜 놓은 것이다. 사건의 원인보다 발생한 결과에 중점을 두고 전개해 나간 이야기형식이다. 전 사건의 결과가 그 다음 사건의 원인이 되는 형식으로 이어진 고리형태 이야기다. 한 인물의 '행위'를 강조하므로 그의 내적 동기나 심리 상태보다 그를 둘러싸고 일어나는 일들에 대해서 더 관심을 가지고 발전시켜 나가는 형식이다. 어떤 외적 요인으로 인해 발생된 사건이나 인물의 행위들을 인과관계로 연결시켜 놓은 것이다. 그러므로 등장인물의 심리는 스토리 라인형처럼 변화하지 않으므로 주인공의 성격은 처음과 별 차이가 없는 평면적 · 정적 인물이 등장한다.

동화에서 플롯의 진행방법은 두 가지 형태로 구분할 수 있다.

첫째, 평면적 진행방법은 사건의 흐름이 과거 · 현재 · 미래 순서대로 진행되는 방법이다. 시간의 흐름대로 이어지는 것처럼 사건이 일어나는 순서대로 엮어 나가는 방식이다.

유년기 동화에 주로 많이 등장하는 형태다.

"~ 때문에 사건이 일어나고 사건 때문에 또 다른 사건이 일어나는" 형식으로 꼬리에 꼬리를 무는 형식이다. 예를 들면, 늦잠 잔 사자 때문에 호랑이가 꼬리를 다치고, 호랑이 때문에 기린이 화를 낸다. 기린 때문에 얼룩말이 피해를 보고, 얼룩말 때문에 악어가 아프다. 악어 때문에 개구리가 죽을 뻔하고 개구리 때문에 토끼 그림이 망쳐진다. 화가 난 토끼가 던진 크레파스에 금붕어가 맞고, 금붕어는 사자 낚싯대에 걸려 사자 식사가 된다. 금붕어의 가시가 목에 걸리는 바람에 결국 처음 원인제공을 했던 사자가 피해를 보는 형태다.

둘째, 입체적 진행방법은 현재에서 과거로, 미래에서 과거로 왔다 갔다 하면서 진행되는 방법이다. 또 영화처럼 과거와 현재에 일어나는 두 사건을 동시에 진행시키는 평행적 진행이 있다.

현재 사건의 결과가 과거의 어떤 사건으로 연계되고 그 과거의 사건으로 인하여 현재에서 또 다른 사건을 만들어 가는 형태다. 주로 유년기나 초등저학년 대상의 동화에서 가장 많이 사용하는 플롯형은 변신 · 성숙 · 모험 플롯이 있다.

(1) 변신 플롯

등장인물 중 신체적 변화가 일어나는 이야기다. 변신의 플롯은 변화의 플롯이다. 여기에서 변화란 주인공의 신체적 특성이 한 형태에서 다른 형태로 실제적으로 변하는 것을 의미한다. 대체적으로 주인공은 천성적으로 슬픈 인물이며 매력이 있는 경우가 많다. 그 무엇으로 변신한 주인공은 재력 · 인물 · 실력을 모두 갖춘 남자이거나 여자다. 변신의 이유는 반주동인물이 내린 저주의 결과이고 저주는 자연의 질서를 어겼거나 잘못을 저지른 결과로 나타난다. 저주를 내리는 사람(혹은 신)은 주인공의 가까운 사람일 수 있고 주인공을 시기하는 악인일 수 있다. 저주는 인간 내면의 부정적 모습을 상징하지만 다시 구원받을 수 있는 기회가 있음도 의미한다.

저주의 조건으로 주인공의 삶은 금기와 의식으로 묶여 있다. 주인공의 금기 사항과 의식의 예로서 〈늑대인간〉인 경우 보름달이 뜨는 밤에 늑대로 변한다. 〈미녀와 야수〉에서 야수는 가시덩굴에 갇힌다. 〈백조왕자〉에서 왕자들은 백조로 살아가야 한다.

저주의 치료는 일반적으로 사랑이다. 주인공이 원래의 모습으로 돌아갈 수 있는 해결방법은 그 누군가의 사랑을 받아야 하는 경우다. 주인공의 저주를 풀어 줄 상대방이 무슨 일인가를 하여야만 주인공의 저주가 풀린다. 예를 들어, 안데르센의 〈백조왕자〉에서 백조는 누이가 쐐기풀로 짠 스웨터를 입어야만 다시 왕자가 된다. 누이의 사랑을 받아야만 저주가 풀린다. 그림형제의 〈개구리왕자〉의 개구리는 공주의 침대에서 3일 밤을 같이 보내야만 사람으로 돌아온다. 공주의 사랑을 받아야 한 저주가 풀린다는 의미다. 프랑스 옛이야기인 〈미녀와 야수〉는 야수가 아가씨와 결혼을 해야만 원래의 모습이 된다.

이때 주인공은 저주를 받은 상황을 설명하거나 그 과정을 앞당길 수 없다. 오직 상대방이 주인공에게 이끌려 자연스럽게 저주를 풀 수 있는 행위(사랑)를 행하여만 한다는 것이 이야기의 매력으로 설정된다. 사랑의 형태는 자식에 대한 부모의 사랑, 부모에 대한 자식의 사랑(미녀와 야수), 남자와 여자의 사랑(개구리 왕자,

우렁이 색시

개구리 신랑

늑대인간), 다른 인간에 대한 사랑, 신에 대한 사랑, 형제간의 사랑(백조왕자)이 있다.

변신 플롯을 요약해 보면 세 단계로 구분할 수 있다.

첫 번째 단계에서 주인공은 자신이 왜 개구리가 되었는지, 야수가 되었는지 그 누구에게 설명하지 못한다. 독자는 주인공이 저주의 상태에 있음을 알 뿐이다. 두 번째 단계에서는 여러 가지 사건으로 인하여 주인공과 상대방은 서로에게 감정에 이끌리게 된다. 세 번째 단계에서 저주를 받은 주인공은 상대방으로 인해 저주에서 풀려나서 원래의 모습으로 회복하거나 평온한 모습으로 죽는다.

변신 플롯의 핵심은 주인공이 변신의 과정을 겪어 인간의 모습으로 돌아온다는 데 있다. 변신은 인물의 플롯이며 보통 주인공에게 나타난다. 결과적으로 독자는 주인공의 행동보다는 마음의 본성에 더 관심을 기울인다. 사랑은 잘못을 고쳐 주고 상처를 치료하며 약한 자에게 힘을 준다는 교훈을 준다. 사랑은 인간을 본능적 차원으로부터 구원한다는 의미를 내포하고 있다.

대표 작품으로는 우리나라 전래동화 〈우렁이 색시〉, 〈개구리 신랑〉 등이 있고, 그림형제의 〈개구리 왕자〉, 블라디미르 베기체프의 〈백조의 호수〉, 안데르센의 〈백조왕자〉, 프랑스의 옛이야기인 〈미녀와 야수〉 등이 있다.

(2) 모험 플롯

모험 플롯은 동화 혹은 애니메이션에서 많이 등장하는 플롯이다. 주인공의 심리변화와는 상관없이 행동하기 때문에 몸의 플롯이라고 한다. 모험 플롯의 초점은 여행을 하는 사람보다 여행 그 자체에 있으므로 현실과 동떨어진 또 하나의 세상 속으로 들어가는 것이 매력이다. 그러므로 독자들이 쉽게 가 볼 수 없는 세상이 펼쳐진다. 예를 들면, 바다 밑의 세계, 유령선, 고대 무덤, 지구가 아닌 다른 행성, 혹은 순전히 상상에 의한 세계일 수도 있다. 모험에는 흥미의 맛을 더하기 위해 종종 로맨스가 동반되기도 한다.

모험의 목적은 행운을 찾기 위한 여행에 있다. 그 행운은 집안에서는 결코 찾을 수 없다. 주인공은 누군가에 의하여 또는 무엇인가에 의하여 여행을 시작해야 하는 동기를 부여받는다. 독자는 주인공이 여행하는 과정에서 겪게 되는 모험의 스릴이 중요할 뿐 주인공의 심리변화는 중요하지 않다. 독자는 모험 플롯에서 뭔가의 교훈을 얻으려는 것보다 극적인 긴장감과 곤경을 타개해 나가는 주인공을 보며 희열감과 안도감을 느낀다. 그렇기 때문에 주인공을 설정할 때에는 주인공이 모험을 견뎌낼 만한 자질과 과단성, 난국을 헤쳐 나갈 수 있는 지혜와 기술이 있도록 해야 한다.

작품의 각 막에 나타나는 사건의 원인 결과적 연관성은 주인공에게 동기를 부여하는 첫 번째 사건에서 발견할 수 있는 원인 결과적 연관성과 일치해야 한다.

특히 작가는 사건에 대하여 상세한 지식이 있어야 하고 사건이 벌어지는 장소에 대하여 많은 것을 알고 있어야 하며 세부묘사에 많은 공을 들여야 한다. 사건이 일어나는 장소에 대한 시각, 청각, 후각의 감각을 제공하는 등의 세부적인 묘사가 비현실세계가 있을 것 같은 설득력을 좌우한다.

모험이야기는 독자나 주인공에게 미지에 세계에 대한 두려움을 가진 채 떠나게 한다. 그러나 주인공은 위험의 극단까지 갔다가 결국은 안전하게 돌아오게 되므로 어린이들은 이러한 모험이야기를 통해 미지의 세계가 두려움만의 세계가 아님을 경험하면서 안정감을 느끼게 된다.

이에 브루노 베텔하임은 모험 플롯의 동화를 프로이트의 정신분석학적으로 해석하였다. 즉 어머니의 무릎을 떠나 세상 밖으로 나가는 어린이는 모험 플롯 동화를 통해 두려움을 해소할 수 있고 미지의 세계로 진출할 수 있는 자신감을 가질 수 있다는 것이다.

예시작품으로는 로버트 루이스 스티븐슨의 〈보물섬〉, 라이더 해거드의 〈솔로몬왕의 보물〉, 그림형제의 〈세 가지의 말〉, 윌리엄 스타이그의 〈아벨의 섬〉, 티베트 민간설화 〈티베트 소년의 모험〉,

아벨의 섬

닐스의 신기한 여행

짐크노프와 기관사 루카스

셀마 라게를뢰프의 〈닐스의 신기한 여행〉, 이라크 민간설화 〈신밧드의 모험〉, 마크 트웨인의 〈허클베리 핀의 모험〉, 미하엘 엔데의 〈짐크노프와 기관사 루카스〉, 박경수의 〈노빈손 어드벤처 시리즈〉 등 다양하다.

(3) 영웅 플롯

영웅 플롯은 모험 플롯과 유사한 점이 많다. 그러나 등장인물이 보통 사람과는 다른 특별한 능력을 가진 점에서 구별이 된다. 세대를 이어가는 젊은 영혼들이 민족의 서사시를 소생시킴으로써 우리는 그 시대의 영웅을 만나게 된다. 영웅 이야기는 아름답고 고귀한 작품의 결정체로써 영웅은 자신을 희생하여 인간에게 구원을 가져다 주는 사람들에게 영감을 불어넣는다.

영웅은 명예로운 대모험을 시작하기 전에 몸과 마음을 단련시킨다.

영웅은 평범한 생활에 만족하거나 자기만족에 빠지지 않고 인생을 포기하지 않는다. 영웅은 평범한 인간과는 다르다.

다음 글은 그리스 신화에 나오는 아테나[22)]가 페르세우스[23)] 앞에 나타나 영웅

---

22) 아테네의 수호신이다. 제우스와 해신(海神) 오케아노스의 딸 메티스 사이에 태어났으며, 올림포스 12신(神) 가운데 하나다. 메티스가 임신하였을 때 지신(地神) 가이아가, 메티스에게서 태어나는 아들이 제우스의 지위를 빼앗을 것이라고 하는 소리를 듣고, 제우스는 메티스를 삼켜 버렸다. 그런데 태어날 시기가 되었을 때 심한 두통을 못견딘 제우스가 프로메테우스(일설에는 헤파이스토스)에게 도끼로 자신의 머리를 쪼개 달라고 부탁하였는데, 그대로 머리를 쪼개자 그 속에서 아테나가 갑옷을 입은 모습으로 함성을 지르면서 태어났다고 한다. 아레스가 남성 전쟁신(戰爭神)인 데 비해 아테나는 전쟁의 여신으로 알려졌다. 이는 여신이 원래 선주민족의 신으로서 아크로폴리스의 성채(城砦)에 모셔진 데서 유래한다. 정복자인 그리스인도 이를 이어받아 아테나이(아테네)를 대표하여 국가와 국가의 운명을 좌우하는 영웅들을 지키는 여신으로 모셨다. 일반적으로 염소의 가죽으로 만들어지고 괴물 고르곤의 목이 한가운데에 달린 신성한 공격용 방패인 아이기스를 든, 무장한 처녀의 모습으로 상징되고 있다. 올빼미가 여신의 상징으로 되어 있었는데, 이것도 옛날의 수신(獸神) 숭배에서 유래한 것으로 생각된다. 전차(戰車)를 비롯한 많은 무기를 발명한 여신으로 알려졌으나, 한편 여성이 맡은 일의 신으로서 방적(紡績)과 기직(機織)의 신이기도 하였다. 뿐만 아니라 도기(陶器)와 금세

에 관하여 말한 것으로 영웅의 모습을 형상화시킨 글이다.

> 나는 팔라스 아테나이다. 나는 인간들이 무슨 생각을 하는지 알기 때문에 어떤 인간이 용감하고 어떤 인간이 비겁한지 곧 알 수 있다. 나는 영혼이 점토로 만들어진 듯한 인간은 상대하지 않는다. 그들은 목장의 가축처럼 그저 편안히 살만 찌우고 외양간의 소처럼 자기가 씨를 뿌리지도 않은 것들을 먹으며 살아가고 있다. 그들은 땅 위의 호박처럼 자라고 뻗어 나가지만 호박과 마찬가지로 나그네가 쉬어갈 그늘조차 만들어 주지 못한다. 그들은 그런 채로 익기를 기다리다 허망하게 죽어 간다. 또한 누구에게도 사랑받지 못하고 지옥으로 떨어져 그 이름은 지상에서 영원히 사라진다. 그러나 나는 불꽃같은 영혼을 가진 사람의 정열은 한층 불태워 주고 늠름한 영혼에게는 초월적인 힘 을 부여한다. 그들이야말로 진정한 영웅이며 신의 아들이므로 페르세우스여. 나는 그들이 인간과 신들의 적인 타이탄이나 괴물들과 맞서 싸울 수 있도록 일부러 좁고 힘든 길로 향하게 한다. 그들 앞에는 의혹과 곤궁, 위험과 전쟁이 기다리고 있다. 그 결과 그들 가운데 어떤 이는 젊은 나이에 죽음을 맞이하지만 언제 어디서 죽었는지는 아무도 모른다. 어떤 이는 공을 세우고 이름을 떨쳐 노년에 이르기까지 기품 있고 건강하게 살아갈 것이다. 그러나 앞으로 어떠한 운명을 걷게 될지 알 수 없다. 인간과 신의 아버지 제우스를 제외하고는 아무도 모른다.
>
> 자, 페스세우스여, 말해 보아라. 이 두 가지 인간 중에 어느 쪽을 택할 것인지.

공(金細工) 등, 수공업을 중심으로 하는 여러 가지 기술의 여신으로도 알려졌는데, 마침내는 지력(知力)의 권화(權化)로 보기에 이르렀다. 신화에서는 처녀성을 끝까지 지킨 여신이지만, 국가의 수호신이라는 성격 때문에 다산(多産)과 풍요의 여신이기도 하였다. 또한 포세이돈과 아티카의 땅을 놓고 싸울 때 포세이돈이 아크로폴리스의 기슭에 염수(鹽水)의 못을 만들어 낸 데 비해, 그녀는 아크로폴리스의 언덕에 올리브 나무를 자라게 함으로써 승리하였는데, 그 후로는 그녀를 올리브의 여신이라고 하였다. 그녀는 팔라스라고도 불리며, 로마 신화의 미네르바, 이집트 신화의 네이트와 동일시되고 있다.

23) 제우스의 아들이라고 불릴 만큼 페르세우스는 아름다운 청년이었다. 남들보다 머리 하나만큼 키가 컸으며 힘겨루기를 해도, 달리기를 해도, 창던지기를 해도, 지지 않았다. 페르세우스는 제우스와 아르고스의 왕녀 다나에 사이에서 태어났다. 하지만 신탁은 예언하기를 아르고스의 왕은 그 딸에게서 낳은 자식에게 죽을 거라고 하였다. 이에 아르고스의 왕은 겁을 먹고 다나에를 청동으로 된 밀실에 가두었다. 그러나 제우스는 황금의 빗물로 변신하여 지붕을 뚫고 다나에와 결혼했다. 아르고스의 왕은 다나에와 페르세우스를 방주에 실어 바다에 버렸다. 방주는 표류하여 세리포스섬에 도착했고, 다나에와 페르세우스는 폴리테크테스왕의 구조를 받았다. 페르세우스가 성장하여 청년이 되었다. 그러나 다나에를 사랑하게 된 폴리왕은 페루세우스가 걸림돌이 된다 생각하고 괴물 메두사의 목을 베어오라 했다. 페르세우스는 아테나가 빌려준 방패를 들고, 헤르메스가 준 날개달린 구두를 신고 메두사가 잠든 사이 방패에 반영된 괴물만 보면서 동굴로 들어가 잠든 괴물 메두사의 목을 베었다. 아테나에게 메두사의 머리를 받치자 아테나는 그 머리를 방패에 붙였다는 페르세우스의 모험담이 있다.

두려움을 모르는 영웅, 산 사람이든 죽은 사람이든 어느 누구와 마주쳐도 겁에 질려 본 적이 없는 영웅, 평소에는 과묵하고 점잔하지만 위험에 빠진 사람을 구출할 때면 주먹 한 방으로 바위를 가를 수 있는 영웅, 독자는 이러한 영웅을 통해서 대리만족을 한다. 또한 독자 자신도 그러한 영웅이 될 수 있다고 믿으며 희망과 자신감을 가질 수 있다.

영웅 플롯은 그리스 신화, 각 나라의 건국신화, 부족국가에 등장하는 설화 중에 영웅 플롯이 많다. 또는 역사 속에서 남다른 능력으로 많은 사람들에게 영웅으로 칭송받는 위인들의 이야기도 해당한다.

영웅 플롯은 이 시대를 살아가는 어린이 중 부모의 과잉보호로 인하여 자신감이 결여된 어린이들에게 필요한 플롯이다. 또는 핍박받고 있거나 절망 속에서 살아가는 사람들에게도 필요한 플롯이다. 내가 가질 수 없는 능력을 가진 자가 나타남으로 나의 생활에 희망을 줄 수 있는 사람도 그 시대의 영웅이 될 수 있다. 또는 인간이 가지지 못한 그 어떤 능력을 가진 영웅을 만남으로써 희망을 가질 수 있다. 아무리 인간이 만물의 영장이라고 할지라도 보편적인 인간의 힘으로 해결할 수 있는 것은 미미하기 때문이다.

예시 작품으로는 〈단군신화〉, 〈주몽〉, 〈박혁거세신화〉, 〈헤라클레스〉, 다양한 위인전 등이 있다.

(4) 성숙 플롯

"서리를 맞아야 맛이 깊어진다."[24)]

인생의 참된 맛은 힘든 과정을 오랜 시간 견뎌 내었을 때 느낄 수 있다. 성숙의 플롯은 성장의 과정이며 먹구름이 몰려오듯 일어나는 사건들을 경험하면서 어른이 되어 가는 과정을 그린다. 그러므로 배워야 할 교훈이 있으며 교훈

24) 앙드레 모로아(Andre Maurois)의 말이다. 거의 모든 위대한 작가들은 다소 은밀한 형태로나마 어린 시절부터 성장기까지의 과정을 창작의 동기로 삼고 있다. 기대의 벽참과 진실에 의하여 사라지는 환상이 깨어짐을 다룬다. 사라진 환상이야말로 모든 소설의 감춰진 제목이다.- 이는 성장기에 있는 어린이가 경험했던 일들이 어른이 된 후에도 상당히 영향을 끼친다는 의미다. 성장기의 경험은 작품의 모티브가 될 수 있으며 그만큼 중요한 시기라는 뜻일 것이다.

은 어렵지만 결말쯤에 주인공은 더 나은 사람으로 바뀐다. 즉 성숙의 플롯은 어른이 되는 과정을 겪는 어린이에게 집중된다. 그러므로 소년소설에서 가장 많이 다루는 플롯이다. 반면 어른들의 변하는 모습을 다룬 것은 변모의 플롯이다.[25)]

주인공은 순진한 상태에서 경험의 세계로의 통과, 혹은 행복한 무지로부터 현실 인식의 원숙한 단계로의 이행을 하게 된다. 여기에서 빼놓을 수 없는 것은 주인공이 겪는 중대한 경험이다. 주인공이 어떤 중대한 경험을 쌓은 결과 세상에 대해서 무엇인가를 알게 되는 인식의 순간을 그린 형태다.

성숙 플롯은 대략 다음의 단계에 의해서 구성된다.

첫째, 주인공은 미성숙한 존재로 등장한다. 천진난만하거나 삶의 목적이 확실치 않거나 애매모호한 성장기에 있는 어린이다. 동요하기도 하고 무엇이 옳고 그른지 올바른 결정을 내리기가 어려운 인생 경험이 부족한 어린이다. 주인공은 유아적이고 부정적인 성질을 많이 나타낼 수 있다. 무책임하고 그러나 즐거우며, 표리부동하고, 이기적이며, 아무것도 모르는 맹꽁이 일 수 있다. 독자가 어린 주인공을 믿을 만한 인물로 만들어야 한다. 또한 독자에게 주인공이 누구이며 어떻게 느끼며 생각하며 살고 있는지를 변화가 시작하는 사건이 일어나기 전에 알게 하여야 한다.

둘째, 주인공을 본의 아니게 시험에 들게 한다. 어른이 되는 과정을 겪는 어린이에게 집중한다.

세상을 대면하게 되면서 받게 되는 어려움과 충동이 먹구름처럼 몰려오게 만든다. 사건이 아주 강렬하여 가치 체계를 뒤흔들 정도가 되어야 한다. 이야기를 주인공의 도덕적 · 심리적 성장에 집중시켜야 한다. 이때 주인공의 성숙함과 미성숙함의 균형을 잘 맞춘다. 어린이가 일반적으로 생각하고 느끼는 바를 설득력 있게 묘사하여야 한다. 즉 어려움에 직면하게 되었을 때 주인공의 행동을

25) 성숙 플롯과 변모 플롯이 유사하므로 혼동할 수 있다. 다른 점은 성숙 플롯은 어른이 되는 과정을 겪는 어린이에게 집중되는 플롯이므로 주인공은 어린이다. 반면 변모 플롯은 어른이 주인공이며 어른의 변화되는 과정을 다룬 이야기다.

어린이의 인식수준에 맞추어야 한다. 주인공에게 변화의 과정을 보여 준다. 어른의 모습을 한 번에 성취하려고 시도하지 말아야 한다. 사소한 것들에서 의미를 찾도록 한다.

작은 교훈들이 종종 성장의 과정에 중요한 동요를 가져온다. 또한 주인공은 시행착오를 겪도록 한다. 무엇이 올바르고 무엇을 해야 하고 하지 말아야 하는지를 모르기 때문이다.

따라서 성숙 플롯은 주인공이 깨달은 그 무엇(심리)이 중심이 아니다. 어린이의 성장의 과정에서 무(無)의 경험에서 유(有)의 경험을 하는 과정이 중심이다.

예시작품으로는 루이자 에이 올콧의 〈작은 아씨들〉, 프랜시스 호즈슨 버넷의 〈소공녀〉, 〈비밀의 정원〉, 나탈리 새비지 칼슨의 〈떠돌이 할아버지와 집 없는 아이들〉 등이 있다.

5. 구성의 5단계

구성(plot)이란 '짠다', '맞춘다'라는 뜻으로 문장과 문장을 얽어짜기하는 작업을 의미한다. 즉 글을 써야 할 주제가 결정되면 주제에 따른 소재를 정리하고 안배하여 글을 써 나가도록 짜는 것이 구성이다.

넓은 의미의 구성은 처음, 중간, 끝이 필연성이 있도록 잘 연결해 놓아야 한다. 좁은 의미의 구성은 주제나 논지를 살리기 위해 여러 가지 재료(인물·사건·배경)를 선택하고 적절한 비율로 배열하는 과정이다.

구성을 그림 그리는 것으로 비유한다면 밑그림부터 그려 놓고 세밀한 부분을 그리는 작업이다. 창작시 누구나 창작이론에 의해 창작한다고는 볼 수 없다. 다만 창작시 필요한 이론을 감안한다면 보다 체계적이고 일관성 있는 작품 창작에 도움이 된다. 팔등신의 기준은 전체의 이미지, 키와 몸무게의 비율, 머리·팔·다리·몸통의 비율, 또 신체 각 부분별 비율(얼굴 경우 눈·코·입의 위치) 등으로 구분하는 것과 마찬가지다. 이처럼 문학성이 높은 작품이냐 아니냐의 차이는 구성이 얼마만큼 잘 짜여 있는지와 일치된다. 구성이 제멋대로인 작품치고 훌륭한 작품이 없기 때문이다.

구성의 밑그림 중 가장 큰 그림에 해당하는 구성은 이야기의 배열이다. 이야기의 배열은 시간적 · 공간적 · 사건적 배열로 구분한다. 시간과 공간, 시간과 플롯은 같이 배열되기도 한다. 단, 이야기의 흐름이 시간 · 공간 · 사건 중 어느 부분이 중심으로 되어 있느냐에 따라 구분되는 배열이다. 주로 구성방식이 스토리 라인형인 경우 시간과 공간중심으로 배열되며, 플롯형인 경우 사건과 공간중심으로 배열한다.

1) 시간적 배열

시간적 순서에 의한 배열은 가장 초보적인 배열방식으로서 기억의 발상에 따라서 쓰는 쉬운 구성이다. 단점으로는 긴박감이나 박진감이 미약하며, 별로 중요하지 않는 부분까지도 서술할 수 있다. 또한 논리성의 결여로 인한 산만한 글이 되어 지루한 느낌을 줄 수 있다. 그러므로 이야기의 흐름을 신선한 발상으로 전개하는 것이 중요하며, 기승전결의 비중을 잘 배분하여 이상한 형태가 되지 않도록 한다.

시간적 순서는 아침, 점심, 저녁 혹은 계절상의 변화, 또는 매 시간의 설정 등으로 서술한다. 유년기를 대상으로 한 동화에서 시간적 순서에 의한 배열은 잔잔한 시간의 흐름이 재미있게 나타난다.

예를 들면, 모리스 샌닥의 〈괴물들이 사는 나라〉, 자일즈 안드레아의 〈폴린 선장과 공룡〉처럼 소소한 시간의 흐름을 보여주면서 시간의 맛을 살린 동화다.

폴린 선장과 공룡

〈괴물들이 사는 나라〉의 경우 시간의 흐름이 각각 설정되어 있다. 현실세계는 그림과 문장으로 시간의 흐름이 각각 다르게 표현되고 있다. 그림으로는 맥스의 방 창문에 그려진 달의 변화가 시간의 흐름을 나타낸다. 즉 그믐달이 보름달로 변하는 시간의 흐름이다. 이야기로는 엄마가 저녁밥을 준비할 초저녁에서 늦은 저녁밥을 먹을 시간까지로 시간이 설정되어 있다.[26]

반면, 비현실세계인 괴물들이 사는 나라까지 가는데 걸린 시간은 왕복 2여 년이 걸린다. 현실에서 달의 변화모양과 글의 표현의 차이가 커서 이해하기에 살짝 무리가 있으나 그림책의 특징을 살려 다양한 상황으로 설정할 수 있으므로 문제는 되지 않는다.

〈폴린 선장과 공룡〉의 경우 폴린이 창고에 들어갈 때 시간은 미술시간이었고 창고에서 나왔을 때는 동화책을 듣는 시간이었다. 그러므로 미술시간과 동화책 듣는 시간으로 경과되었음을 보여 준다. 즉 폴린이 창고 안에서 모험을 즐겼던 시간이 바로 시간의 흐름을 나타낸 것이다.

이 동화의 매력은 누구나 쉽게 공감할 수 있는 시간의 흐름이라는 점이다. 사건 설정 또한 누구나 경험해 봄직한 이야기라는 점에서 판타지의 매력을 느낄 수 있다. 현실과 비현실에서 일관되게 다룬 공룡의 이야기가 신선한 발상으로 이어졌으며, 현실과 비현실의 간격을 최대한 줄이면서도 아무런 의심 없이 빨려 들어갈 수 있도록 시간 설정이 탁월하다.

이처럼 시간적 배열은 작가가 의도하여 전후 장면 설정을 묘사하거나 보여주면 시간이 동화의 맛을 살릴 수 있는 중요한 요소가 된다.

2) 공간적 배열

전체 이야기의 흐름이 사건이나 배경의 이동으로 설정된다. 독자가 쉽게 파악할 수 있어 이해도를 높일 수 있으나 단조로워 흥미를 주기 어렵다. 예를 들면, 숲 속→바닷가→하늘→땅 속 등, 이야기를 어떤 공간을 중심으로 서술하는 배열방식이다. 공간을 묘사나 설명하는 경우 상하좌우, 안팎, 거리, 광협장단, 대소 등 시각적인 이미지와 사실감, 실제감을 생생하게 그려낼 수 있어야

---

26) 모리스 샌닥, 강무홍 옮김, ≪괴물들이 사는 나라≫, 시공주니어, 2007.
"머나먼 세계 저편에서 맛있는 냄새가 풍겨 왔어. ~ 저녁밥이 맥스를 기다리고 있었어. 저녁밥은 아직도 따뜻했어."의 문장에서 보면 시간의 흐름을 감지할 수 있다.

한다.

이야기를 이끌어 가는 인물의 성격 및 사건의 효과적인 설정을 위하여 장면이 묘사된다. 배경은 이야기를 효과적으로 연출하는 이미지 역할을 한다. 배경의 묘사 방법에는 서로 대조/친화, 긴장/혐오 등으로 관계를 맺고 있다. 작품 중에는 행동의 장으로 설정한 공간이 극도로 한정되어 있는 경우와 그와 대조적으로 여러 장소를 무대로 하여 인물의 행동을 전개한 경우가 있다.

배경 설정은 사건과 인물이 살고 있는 자연적 배경을 나타내는 자연적인 배경, 주인공이 살고 있는 그 시대의 사회 문화적 현상을 나타내는 사회적 배경, 사건이 일어날 수밖에 없는 상황을 나타내는 상황적 배경 등으로 구분된다.

3) 사건적 배열

사건은 글의 주제나 논지를 살리기 위해 잘 선택하여 배열하여야 한다. 즉 사건의 필연성을 뜻한다. 사건은 넓은 의미로 처음, 중간, 끝이 필연성이 있도록 잘 연결해 놓아야 한다. 인물의 말과 행동, 또는 심리적인 변화로 펼쳐지는 여러 가지 일들이 서로 인과성을 가지고 가지로 뻗어나야 일관성이 있는 구성의 전개가 이루어지기 때문이다.

E · M 포스터는 일련의 사건들을 인과관계가 있도록 배열해 놓는 것을 강조했다. 예를 들면, '아내가 죽고 또 얼마 안 가서 남편도 죽었다' ⇒ '아내가 죽고 한 달째 되던 수요일 남편이 죽었다. 아내가 죽은 요일과 같은 날이었다. 아내를 잃은 슬픔이 너무 컸던 남편은 상실감에서 벗어나지 못했기 때문이다.'로 배열하였다.

사건이 발단이 되고 그 사건이 원인이 되어 일어나는 과정의 이야기이므로 플롯형의 서술 형태다. 원인과 결과로 이어지는 사건의 연속선상에서 주인공과 배경이 설정된다. 이 때 사건의 흐름은 논리적이어야 이해도를 높일 수 있다. 단, 사건과 사건의 연속에서 등장인물의 캐릭터가 분명하게 설정되어야만 흥미를 유발할 수 있으며 사건의 흐름에 영향을 끼칠 수 있는 요소는 공간의 특징,

인물의 개성이 개입되면 입체적인 이야기로 진행된다.

예를 들면, 주인공인 사자가 늦잠을 잠 → 지각을 면하기 위해 뛰어가다 호랑이와 부딪힘 → 넘어진 호랑이는 고슴도치와 부딪힘 → 고슴도치는 붕 떠서 호수에 빠져 물고기와 부딪힘 → 물고기는 놀라 뛰어오르다 낚시 바늘에 걸림 → 물고기를 잡은 여우는 물고기 입에 물린 진주를 발견함 등으로 서술하는 배열이다.

이러한 배열은 공간과 시간이 서로 같이 진행이 되는 플롯이다. 무엇을 기준으로 이야기를 전개할 것인가는 결정하는 것이 이야기의 일관성을 유지할 수 있다.

구성의 5단계는 이야기의 개요 짜기와 같다.

발단→전개→절정→위기→결말 순으로 되어 있다. 이야기의 개요는 누가(who, 주인공) · 언제(when, 시대) · 어디서(where, 환경) · 무엇을(what, 초목표) · 왜(why, 동기) · 어떻게 되는지(how, 결말)와 같은 요소로 줄거리를 구성한다.

먼저 현재 시점에서 전체적인 윤곽을 간략하게 써 본다. 서사적인 동화는 현재 시제를 사용하지 않고 과거 시제를 사용하는 것이 보편적이다. 개요 짜기는 구성의 5단계에 의해 보다 구체화된다.

4) 구성의 5단계

(1) 발단

발단은 이야기의 서두에 해당하며 어떤 사건이 발생할 것인가를 짐작할 수 있다. 또한 내용을 예비적으로 암시하여 주는 부분으로 흥미를 유발시킨다. 특히 발단은 이야기가 제시되는 최초의 양상이므로 작가가 가장 고심하기도 하고 또는 초보자인 경우 쉽게 시작하는 부분이기도 하다.

에드가 앨런 포우 *Edgar Allen Poe*[27]가 "소설 첫머리의 실패는 소설 실패의 첫걸음이다."라고 말했다. 서두는 우선 재미가 있고 인상적이어야 한다. 서두에서 독자의 마음을 사로잡지 못하면 그 이야기는 묻혀 버리고 만다. 서두는 인물이나 배경이 소개되면서 전체의 내용이나 분위기를 암시하는 효과를 나타내는데 시작하는 문장의 형태는 대화체로, 혹은 바탕글로서 공간, 시간, 인물에 대한 정보를 알려 준다.

주제를 미리 보여주는 두괄식 형태의 발단부는 주인공이 이야기 전편에 일관되게 흐르는 초목표(주제)를 자각하고 관통행위를 시작하는 극히 중요한 부분이 된다.

Point ☞ 발단 부분 : "만일 … 이렇게 되면 어떻게 될까?
→ 새로운 각도로 소재를 찾아서 첫 문장을 만들어 내는 시점
예시) * 외출하여 돌아와 보니 자기 집에 새로운 주인이 와서 살고 있다면 어떻게 된 일일까?
* 어린이가 부활절 선물로 병아리 한 마리와 거위 한 마리를 선물받았는데 바로 죽어버렸다면 어떻게 될까?

가. 대화체로 시작하는 경우

동화의 서두를 대화체로 시작하는 경우가 많다. 주독자인 어린이는 행동적인 것을 좋아하기 때문이다. 또한 독자로 하여금 집중하게 하며 생동감 있는 장면

27) 포우는 순회극단 배우 데이비드 포와 베테 포 사이에서 태어나서 세 살 때까지 초라한 분장실에서 자라났다. 아버지가 실종되고 어머니마저 사망하자 앨런가에 양자로 들어갔다. 리치먼드에 사는 앨런 부부에게 입양된 포는 1826년 버지니아 대학에 입학하지만 양부로부터 최소한의 재정적 지원만 받았고 미국의 사관학교 격인 웨스트포인트에서도 잠시 수학했다. 대학에 다니면서 겪은 궁핍한 생활로 그는 주벽에 빠졌고 도박에도 손을 댔다. 결국 입학 후 1년이 끝나갈 무렵 2,000달러라는 빚을 지고 학교를 떠났는데, 성적은 최상위권이었다. 그는 특히 단편소설의 영역에서 오늘날까지 그 천재성이 인정되고 있다. 본격적으로 현대 단편소설이 체계화된 것도 포에 의해서였지만, 그가 이뤄낸 문학적 성과와 비교해 볼 때 힘겹고 불행한 삶이었다. 그는 궁핍, 음주, 광기, 마약, 우울, 신경쇠약으로 점철된 대단히 불운한 삶을 보냈다. 그의 천재성이 세상에 알려지게 된 것도 모국에서가 아니라 프랑스의 상징파 시인 보들레르 등에 의해서였다. "내가 쓰고 싶었던 것들이 모두 포의 글 속에 있었다."

설정을 할 수 있다. 대화는 어떤 사건을 암시하거나 혹은 인물의 소개 등이 된다. 단, 대화 다음에는 반드시 어떤 상황, 누구의 말인지가 명확하게 설정되어야 한다. 글의 안정감이나 이해도를 높이기 위해서는 바탕글로 상황, 인물에 대한 정보를 제공하는 것이 효율적이다.

> "아빠가 도끼를 들고 어디 가시는 거예요?"
> 아침 식탁 차리는 일을 거들며 펀이 엄마에게 물었다.
> "돼지우리에. 어젯밤에 돼지가 새끼를 낳았어."
> "그런데 왜 도끼를 들고 나가시죠?"
> 계속해서 묻고 있는 펀은 이제 겨우 여덟 살이다.
> "으응, 새끼 한 마리가 무녀리(한배 새끼 가운데에서 맨 먼저 태어난 새끼)란다. 무녀리는 너무 작고 약해서 제 구실을 못하거든. 그래서 아빠가 그걸 없애려는 거야."
> "없앤다고요? 그걸 죽인다는 거예요? 다른 것들보다 작기 때문에요?"
> 애러블 부인은 식탁에 크림 주전자를 올려놓으며 펀을 달랬다.[28)]

샬롯의 거미줄

위 동화는 〈샬롯의 거미줄〉의 서두다. 대화체로 시작하면서 등장인물의 주고받는 대화 속에서 정보와 사건의 암시를 보여 준다. 특히 이 서두의 장점은 등장인물의 대화에서 캐릭터가 분명하게 설정된 점이다. 지극히 현실적이고 합리적인 사고방식을 가진 아빠, 때론 거칠고 냉정한 사람이기도 한 아빠, 가축은 가정생활에 도움을 주는 동물일 뿐 그 이상 그 이하도 아닌 아빠다.

반면, 주어진 현실을 합리적으로 수용하면서도 부드럽고 자상하게 아이를 설득하는 엄마, 그리고 겨우 여덟 살이지만 자기주관이 뚜렷한 여자 아이 펀, 논리적인 사고를 가졌으나 생명의 존중함을 깨닫고 있는 아이, 작고 여리게 보이지만 당찬 성격의 소유자다. 이처럼 분명하게 설정된 캐릭터로 인해 사건을 긴장감 있게 이끌어 나가는 서두형식이다.

28) 앨윈 브룩스 화이트, 김화곤 옮김, ≪샬롯의 거미줄≫, 시공사, 1996, p. 11.

"엄마! 엄마!"
훈이는 현관문을 열자말자 운동화를 휙 벗어 던졌어요.
운동화는 슬리퍼 위로 퍽 떨어졌지요.
"아야야~ 에그, 또 훈이 운동화잖아."
낮잠을 자던 슬리퍼 아줌마는 얼굴을 찡그렸어요.
금세 시퍼렇게 멍이 든 운동화는 고개를 푹 숙였어요.
"슬리퍼 아줌마, 죄송해요."
"훈이 뒷발차기에 너나 나나 힘들다, 힘들어. 아이구, 어깨야."[29)]

이 글 역시 대화체로 시작하여 현관에 있는 신발들의 모습을 입체감 있는 공간으로 설정하였다. 주인공인 훈이의 캐릭터를 장면 보여주기 방식으로 설정하였다.

서사 부분은 '요약하기'와 '장면 보여주기'로 서술한다.

위 동화는 주변인물의 대화를 장면 보여주기로 설정하여 주인공의 성격을 보여 준다. 요약은 어떤 사건을 설명하는 형식이므로 이해는 잘 되어 평면적인 글이 되어 지루할 수 있다. 반면, 장면 보여주기는 간접화법이므로 이해도는 낮을 수 있으나 입체적인 장면이 설정되므로 감정이입이 쉬워진다.

나. 인물에 대한 정보로 시작할 경우

주인공에 대한 정보로 시작하는 경우 주인공의 생김새, 남다른 특징이나, 개성, 습관 등에 관하여 묘사하거나 서사하는 경우다. 주인공의 남다른 개성이 원인이 되거나 혹은 남다른 개성에는 어울리지 않는 사건에 대한 반응을 강조할 때 사용하는 방법이다. 주인공에 대한 정보를 주변인물의 대화체로 정보를 제공하기도 한다.

사람들이 엄지 소년이라고 부르는 그 아이는 성냥갑 안에서 잠을 잤다. 그 아이의 원래 이름은 맥스헨 피헬슈타이너다. 하지만 그 이름을 아는 사람은 아주 드물다. 나도 그 아이가 말해 주지 않았더라면 몰랐을 것이다(생략). 어찌 되었든 한 가지 사실은 분명하다. 맥스헨의 부모, 조부모,

29) 성현주, ≪훈이의 운동화≫, MBC문화센터 그린키드, 2002.

증조부모, 고조부모는 모두 숲이 우거진 뵈머발트(체코의 뵈멘 주와 독일의 바이어른 주 사이에 있는 산맥)에서 태어났다는 것. 그 곳에는 높은 산이 있고 작은 마을이 있는데 산 이름도, 마을 이름도 모두 피헬슈타인이다. 신중히 하기 위해 내 오래된 사전을 찾아보았다. 거기에는 분명히 이렇게 적혀 있었다.

피헬슈타인 : 뵈멘 지역의 마을. 주민 412명. 난쟁이 인종. 최장신 51센티미터. 원인은 모름. 체조협회(피헬슈타인 체조협회, 1872년에 창설됨)와 "피헬슈타인 고기"로 유명하다. 수백 년 전부터 이곳 주민의 성(姓)은 피헬슈타이너였다(추천할 만한 문학작품 : 〈피헬슈타인과 피헬슈타이너〉 레미기우스 달마이어 목사 지음, 1908, 젤프스트 출판사 절판됨).30)

위 동화는 특별한 신체적 조건을 가진 주인공에 대한 설명과 요약으로 시작된다. 비현실세계에 살고 있는 사람, 보통 사람들과 다른 신체적 조건을 가진 엄지 소년을 독자의 공감을 얻기 위해서 아주 현실적이고 논리적인 자료로 설명한다.

이 서두의 장점은 동화의 감성으로 시작하는 서술의 형태가 아니라 치밀하게 계산된 논리에 의해 이성적으로 설득하고 있다는 점이다. 비현실의 세계인 피헬슈타인을 사전에서 뜻을 찾아 적은 놓은 점, 게다가 작가의 의도 하에 문학작품을 제시한 점, 그 문학작품의 신빙성을 획득하기 위하여 주석을 달아 믿도록 한 점, 게다가 절판된 작품으로 마무리지어 진실의 여부를 독자가 더 이상 의심할 수 없도록 한 점은 상당히 치밀하게 짜인 극본이다. 이러한 논리적인 설득은 '없는 것을 있는 것처럼 믿게 만드는' 판타지의 장점을 보여 준다.

철이의 책가방은 언제나 열려 있었다. 철이가 뛰어갈 때마다 책과 공책은 가방에서 들락날락거리며 삐죽삐죽 튀어나왔다. 일년 열두 달 남색 윗도리와 깜장바지만 입고 다녔다. 땟물로 얼룩진 얼굴은 꼬질꼬질하였으나 희한하게도 반질거렸다. 푸석푸석한 머리카락은 정전기가 일어난 듯 일어서 있었다. 그래도 철이는 무엇이 좋은지 늘 웃는 얼굴이었다.

일반적으로 입체적인 캐릭터를 설정할 때 사용하는 방법으로 많이 사용되는 기법이다. 주인공인 철이의 가방, 옷차림새, 얼굴, 머리카락, 표정을 묘사하여

30) 에리히 캐스트너, 이희재 옮김, ≪엄지 소년≫, 시공사, 1996, p. 9.

캐릭터를 보여 준다. 가난하지만 바보스러울 만큼 천진난만하고 늘 행복한 생각에 젖어 있는 인물이다. 이러한 인물의 설정은 사건에 대처하는 철이의 행동이 보통 사람과는 다르게 전환될 수 있는 가능성을 보여줌으로써 흥미감을 유발할 수 있다.

꼬마 너구리 라스칼

> 1918년 5월 나한테 새 단짝 친구가 생겼다. 매력덩어리 괴짜에다 줄무늬 꼬리를 가진 멋진 녀석이다. 처음 발견했을 때 녀석은 몸무게가 500그램도 안 되는 데다 아직 어미젖도 떼지 않은 연약한 생명이었다. 그렇게 아무 방어 능력이 없으면서 세상만사가 궁금한 호기심 많은 털복숭이.[31)]

위 글은 〈꼬마 너구리 라스칼〉에 대한 설명으로 시작한다. 몇 년 몇 월까지 지정하여 마치 정말 있었던 일처럼 느껴진다. '라스칼'은 우리말로 '악동'이라는 의미다. 악한 구석은 없지만 장난기 넘치는 성격에 타고난 호기심과 손재주 때문에 벌어지는 온갖 사건과 어울리는 이름이다. 새끼 너구리와 함께 성장해 가는 열두 살 소년인 스털링의 모습을 통해 자연과 동물 모두를 순수함 그대로 사랑하길 원하는 자연주의자의 눈길이 담긴 이야기다.

너구리가 성장하면서 생태적 본능에 따라 늪으로 가는 장면이 결말부분으로 나온다. 라스칼을 처음 만난 장면에서 시작하여 라스칼과 헤어지는 장면으로 결말짓는 동화다. 결말에서 라스칼과 형제처럼 정들었던 스털링이 애써 슬픔을 참아내는 문장이 인상적이다.

다. 공간(장면)으로 시작하는 경우

공간으로 시작하는 경우에는 아주 구체적으로 설정한다. 어떤 나라, 어떤 특정한 도시, 마을, 농가, 어촌, 집, 천막, 오두막, 삼송리 마을에~, 유난히 버드나무가 많은 강가에~ 등 장소에서 출발하는 경우가 많다. 여기에 기후와 관련된 자연의 묘사가 덧붙여져 이야기의 공간이 설정된다.

---

31) 스털링 노스, 이민아 옮김, ≪꼬마 너구리 라스칼≫, 아이세움, 2004. p. 9.

주변 소품이나 생활양식이 있는 공간 등 구체적인 장소로 좁힐수록 독자에게 현실감을 주는 입체적인 공간을 설정할 수 있다. 그 특정한 공간을 중심으로 등장인물의 행동이 생생하게 그려진다.

> 누구든 벚나무 길에 찾아가고 싶다면 네거리에 서 있는 경찰 아저씨한테 물어 보기만 하면 된다. 그러면 경찰 아저씨는 모자를 살짝 들고 머리를 긁적이며 생각하다가 하얀 장갑을 낀 굵은 손가락으로 길을 가리키며 말할 것이다.
>
> "오른쪽으로 가다가, 왼쪽으로 가다가, 다시 오른쪽으로 홱 돌면 벚나무길이 나와. 잘 가!"
>
> 경찰 아저씨가 일러 준 대로만 가면 어김없이 벚나무 길 한복판에 도착하게 된다. 길 한쪽에는 집들이 죽 늘어서 있고 맞은편에는 공원이 있고, 길 한복판에는 벚나무들이 춤을 추듯 줄지어 자라고 있는 곳에(생략). 벚나무길 17번지는 금방 찾을 수 있다. 그 집은 벚나무길에서 가장 작고, 유일하게 페인트가 벗겨진 허름한 집이니까.32)

위 동화는 독자가 바로 앞에서 보는 것처럼 공간을 보여주고 있다. 누구나 가보고 싶어서 물어 보는 곳, 많은 사람들이 그 곳을 찾느라 경찰 아저씨에게 물어 보는 곳, 같은 말을 계속 대답해야 하는 경찰 아저씨의 짜증도 귀엽고 사랑스런 모습으로 치환시키는 곳, 벚나무가 줄지어 춤을 추는 곳, 그 맞은편엔 공원이 있는 곳, 벚나무길 17번지! 그런데 유일하게 작고 페인트가 벗겨진 허름한 집, 비록 가난하지만 화사한 벚꽃처럼 밝고 건강하고 꿈과 희망을 보듬고 있을 것 같은 집, 이 집이 메리 포핀스가 아이들과 함께 이야기를 펼쳐 갈 공간이다.

이 서두의 장점은 독자에게 편하게 다가서게 만드는 문체이다. 경찰 아저씨의 행동과 재미있는 말투가 뭔가 재미있는 이야기로 펼쳐질 것 같은 이미지다. 사람을 처음 만날 때, 상대방이 너무 완벽해도 살짝 부담스럽고, 너무 편안해도 긴장감이 떨어지는 것처럼, 이 글은 이러한 장단점을 절묘하게 구성해서 이야기에 대한 호기심을 증폭시킨다.

---

32) 파멜라 린든 트래버스, 우순교 옮김, ≪우산을 타고 날아온 메리 포핀스≫, 시공주니어, 2003, p. 9.

> 이야기를 시작하려니 무엇보다 먼저 아늑하고 너른 들판이 떠오른다. 맑은 물이 찰랑거리는 연못가에는 몇 그루의 나무가 그늘을 드리우고 연못에는 골풀과 수련이 자라고 있다. 울타리 너머로는 쟁기질한 밭이 펼쳐지고 길옆으로는 주인집의 문이 보인다. 들판 위쪽은 울창한 전나무 숲이고 아래로는 가파른 둑이 스치며 시냇물이 흐른다.[33]

블랙 뷰티

위 동화는 독립유형의 동물판타지다. 자기 본성에 충실하면서 자기 정체성을 찾은 한 마리 말(馬)의 '자서전'이다. 서두는 바로 주인공인 블랙 뷰티가 지난날을 회상하며 서술하는 1인칭 주관적 시점이다. 이 서두의 장점은 겸손하면서도 우리의 마음을 강하게 휘어잡는 그 무엇의 편안함이다. 마치 녹음기를 켜놓고 인생을 되돌아보는 듯 관조하는 여유를 평화로운 배경(장소)으로 설정하여 파란만장한 삶을 살아온 블랙 뷰티의 긍정적인 인생관이 엿보이게 한 점이다.

라. 시간적 배경으로 시작하는 경우

시간적 배경으로 시작하는 경우 가장 쉬운 예시는 전래동화다. 전래동화의 시작은 주로 '옛날 옛적에', '옛날하고도 먼 옛날' 등으로 시작하여 과거의 시간으로 돌아가게 하는 주술적인 힘을 발산한다. 창작동화인 경우, 계절, 하루, 어느 특정한 날로 시작한다. 시간적 배경은 단편인 경우, 시간의 경과를 짧게 구성하는 것이 보편적이다. 짧은 글에서 너무 많은 시간적 배경을 설정하게 되면 리얼리티가 떨어지게 된다. 하지만 장편인 경우, 1년에 걸쳐 시간적 배경으로 설정하기도 한다.

> 어느 날 밤, 호호 아줌마가 잠자리에 들었어요. 다른 아줌마들처럼요. 다음 날, 아침 잠자리에서 일어났죠. 그런데 세상에! 호호 아줌마가 찻숟가락만 하게 작아져 있지 뭐예요.[34]

33) 안나 스웰, 이수영 옮김, ≪블랙 뷰티≫, 세계의 여성들, 2000, p. 13.
34) 알프 프로이센, 홍연미 옮김, ≪호호 아줌마가 작아지는 비밀≫, 비룡소, 2001.

스물네 개의 눈동자

위 동화는 잠자리에 든 시간으로 설정하였다. 호호 아줌마가 남과 다른 능력을 펼쳐 보일 수 있는 시간대다. 이러한 시간으로 설정한 까닭은 주술적인 모호함을 가볍게 넘어갈 수 있도록 처리한 방법이다. 이야기의 흐름이 진지하거나 심각하지 않고 행동 중심으로 일어나는 사건이 이어지므로 유년기에 알맞은 문장 형태다. 문장의 길이를 단문이나 중문 처리한 점도 호흡처리를 가볍게 함으로써 유쾌하고 재미있는 이야기의 이미지로 만든다.

> 10년이면 강산도 변한다는 말이 있다. 그 말에 빗대자면 이 이야기의 발단은 강산이 두 번 하고도 다시 절반쯤 변했을 먼 옛날로 거슬러 올라간다. 그 무렵 세상에서는 선거 규칙이 바뀌어 보통 선거법이 제정되었다. 2월에 새로운 이 선거법에 따른 첫 선거가 있었는데 이야기는 그로부터 두 달쯤 후에 시작된다.
>
> 1928년 4월 4일 농촌 산촌 어촌이란 말이 전부 해당되는 세토내해의 한적한 갯마을에 젊은 처녀 선생님이 부임했다.[35]

위 동화 〈스물네 개의 눈동자〉는 어른이 된 주인공이 유년 시절로 돌아가는 과거의 시간으로 설정되었다. '10년이면 강산도 변한다.'라는 속담으로 세월의 흐름을 대신한다.

위 서두에서 특징은 과거 회상, 옛날 이야기의 시간 설정이 현실감을 떨어뜨릴 수 있는 점을 감안한 점이다. 즉 구체적인 연 · 월 · 일, 지명을 제시하여 사실성을 돋보이게 하였다. 이러한 시간 설정은 독자로 하여금 허구를 사실처럼 받아들이게 하는 장점이 된다.

(2) 전개

발단으로 시작된 사건은 예기치 않는 사건으로 이어져 갈등이 생기게 된다. 크고 작은 사건들이 전개부분에서 얽혀진다. 즉 주인공이 장애에 부딪히거나 극복하는 과정을 그린다. 주인공의 신변에 문젯거리가 없으면 이야기가 성립될 수 없다.

---

35) 쓰보이 사카에, 김난주 옮김, ≪스물네 개의 눈동자≫, 문예출판사, 2004, p. 7.

주인공의 자유로운 의지가 그것을 방해하고 억압하는 환경을 만나게 됨으로써 그 사이에서 전혀 예상치 못하는 사건이 일어나게 된다. 이때 인물과 인물, 인물과 사건 간의 갈등 · 대립 · 긴장은 적당한 비율로 사용하여야 한다.

이야기의 흐름이 한 시점에서 한 시점까지의 거리라고 했을 때 너무 뛰어가거나 너무 천천히 가면 숨이 차거나 느림보 같은 현상이 일어나기 때문이다.

문장과 문장 사이, 사건과 사건 사이의 거리 · 사건의 형태 · 심각성 · 속도 · 강약이 적절하게 엮어지는 것이 좋다. 글을 읽는 독자가 재미를 느끼면서 이야기 속으로 몰입하게 하는 요소가 된다.

로마의 철학자 키케로 *Marcus Tullius Cicero*는 "환경의 변화와 운명의 다양함보다 더 독자를 만족시키기에 적절한 것은 없다."고 하였다. 전개부분에서 펼쳐지는 이야기에서 등장인물은 환경의 변화, 운명의 다양함에 영향을 끼치는 요소들을 만나게 된다. 이러한 요소들은 등장인물에게 불안감을 조성하고 불안감은 긴장감을 일으키게 된다.

환경의 변화, 운명의 다양함으로 인해 불안감을 조장하는 요인들은 대립의 세 가지 유형으로 설명할 수 있다.

가. 인간 / 자연

눈보라, 홍수, 화재, 야생동물, 표류, 낙하 등 천재지변의 종류의 사건들로 전개되는 경우다. 모험 플롯, 추구 플롯에서 자연적인 재해로 등장하기도 한다.

나. 자기 / 자기

심리적인 면으로 선/악, 장점/약점, 객관적 생각/주관적 생각, 이기적/이타적 등의 요소가 대립하는 경우다. 이런 대립요인은 주로 소년소설에 많이 사용된다. 반면 유년기의 어린이는 행동중심의 사건을 좋아하기 때문에 이런 내면적인 대립관계는 적용하지 않는 것이 좋다.

다. 인간 / 인간

사회생활에서 가장 많이 부딪치는 부분으로 가장 흥미 있는 부분이다. 사람들은 본능적으로 다른 사람에 대한 이야기를 듣기도 좋아하고, 다른 사람에 대해서 이러쿵저러쿵 말하기도 좋아한다. 그러므로 자신/타인, 타인/타인과의 관계에서 일어날 수 있는 모든 일에 흥미를 가진다.

단, 인간관계에서 발생하는 다양한 장애(사건)는 보편적인 유형으로 그리지 않는 게 좋다. 예를 들면, 교통사고, 물에 빠지는 상황연출 등이다. 보편적인 사건은 너무 익숙하기 때문에 긴장감이나 신선한 충격을 줄 수 없다. 이로 인해 불안감을 조성하는 것은 더 힘들다.

익숙한 것에서 탈피하기 혹은 낯설게 하기의 조절이 필요하다. 또는 평면적인 인물이나 입체적인 인물 설정을 하거나 입체적인 인물과 입체적인 인물로 설정하는 것도 재미있는 사건을 만들 수 있는 설정이다.

(3) 절정과 위기

주동인물/반주동인물, 주인공/자연, 주인공/사물, 주인공/사회 등의 사건대립과 분규가 지속되면서 갈등이 최고조에 이른다. 주인공의 갈등이나 위기가 최고조에 다다르는 시점이다.

위기는 장애와 대립하는 주인공이 이야기의 흐름을 전환시키는 시점이다. 이때 주인공은 어떤 결정을 내려서 행동한다. 어떤 행동을 하느냐에 따라 결말이 달라진다. 이 순간 독자는 주인공 못지않은 긴장감과 스릴감을 느끼며 최고조의 감동이입을 경험한다. 절정과 위기는 주인공의 갈등을 상승 또는 하강으로 결정짓는 부분이다.

> 개미귀신이 양쪽 뿔에 힘을 주며 다가왔지요.
> "이히히히, 어디 한번 개미즙을 먹어 볼까?"
> "살려주세요~ 살려주세요!"
> "소리쳐도 소용없다. 혼자 있는 걸 보니 집을 나온 개미구나. 우히히히~"
> "우와~ 우와아!"
> 치이는 자기도 모르게 우와를 불렀어요.

그때였어요.
개미지옥으로 새까맣게 몰려오는 개미떼가 있었지요.
개미떼는 손에 손을 잡고 개미줄을 만들었어요.
"치이야, 어서 손을 잡아!"[36]

위 동화의 위기는 일만 하는 일개미가 싫어서 집을 나온 치이가 개미지옥에 빠진 장면이다. 이때 치이를 구하러 온 친구들의 등장이 절정에 해당한다. 위기와 절정은 긴밀하게 연결되어 있어 긴장감과 안도감을 준다.

우와조와

(4) 결말

가장 훌륭한 결말은 역전을 동반한 발견에 있다. 갈등의 모든 문제들이 해결을 보게 됨으로써 새로운 안정 상태를 이룰 토대가 마련되는 단계다. 즉 주인공이 해피엔딩이거나 이별, 죽음으로 끝나는 것 등이다. 동화의 결말은 해피엔딩이 보편적이나 때로는 죽음, 이별, 생각의 시간으로 마무리되기도 한다. 결말은 동화의 이미지를 가슴으로 각인되는 부분이므로 결말처리에 신중해야 한다. 서두와 결말이 일관성이 있으면서도 독자의 감성을 건드리면서 여운을 남길 수 있는 문장표현이 중요하다.

금빛은 푹 쓰러졌습니다. 효주가 가까이 다가갔습니다.
집안을 둘러 보니 마루에 밤이 놓여 있는 것이 눈에 띄었습니다.
"아니 ? 이럴 수가."
효주는 깜짝 놀라 금빛을 쳐다보았습니다.
"금빛, 너였구나, 항상 밤을 가져다 주던 것이."
금빛은 축 늘어져 눈을 감은 채 고개를 끄덕였습니다.
효주는 화승총을 탁 떨어뜨렸습니다.
아직 총부리에서는 푸른 연기가 가늘게 새어 나오고 있었습니다.[37]

36) 성현주, ≪우아조아≫, DM.픽쳐스, 2004.
37) 니이미 난키치, 이다운 옮김, 〈금빛여우〉, ≪장갑을 사러 간 아기 여우≫, 부광, 2004, p. 28.

위 글은 죽음을 슬픔의 미학으로 처리한 결말부분이다. 총부리에서 푸른 연기가 가늘게 새어 나오고 있다는 설정이 안타까움을 더해 주고 있다. 우리의 일상생활에서 죽음은 언제든지 찾아올 수 있음을, 그리고 그 죽음으로 삶의 의미를 새겨볼 수 있음을 보여주는 장면이다.

> 꼬마 물새는 부리를 쏙 내밀어 내 가슴의 빨간 단추를 톡 건드렸다.
> 가물거리며 몽롱해지는 머릿속과는 달리 노랫소리는 막힘없이 흘러나왔다. 그때서야 변함없이 되뇌던 나의 노래가 무슨 뜻인지 알 것 같았다.
> 엄마물새의 따스한 깃털의 감촉. 조잘거리는 꼬마 물새들의 지저귐.
> 순간, 별빛 같은 애틋함이 노랫말에 녹아 내렸다.
> "사랑해요~ 사랑해요~ 사랑해요~"
> 노랫소리는 리본을 매듯 곰솔나무를 휘감고는 바다 위로 멀리 퍼져 나갔다.[38]

위 동화의 결말부분의 노래는 인형의 몸에서 나오는 노랫말이다. 노래 부르는 인형은 변덕스런 주인에 의해 버려져 새둥지에 떨어지게 되고 새들과 함께 살게 된다. 그러나 꼬마물새들의 시샘 속에서도 엄마물새의 따스한 보살핌으로 지내게 되는데 어느 날 솔개의 공격을 받게 된다. 이때 인형은 은혜를 갚기 위해 솔개의 공격을 막게 되고 솔개는 놀라 달아나게 된다. 솔개가 놀란 까닭은 인형의 몸에 부착된 단추를 눌러 노랫말이 갑자기 흘러나왔기 때문이다. 인형의 노랫말로 위기에서 구출된 물새들과 인형의 사랑을 노랫말로 실은 결말부분이다.

> 나의 모든 고통은 완전히 끝났다. 지금 내게는 따뜻한 집이 있다. 가끔씩 잠이 덜 깨 몽롱할 때면 마치 버트윅의 과수원에 있는 듯 착각하기도 한다. 옛 동무들과 함께 사과나무 아래에서 평화롭게 속삭이는 달콤한 착각을…….[39]

위 내용은 말의 자서전 형식을 빌린 이야기다. 동물들에게 따듯한 사랑, 노동

38) 성현주, 〈솔바람에 실려 온 노랫소리〉, 『차세대문학의 이해』, 태영출판사, 2006, p. 203.
39) 안나 스웰, 이수영 옮김, ≪블랙 뷰티≫, 세계의 여성들, 2000, p. 259.

자들에게 애정 어린 시선으로 가득 차 있는 이야기다. 여러 주인을 만나 겪은 희로애락의 삶을 독백처럼 서술하며 인간의 모습을 비춰 주는 내용이다. 행복했던 순간보다 어려웠던 순간들이 더 많았던 삶의 여정이었다. 그러나 자신을 사랑해 주었던 주인에 대한 변함없는 애정을 보여주는 부분으로 마무리함으로써 인간이 동물보다 더 나은 점이 무엇인가를, 어떻게 살아가야 하는지를 보여주고 있는 결말부분이다.

"괜찮아! 이제."
아기여우는 힘주어 말하고 얼굴을 들어 하늘을 올려다보았어요.
새파란 하늘이 끝없이 펼쳐져 있었어요.
"괜찮아! 정말."
아기여우는 한 번 더 그렇게 말하고,
아기곰과 아기토끼를 향해 빙긋 웃어 보였어요.40)

위 글은 우연히 길에서 발견한 노란 양동이를 지켜보면서 애태웠던 아기여우의 이야기다. 일주일이 지나도록 주인이 나타나지 않으며 아기여우는 노란 양동이를 가져가려고 맘을 먹는다. 시간을 보내며 상상했던 즐거움은 일주일 째 되던 날 끝나고 만다. 노란 양동이가 없어졌기 때문이다.

그 허탈함을 애써 괜찮은 척 하는 아기여우의 섭섭함이 가볍고 상쾌하게 처리된 결말부분이다. 노란 양동이를 보면서 상상하는 어린이의 모습이 경쾌하고 상큼하게 잘 묘사되어 있는 동화다. 단, 원작의 이미지를 잘 살리지 못한 번역의 어려움이 살짝 보인다.

6. 이야기의 순환논리

다양한 사람들의 삶의 모습은 문학 작품이라는 구조를 이루기 위한 필수불가

40) 모리야마 미야코, 양성하 옮김, ≪노란 양동이≫, 현암사, 2000, p. 74.

결한 재료다. 문학은 경험을 토대로 한 있음직한 모델을 가지고 시작하기 때문이다. 그러므로 실제 모든 사람들의 삶은 문학적 허구의 원천이 된다.

그 외 문학의 재료에는 문학적 관습, 전통 형식 등도 포함된다. 이 중 신화학자들은 신화(神話), 계절에 따른 자연의 생명 현상, 태양의 주기 등이 문학적 모델의 원형이 된다고 보았다. 인간이 자연의 일부인 것처럼, 인간은 자연을 닮았고, 자연의 이치를 통해 모든 지혜를 배우게 된다는 것이다.

따라서 신화학자들은 문학의 순환논리 역시 이러한 정신적 사고를 가진 사람을 모델로 하므로 자연의 원리를 닮을 수밖에 없다고 보았다. 그러므로 많은 원시적인 이야기나 신화들을 인간과 자연의 삶 중심에 척추처럼 뻗어 있는 자연의 주기에 밀착시켜 설명하였다.

예를 들면, 신화 중에 집을 떠나 힘든 방황과 어려움 속에서 죽을 뻔 하다가 성공하여 돌아오는 젊은 신과 영웅[41]들의 이야기는 태양의 움직임, 겨울과 봄 사이를 지나는 계절의 변화주기와 닮아 있다고 보았다. 단군신화[42]나 주몽신화[43]의 기본 구성도 농경 경험을 통해 알고 있는 식물의 생명 현상이나 태양의 주기를 모델로 하여 꾸며진 이야기라고 보았다. 그러므로 신화에서 이야기의 순환논리와 원형을 찾을 수 있다. 바로 신화비평이론가들이 주장하는 이론이다.

신화비평가의 대표적인 인물인 노드롭 프라이[44]는 "신화는 문학 형식의 구조적 구성 원리이고 원형은 문학적 표현의 필수적인 수단이다."라고 하였다. 문학

---

41) 희랍 신화 중 페르세우스, 테세우스, 헤르쿨레스 이야기가 해당한다.

42) 〈단군신화〉는 환인의 서자인 환웅이 서자로 태어난 설움을 벗어나기 위해 하늘에서 땅으로 내려와 천지인(天地人)의 세계를 만든다. 환웅이 땅으로 내려올 때 데리고 온 것은 풍백(바람), 우사(비), 운사(구름)였다. 환웅은 풍백, 운사, 우사로 하여금 인간의 360여 가지 일을 주관하게 하였는데 그 중에 가장 중요한 것은 곡식, 생명, 질병, 형벌, 선악 등의 5가지이었다. 天(천부인)은 환웅이고, 地(지모인)는 웅녀이며, 그 사이에 태어난 아이가 단군이다.

43) 〈주몽신화〉의 해모수(解慕漱)는 '태양'을 닮고 유화(柳花)는 '나무'의 속성을 지니고 하백(河伯)은 '물과' 관련이 있는 신(神)들이다. 이들을 각각 태양신, 나무신, 수신(水神)이라고 부른다.

44) 1912년 퀴백 주(州)의 세르부르크에서 태어남. 1929년 빅토리아대학에서 철학 전공, 토론토의 엠마누엘대학에서 기독교 신학을 공부하여 1936년 캐나다 연합교회에서 목사 자격을 받음. 옥스퍼드 머어튼대학에서 문학석사 학위받음. 1939년 빅토리아대학 영문학과 교수, 학장을 지냄. 캐나다 학술원 회원, 캐나다 문학연구에 뛰어난 공헌을 하여 1958년에는 학술원으로부터 훈장을 받음.

은 변하지 않는 심층구조가 있고, 이 심층구조가 조금씩 변화하여 새로운 표면 구조가 생긴다고 보는 관점이다. 즉 모든 글은 표면상으로는 모두 다른 이야기이지만 내재되어 있는 이야기의 순환구조는 비슷하다는 뜻이다.

그러므로 신화비평이론가들은 신화를 아주 중요시한다. 신화는 신들의 모습을 인간적인 모습이나 성격을 갖고 있는 존재로 형상화한 이야기다. 신들 중에는 인간이 가질 수 없는 능력을 가지고 있어 인간보다 우월하다. 하지만 거짓말쟁이, 흉내를 잘 내는 신, 허풍을 떠는 신도 있다. 그러므로 신을 닮게 만든 인간도 신과 같은 일정한 성격을 띠고 있다고 본다. 신화에 등장하는 신들의 유형은 전설이나 민담에 등장하는 인물과 유사하며, 오늘날 동화 속에도 그러한 인물이 존재한다.

노드롭 프라이는 "문학작품을 비평적으로 깊이 있게 이해하기 위해서는 전기비평(biographical approach)의 태도에서 벗어나야 하며 광범위한 문학작품의 경험을 통하여 얻어지는 어떤 것이 있어야만 한다."고 말하였다.[45] 문학작품은 작가의 삶이나 사회요소에 의해 쓰이는 것이 아니라 문학만의 어떤 구조가 있다고 본 것이다.

신화비평가의 이론은 동화 창작시 중요한 요소로 작용한다. 아동문학의 모태를 신화로 보고, 신화의 변하지 않는 심층구조를 동화에 응용할 수 있다. 또한 동화 속에서 신화원형을 찾아내어 그것이 어떤 모습으로 변하였는지를 분석함은 동화 창작시 훌륭한 길 안내자가 된다.

특히 아동문학의 연구와 분석 시 이와 같은 이론 접목이 필요하다. 아동문학작품을 비평하는 경우, 역사·전기적 비평보다는 작품의 본질을 파악하여 분석할 수 있는 시각이 필요하다는 것이다. 작가의 삶을 연구해서는 동화 창작에 직접적인 도움을 받지 못한다. 작가의 삶을 모방할 것이 아니라, 작품의 본질과 형상을 다양한 비평이론으로 연구·분석하는 것이 창작시 도움이 된다.

노드롭 프라이는 "모든 문학의 기본 틀은 동일성의 상실과 그 회복의 이야기다."라고 주장하였다. 사람은 애초부터 자연의 일부분이었다. 그러나 사람들은

---

45) 노드롭 프라이, 고부응 역, 『문학의 길』, 심지출판사, p. 16.

자연을 개발한 문명사회[46]에 살면서 결핍요소에 젖게 된다. 구별보다는 차별을 중요시하게 되면서 생긴 부작용들이다. 예를 들면, 남/여, 부자/가난한 자, 유식/무식, 큰 것/작은 것, 가진 자/못 가진 자, 자연/인공 등으로 인해 동일성을 상실하게 되고 상처를 받게 된다.

동일성을 상실한 사람들은 만족한 상태로 나아가려는 행동을 하게 된다. 이때 다양한 삶의 모습이 형상화된다. 동일성의 상실과 회복이 반복되는 것은 자연의 모습이며 삶의 모습이다. 사람은 자신을 둘러싼 모든 사물과 동일성을 이루는 환경을 갖게 될 때 만족한 삶을 누릴 수 있다.

따라서 신화비평가들은 모든 이야기의 기본 축을 '상실의 국면'과 '회복의 국면'으로 본다. 이에 노드롭 프라이는 상실과 회복이 연속적으로 결합하느냐 그렇지 않느냐에 따라 크게 네 가지 패턴이 생긴다고 본다. 바로 노드롭 프라이가 주장하는 이야기의 순환논리다.

1) 이야기의 전개유형

흔히 사람들의 삶을 아리랑 고개나 등산하는 행위와 비교하여 말한다. 올라가면 내려와야 하는 고개처럼, 정상에 오르면 내려올 수밖에 없는 등산처럼, 삶의 흐름이 좋은 일도 나쁜 일도 주기적으로 찾아온다는 의미를 갖고 있다.

구비치는 강물처럼 흐르는 삶을 재현하는 것이 문학이다. 시간의 흐름에 의해 크고 작은 사건을 접하는 주인공의 심리는 아리랑 고개처럼 희비곡선을 그으며 진행된다.

노드롭 프라이는 서사문학의 기본구상은 자연의 주기를 모방한 것으로 보았다. 아침이 되면 밤이 오는 것처럼, 겨울이 지나면 봄이 오는 것처럼 자연의 주기를 기본으로 구성하였다고 보는 견해다. 이러한 이야기의 순환논리를 계절

---

46) 문명이 발달함에 따라 우리는 삶의 문제에 더 몰두하게 되었고 비인간적 자연(nonhuman nature)과의 관련에 대해서는 덜 의식하게 되었다. 문학이 이를 반영한다. 그래서 문명이 발달할수록 더욱더 문학은 순전히 인간의 문제와 갈등에 대해서만 관련이 있는 것처럼 보이게 되었다.

적 순환의 주요 국면에 일치시켜 네 가지 미토스로 설명하였다.

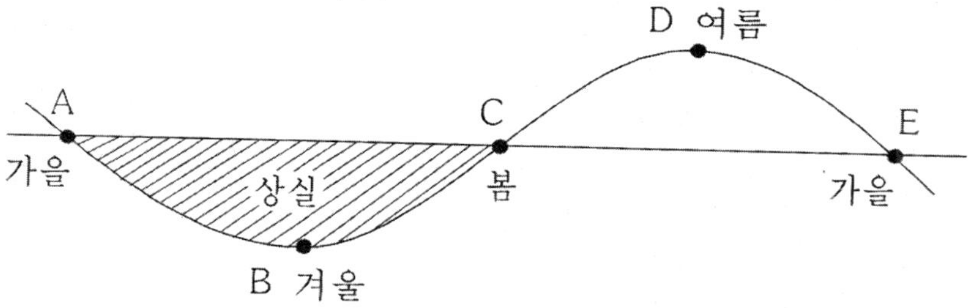

노드롭 프라이 곡선

위 곡선은 상/하의 이분대립적인 구조이나 다양한 의미를 가지고 있다. 기본선을 중심으로 하여 상/하로 구분하여 보면, 좋은 일/나쁜 일, 상승/하강, 양(陽)/음(陰), 지상/지하, 회복/상실, 행복/불행, 희극적/비극적 등의 모양으로 교체가 이루어진다.

인간의 삶을 재현한 문학도 이와 같은 패턴으로 이루어져 있다.

우리는 행복한 시간을 살아가는 때도 있지만 욕망을 가로막는 장애물 때문에 괴로움으로 살아가는 때도 있다.

노드롭 프라이는 희극적 전개 패턴을 ∪형 플롯구조, 비극적 전개 패턴을 ∩형 플롯구조라고 지칭하였다. 이 외 이야기 속 주인공이 일상 경험하는 것보다 더 만족한 삶을 누리는 로망스적 형태, 불만족한 불행한 삶을 살아가는 풍자적(아이러니) 삶을 살아갈 수도 있음도 이야기하였다.

이는 사람의 감정표현의 네 가지인 희로애락의 모델을 보여 준다. 네 가지 유형은 우리 주변 사람들의 삶의 유형이며, 이야기 속의 주인공의 모습이다. 또는 어떤 이야기 줄거리를 처음, 중간, 끝으로 정하고 보면 주인공의 삶의 행적이 된다.

(1) 봄의 미토스 : 희극(comedy)

봄의 미토스는 결말이 희망적으로 마무리되는 순환논리다. 봄이 오려면 겨울을 보내야만 하는 것처럼 어려운 과정을 겪은 후 희망을 가지게 되는 내용이다. 그러므로 희극적 인물 유형이 등장하며 ∪형에 해당하는 이야기 유형이다. 주인공의 처지가 처음엔 좋았지만 나빠졌다가 다시 좋은 상태로 회복되는 이야기 유형이다. 즉 행복한 생활을 하다가 어려움을 겪게 되나 역경과 고난을 이겨내어 다시 행복해지는 삶의 모습이다.

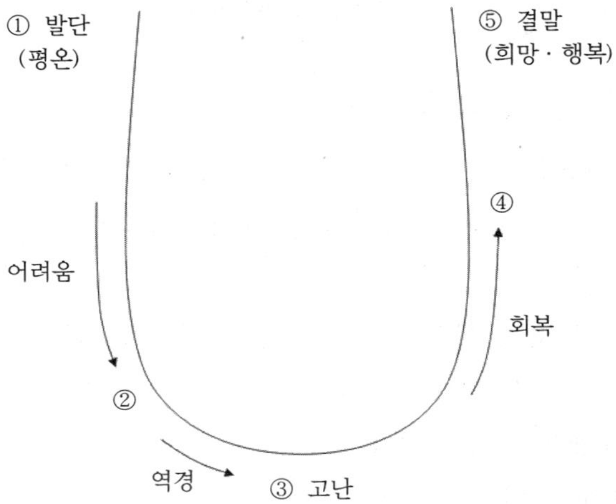

봄의 미토스 ∪자

봄의 미토스 인물유형의 동화를 분석해 보면 두 가지로 구분된다.

첫째, 주인공은 주어진 현실에 묵묵히 순응하며 착하다는 이유로 행복해지는 유형이다. 이 때 주인공은 다분히 수동적이며 스스로의 노력에 의해 행복해지지 않는다. 둘째, 주인공은 주어진 현실에 무조건 순응하기 보다는 스스로 역경을 헤쳐 나갈 방법을 찾아 노력하여 다시 행복해지는 유형이다. 이때 주인공은 상당히 능동적이고 진취적인 태도다.

예를 들면, 부잣집 딸인 소공녀는 아버지가 죽는 바람에 하인이 되었다가 다시 부자가 되는 프랜시스 호즈슨 버넷의 〈소공녀〉, 엄마가 죽고 새엄마가 들어오면서 겪게 되는 어려움이 있지만 왕자와 결혼하게 됨으로써 행복해지는 샤를 페로의 〈신데렐라〉, 신데렐라와 같은 이야기 유형인 전래동화 〈콩쥐팥쥐〉, 가난하지만 홀아버지와 단란하게 살던 심청이가 공양미 삼백 석 때문에 인당수에 빠져 죽었다가 왕비가 되고 아버지를 만나게 되는 전래동화 〈심청전〉, 남부러울 것 없던 왕이 지나친 욕심을 부려서 고난을 당하다가 다시 존경받는 왕으로 돌아오는 그리스 신화인 〈마이더스왕과 황금손〉[47], 개구리가 오리를 사랑하게 되면서 여러 가지 어려움을 겪게 되나, 결국 오리와 사랑하게 되는 맥스 벨트하우스의 〈사랑에 빠진 개구리〉 등 모두가 '해피엔딩' 이야기다.

봄의 미토스 유형은 결말이 행복해지기 때문에 동화에서 가장 많이 등장하는 유형이다. 봄의 미토스 순환원리는 ① 발단 : 예상되는 악화 → ② 전개 : 악화 과정 → ③ 발생된 악화 → ④ 절정 : 향상 과정 → ⑤ 결말 : 이뤄진 향상으로 패턴화된다.

〈사랑에 빠진 개구리〉[48]를 분석하면 다음과 같다.

• 발단 : 예상되는 악화

주인공인 개구리는 누군가를 사랑하고픈 감정을 가지게 된다. 그런데 그 누군가는 바로 오리다. 개구리가 오리를 사랑하게 되는 상황이다.

• 전개 : 악화 과정

개구리는 오리의 마음을 사로잡기 위해 여러 가지 노력을 한다. 그림을 그려

47) 사실은 왕이 가지고 있는 금을 모두 잃어버리게 되는 것으로 결말이 되어 있으나 실제 동화책으로 나온 것은 나눠줌으로 행복을 느끼게 된다는 이야기로 각색이 되어 있다.
48) 맥스 벨트하우스, ≪사랑에 빠진 개구리≫, 마루벌, 2003.

서 한밤중에 오리네 집 앞에 두고 오기도 하고, 꽃을 꺾어 집 앞에 두고 오기도 한다. 그래도 가슴은 늘 쿵쿵 뛰기만 하고 잠도 잘 수도 없고 밥맛도 없어진다. 그러다 오리를 즐겁게 해 주기 위해 나는 연습을 한다. 슝 날았다가 툭 떨어지고, 수없이 연습을 하다가 그만 오리 앞에 떨어지고 만다.

＊ 절정 : 향상 과정

개구리는 창피해서 어쩔 줄 모른다. 하지만 오리는 떨어진 개구리를 집으로 데리고 가서 뜨거운 코코아를 만들어 주고 개구리를 위로해 준다.

＊ 결말 : 이뤄진 향상

개구리와 오리는 즐거운 데이트를 즐기며 사랑을 하게 된다. 뱃놀이를 하는 개구리와 오리의 모습에서 봄의 화사함이 느껴지는 결말이다.

(2) 여름의 미토스 : 로망스(romance)

여름의 미토스에는 로망스적 인물유형이 등장한다. 주인공의 처지가 처음도 중간도 끝도 다 좋은 상황의 이야기다. 예상되는 악화가 전혀 없는 상태에서 끝나는 이야기다. 주인공이 뭔가를 이루기 위하여 겪게 되는 어려움이 없다. 그러므로 주인공이 어떤 어려움을 겪게 되면서 느낄 수 있는 극적인 반전이나 긴장감이 없는 담담한 이야기의 흐름이다.

여름의 미토스 역시 동화에서 많이 응용하고 있다.

유년부를 대상으로 한 교육용 목적동화, 또는 그림이 중심이 되는 그림책 이야기 형태가 있다. 즉 위기나 절정의 부분 없이 하나의 스쳐 가는 이야기 형식, 또는 추억담의 형식으로 이루어진다.

여름의 미토스인 경우 절정이나 위기가 없어서 지루하거나 밋밋한 이야기가 될 수 있다. 그러므로 특별한 소재, 장소, 상상력이 중요 핵심이 된다.

특히 유년부 동화에서 여름의 미토스를 응용할 경우 뛰어난 상상력이 중요하다.

노란 양동이

예를 들면, 길가에서 노란 양동이를 발견하고 일주일 동안 기다리면서 행복한 상상을 펼치는 모리야마 미야코의 〈노란 양동이〉, 원래의 모습이든 작아진 모습이든 상관없이 생각 밖의 유쾌한 일들이 전개되는 알프 프뢰이센의 〈호호 아줌마〉, 일을 하지 않고도 겨울을 준비하는 프레드릭이지만 저장된 곡식이 없이도 행복한 겨울을 보내는 레오 리오니의 〈프레드릭〉, 미술시간, 그림을 그리다가 색연필 찾으러 들어간 창고에서 선장과 공룡해적이 나오는 신나는 모험을 하고 다시 현실로 돌아오는 자일즈 안드레아의 〈폴린 선장과 공룡〉 등이 있다.

소년소설인 경우, 목장의 전원생활을 중심으로 펼쳐지는 주인집 딸과 하인인 남자 아이와의 여름밤 이야기가 행복한 추억으로 그려지는 알퐁스 도테의 〈별〉 등이 있다.

여름의 미토스의 순환원리는 ① 발단 : 예상되는 악화 → ② 전개 : 향상 과정 → ③ 결말 : 이루어진 향상 과정으로 패턴화된다.

〈노란 양동이〉[49]를 분석하면 다음과 같다.

*** 발단 : 예상되는 악화**

길을 가다가 우연히 노란 양동이를 발견하게 되는 여우는 그 양동이를 갖고 싶은 마음이 생긴다. 그러나 주인이 누군지를 알 수 없어 선뜻 가지고 갈 수가 없다.

---

49) 모리야마 미야코, 양성하 옮김, ≪노란 양동이≫, 현암사, 2000. 이 이야기의 소재는 길에 놓고 간 노란 양동이다. 또한 특별한 사건도 일어나지 않는다. 그런데 노란 양동이를 바라보는 여우의 시선이 어린이들의 눈높이와 맞닿아 있고 감각이 아주 신선하고 새롭다. 사소한 것에도 행복해하는 어린이의 마음을 잘 표현하고 있다.

*** 전개 : 향상 과정**

여우는 숲 속 친구들을 찾아다니며 주인을 누구인지 알아본다. 하지만 주인을 찾을 수 없다. 여우는 스스로 결단을 내린다. 일주일이 지나도 주인이 나타나지 않으면 여우가 가져가려고 정당화시킨 것이다. 일주일 동안 양동이를 지켜보면서 여우는 참 행복하다. 양동이의 모습을 지켜보는 것만으로, 양동이를 가지면 무얼 할까 상상하는 것만으로도 행복하다.

*** 결말 : 이루어진 향상**

일주일이 되는 날, 여우는 노란 양동이가 있는 곳으로 가 본다. 그러나 양동이는 사라지고 없다. 순간 섭섭했지만 여우는 지난 일주일 동안 양동이로 인해 즐거웠던 기억을 되살리면서 행복하고 즐거웠던 추억으로 받아들인다.

〈폴린 선장과 공룡〉[50]과 연계하여 보면 다음과 같다.

*** 발단 : 예상되는 악화**

공룡을 아주 좋아하는 폴린은 늘 공룡 그림을 그린다. 미술 시간, 역시 공룡을 그리다가 초록색 색연필이 없어서 창고로 들어간다.

*** 전개 : 향상 과정**

창고 속 낡은 천 뭉치 뒤에서 해적 선장을 만나게 된다. 해적 선장은 폴린에게

50) 아이들의 상상력을 여지없이 보여준 이야기다. 소재 역시 아이들이라면 누구나 겪었을 법한 상황이나 창고에서 해적을 만나 모험담을 펼치는 이야기는 어린이의 정서적 본능인 시공간 탈출, 만물교감을 그대로 보여 준다.

잃어버린 도토리호를 찾아 달라는 도움을 청한다. 이때 창고 안으로 폴린의 친구 네 명이 들어와 합세를 하고, 해적 선장의 배를 찾으러 떠난다. 창고 속 낡은 배를 타고 도토리호를 찾으러 떠난 아이들은 진짜 공룡해적을 만나게 된다. 친구들과 폴린은 공룡해적들과 신나게 전투를 벌인다. 폴린이 마지막 남은 티라노사우루스와 결투를 벌인 끝에 승리한다.

* 결말 : 이루어진 향상

폴린과 친구들은 해적 선장의 도토리호를 찾아 준 뒤 헤어져 돌아온다. 그리곤 초록색 색연필을 찾아서 창고에서 나온다. 동화책을 읽어 주던 선생님이 창고에서 무얼 했느냐고 묻는다. 폴린은 씩 웃으며 색연필을 찾았다고 말하지만 공룡해적을 물리친 기쁨으로 행복하다.

(3) 가을의 미토스 : 비극(tragedy)

가을의 미토스는 행복했다가 불행을 맞게 되는 이야기의 패턴이다. 이별, 죽음, 하락 등이 가을의 이미지인 것처럼 주인공의 삶의 결말이 가을의 이미지와 맞닿아 있다.

가을의 미토스 순환원리는 ① 발단 : 예상되는 악화 → ② 전개 : 향상 과정 → 이루어진 향상 → ③ 위기 : 악화 과정 → ④ 결말 : 발생된 악화 과정으로 패턴화한다.

예를 들면, 한 나라의 임금님으로 부족한 것이 없지만 지나친 욕심으로 인해 수치를 당하게 되는 〈벌거숭이 임금님〉, 한 소녀를 사랑하게 되나 소녀의 죽음으로 이별의 아픔을 느끼게 되는 황순원의 〈소나기〉, 늠름한 모습으로 잘 자란 나무가 한 소년에게 모든 걸 주면서 아무것도 남지 않는 쉘 실버스타인의 〈아낌없이 주는 나무〉 등이 있다.

〈벌거숭이 임금님〉과 연계하여 분석하면 다음과 같다.

*** 발단 : 예상되는 악화**

옷 자랑하기를 좋아하는 임금님이 있었다. 어느 날, 정직한 사람에게만 보이는 옷감을 짠다는 소문을 듣고 그 사람들을 궁으로 불러들인다.

*** 전개 : 향상 과정 → 이루어진 향상**

비단실, 금실, 은실로 임금님의 옷을 짜고 있으나 신하 눈에는 보이지 않고 임금님과 옷감을 짜는 사람들 눈에만 보인다. 하지만 임금도 옷감이 눈에 보이지 않지만 옷감 짜는 사람들의 말에 거짓말을 하게 된다. 왜냐하면 임금은 자신이 정직한 사람이라는 것을 보여주고 싶기 때문이다.

*** 위기 : 악화 과정**

하지만 옷감 짜는 사람들은 도둑들이며 거짓말을 한 것이다. 옷감을 짠다고 받은 비단실, 금실, 은실을 모두 빼돌리고 아무것도 없는 옷을 가장 훌륭한 옷이라고 속이며 임금이 입게 한다. 다른 사람들 눈에는 아무것도 보이지 않는데 임금은 자신만 정직하기 때문에 눈에 보인다고 거짓말을 하면서 발가벗고 백성들 앞에 나서게 된다.

*** 결말 : 발생된 악화**

결국 임금은 발가벗은 채 거리를 다니게 되고 이를 본 어린이에 의해 임금은 그제야 자신이 발가벗은 줄 알고 창피를 당하게 된다.

(4) 겨울의 미토스 : 아이러니(irony) 혹은 풍자(satire)

겨울의 미토스는 처음 시작부터 불행의 예감을 가지게 되는 이야기다. 비극적 인물이 등장하며 ∩형에 해당하는 유형이다. 죽음, 소멸, 이별의 겨울 이미지와 맞닿아 있듯이, 죽음을 슬픔의 미학으로 승화시키기도 한다. 또는 죽음이나 이별이 삶의 한 부분임을 받아들일 수 있도록 형상화한다.

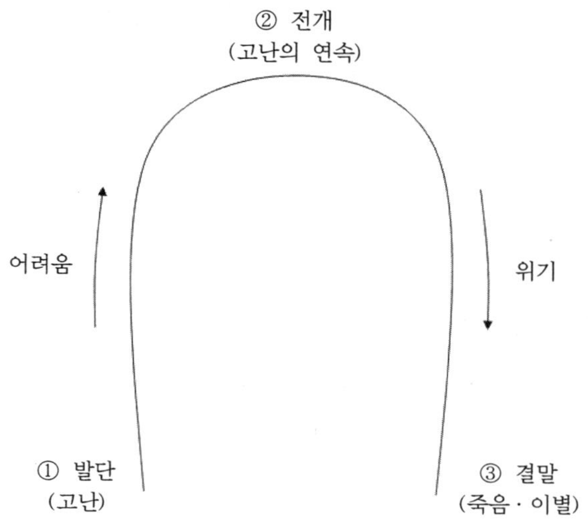

겨울의 미토스 ∩자

겨울의 미토스 순환원리는 ① 발단 : 예상되는 악화 → ② 전개 : 악화 과정 → ③ 결말 : 발생된 악화 과정으로 패턴화한다.

예를 들면, 고약한 주인에게 매맞으며 살아가는 파트라세가 가난한 네로와 할아버지의 도움을 받아 함께 살게 된다. 하지만 할아버지가 죽자 네로마저 집주인에게 쫓겨나서 거리를 돌아다니다가 네로와 함께 얼어 죽게 되는 위다의 〈플랜더스의 개〉, 산 속에서 홀로 살던 여우가 자신의 처지와 닮은 사람을 알게 되고 그 사람을 도와 주면서 행복해하지만 그 사람의 손에 죽고 마는 니이미 난키치의 〈여우 콩콩이〉, 술주정뱅이 아빠와 살며 성냥을 파는 소녀는 결국 주변사람들의 무관심으로 인해 길에서 얼어 죽고 마는 안데르센의 〈성냥팔이 소녀〉 등이 있다.

성냥팔이 소녀

〈성냥팔이 소녀〉를 연계하여 분석하면 다음과 같다.

＊ 발단 : 예상되는 악화

크리스마스 전 날, 성냥팔이 소녀가 길에서 성냥을 팔고 있다. 그러나 아무도 성냥을 사 주지 않는다. 추운 겨울에 성냥을 팔아야 하는 소녀에겐 엄마도 없고 술주정뱅이 아빠만 있을 뿐이다.

＊ 전개 : 악화 과정

소녀는 집으로 들어갈 수도 없다. 술주정뱅이 아빠가 성냥을 다 팔아서 돈을 벌어 오지 못하면 혼내기 때문이다. 추위를 견딜 수 없어서 성냥을 켜며 몸을 녹여 보지만 추위는 점점 심해온다.

＊ 결말 : 발생된 악화

성냥팔이 소녀는 추위를 잊어보려고 돌아가신 엄마와 할머니를 떠올린다. 할머니와 엄마가 부르는 소리가 들린다. 소녀는 엄마와 할머니를 만나게 되고 행복해한다. 하지만 성냥팔이 소녀는 꽁꽁 언 채 죽는다.

노드롭 프라이가 제시한 네 가지의 이야기 순환원리의 핵심은 주인공이 행복해지느냐 불행해지느냐다. 즉 주인공의 목표가 여러 과정을 거치면서 결말에서 향상 · 성취되었느냐, 혹은 악화 · 실패로 끝나느냐에 따라 패턴이 구분됨을 알 수 있다.

더불어 주인공과 환경의 설정이 중요한 영향을 미침도 알 수 있다. 주인공이 평면적인 인물/입체적인 인물, 수동적/능동적인 인물, 문제해결의 사고능력의 유/무, 지식수준의 높음/낮음, 감성적/이성적 등의 캐릭터 설정이 중요하다.

또한 주인공에게 영향을 미칠 수 있는 외적 · 환경적 요인과 구원자나 협조자의 유무의 설정도 중요하다.

이 네 가지의 미토스는 작품 표면에 들어나는 형식이 아니다. 주인공의 행동 혹은 이야기의 흐름을 분석해 보면 그 밑바탕에 흐르고 있는 이야기의 줄기다. 예를 들어, 봄의 미토스를 내포하고 있는 작품이 10편이라고 하자. 이 10편의 이야기는 모두 다른 인물이 나오고 다른 사건이 나온다. 하지만 이야기 바탕에 흐르고 있는 이야기 줄기는 봄의 미토스 유형을 취하고 있다는 뜻이다.

치밀하게 짜인 구성에서 좋은 작품이 나온다는 사실을 증명해 준다. 작가는 이러한 이야기 순환원리를 이해하고 작품에 대입시켜 본다면 보다 좋은 작품을 쓸 수 있다.

2) 원형과 이미지

작가는 자연 속에서 인간의 모습과 내면을 찾아보려고 하는 사람이다. 변함없이 떠오르는 해를 보며 희망을 가지고 황혼을 보며 삶의 덧없음을 느끼고, 하나의 풀포기에서 집단적 고독을 느끼고, 인동덩굴을 보면서 삶의 모습을 찾아낸다.

신화학자들이 "원시인은 타고난 시인이다."라고 말한 까닭도 여기에 있다. "시인은 원시인처럼 자연과 가장 가까운 사람이다."라는 의미다. 그렇다고 작가는 무조건적으로 이미지를 가져다 사용하지는 않는다. 작가는 누가 봐도 그럴듯한 이미지를 찾아 내는 것이다. 작가만의 주관적 이미지 보다는 객관적인 이미지가 더 설득력이 있기 때문이다.

작가가 자연의 사물을 문학 속으로 끌어들이는 일에 대하여 T. S. 엘리어트는 '객관적 상관물'이라는 말을 사용하였다. "어떤 특별한 정서를 나타낼 공식이 되는 한 떼의 사물, 정황, 일련의 사건으로서 그 정서를 곧장 환기시키도록 제시된 외부적 사실"을 말한다. 외부적 사실은 주로 자연이나 사물의 독특한 이미지나 상징을 응용한다. 이것들은 등장인물의 내면이나 모습을 연상시키도록 하는 간접적인 매체가 된다.

작가가 사용하는 자연이나 사물의 이미지는 주로 원형의 이미지다. 원형의 이미지는 한두 사람에 의해 형성된 것이 아니라 각 민족들이 수백 년간 경험을 통해 얻은 객관적인 이미지다. 그렇기 때문에 각 나라의 문학작품을 분석해 보면 자연이나 사물에 대한 공통점을 가지고 있다. 여러 민족들의 이야기 속에 나타난 자연이나 사물에 대한 이미지들이 공통된 의미를 갖고 있다는 것이다.

즉 세계 각 나라마다 삶의 방식은 달라도 자연의 원형과 이미지는 비슷하게 생각한다는 의미이기도 하다. 자연의 일부가 사람이 된다거나, 사람이 자연의 일부로 변한다거나, 자연을 관장하는 탁월한 능력을 가진 신(神)이 있다고 믿는 신앙 등이 영향을 끼친 것으로 볼 수 있다.[51)]

이와 같은 현상은 문학에서 보편적인 상징으로 이미지화된다. 원형의 이미지는 작품 창작시 등장인물, 주인공의 욕망, 또는 사건의 의미화 과정에서 은유와 상징으로 형상화한다. 휠라이트 *Wheelwright*는 『은유와 진실』(1962)에서 상징들을 다음과 같이 설명하였다.

> 그것들은 비록 전부는 아니지만 인류의 상당한 부분에서 동일한 또는 유사한 의미를 지니는 것들이다. 하늘은 아버지, 대지는 어머니를 상징하는 것은 흔히 볼 수 있는 것들이고, 빛 · 피 · 상하 · 수레바퀴의 축 등은 시간적 · 공간적으로 멀리 떨어져 서로 간에 어떤 역사적 영향 관계나 뚜렷한 연결고리를 발견할 수 없는 데도 여러 문화 속에서 되풀이해서 나타나는 것을 볼 수 있다.

원형은 각기 나름대로의 이미지를 가지고 있다. 이때 이미지는 자연, 사물, 색깔, 숫자 등에 대한 원형적인 의미를 내포한다. 원형의 이미지들은 동화 창작시 배경이나 인물, 혹은 사건에 응용하는 부분들이다. 원형의 이미지를 작품에

---

51) 제임스 조지 프레이저, 박규태 역주, 『황금가지』, 을유문화사, 2005.
인류학, 종교학, 신화학 분야의 고전 중의 고전이다. 프레이저에 의하면 인간정신은 본질적으로 유사한 것이며, 여러 민족의 유사한 사례들은 비교가 가능하다. 그리고 다윈의 진화론과 스펜서의 사회진화론에 근거하여, 모든 사회는 진보와 개선의 동일한 발전 단계를 거친다고 말한다. 그의 주술 → 종교 → 과학이라는 진화론적 도식은 이런 전제를 명확하게 보여준다.

응용하면 보다 효과적으로 작가가 나타내고자 하는 의미를 깊이 있게 나타낼 수 있다.

(1) 물

물은 창조의 신비로서 탄생 · 죽음 · 부활, 정화와 속죄 · 풍요와 성장으로 이미지화된다. 그 중 바다는 모든 생명의 어머니, 영혼의 신비와 무한성을 나타내는 죽음과 재생, 무궁과 영원, 무의식의 원형이다.

예를 들면, 〈인어공주〉의 인어공주가 죽어서 물거품이 되었다는 의미는 물의 순환원리(물거품 → 수증기 → 구름 → 비 → 물), 부활의 이미지로 형상화되어 왕자 곁에 있고 싶은 인어공주의 영원한 사랑을 부활로 표현한 것이다. G. 자이언의 〈개구쟁이 해리〉는 해리가 목욕을 함으로써 가족들이 알아보는 상황설정이므로 재생의 의미가 있다.

물의 원형은 종교에서도 잘 드러나 있다. 예수님의 사람으로 새롭게 태어나는 재생의 의미인 가톨릭의 성수(聖水), 기독교의 성찬에서 포도주 역시 예수님의 보혈로 새롭게 태어나는 재생의 의미가 있다. 불교국가인 인도 갠지스 강의 목욕은 재생의 의미며 정화와 속죄의 의미로 행해진다.

그 외 일상생활에서 물의 원형적 의미를 찾아볼 수 있다. 죄를 짓고 다시는 나쁜 짓을 하지 않겠다는 의미로 "손씻었다."라고 표현하는 일, 목욕을 하고 난 뒤 새로운 사람으로 태어난 듯한 느낌, 꿈에 맑은물이 철철 넘쳐 흐르면 재물의 "풍요와 성장"으로 해석하는 것 등이다.

문학에서 만약 자꾸 손씻는 버릇을 가진 주인공으로 설정했을 때 주인공은 현재의 생활에서 벗어나 새롭게 태어나고 싶은 재생의 의미가 된다.

(2) 태양

태양은 창조적 에너지로서 의식(사고, 각성, 지혜, 정신적 포부), 부성(父性)의 원리(달과 지구는 여성 또는 모성의 원리와 관련된다.), 시간과 생명의 흐름을 이미지화한다. 구체적으로 떠오르는 해는 탄생, 창조, 각성이며 지는 해는 죽음의 원형이다.

예를 들면, 동화에서 "태양이 다시 떠오른다."라고 표현하였을 때 주인공의 심리는 탄생, 창조, 각성의 의미가 원형으로 내포되어 있다. 전래동화 〈해와 달이 된 오누이〉에서 오빠가 해가 되고 누이가 달이 된 것도 이러한 원형과 맞닿아 있다. 오빠가 해가 된 까닭은 부성의 원리, 달은 모성의 원리와 연결된다.

동화에서 태양은 모든 동식물의 창조적 에너지, 밝음을 상징하는 원형으로 등장한다. 모든 동식물은 태양이 있어야만 살아갈 수 있는 이치와 같다. 반면, 나쁜 캐릭터(악마, 귀신, 도깨비)가 주로 밤에 나타나는 이유는 태양이 없는 밤이 가지고 있는 죽음의 원형과 연결되기 때문이다.

(3) 색채

색채는 우주적 신비에 싸여 있는 알 수 없는 진리의 원형의 이미지를 가진다. 그러므로 색채는 자연의 이미지와 연계하여 상징화한다.

붉은색은 피 · 희생 · 격렬한 열정 · 무질서를 나타낸다. 녹색은 성장 · 희망이며, 청색은 아주 긍정적인 맥락에서 진실 · 종교적 느낌 · 안전 · 정신적 순수와 연관된다. 흰색은 두 가지 이미지로 나타난다. 긍정적인 이미지는 매우 가치 있고 의미 있는 빛 · 순수 · 순진 · 영원을 상징하며, 부정적인 이미지는 죽음 · 공포 · 초자연 · 수수께끼를 나타낸다.

동화에서도 색깔의 이미지가 많이 응용된다. 흰색은 주로 신비스런 능력을 가진 산신령의 차림새에 쓰인다거나, 하얀 소복을 입은 귀신, 예수님의 성령이 흰빛으로 형상화되는 것으로 표현한다. 그 외 푸른 들판의 초록 이미지는 성장과 희망, 평화로움을 나타내는 배경으로 나타난다.

(4) 원(圓)

원은 전체 또는 통합의 의미를 가지고 있다. 원의 이미지를 잘 나타낸 것으로 만다라가 있다. 만다라는 하나의 단일한 중심을 둔 원과 사각형으로 이루어진 기하학적 형상으로 정신적 합일과 영적 통합에의 욕망을 나타낸다. 알(卵)은 생명의 신비와 번식의 힘을 이미지화한다. 또는 자신의 꼬리를 물고 있는 고대적 상징인 우로보로스(Ourboros)는 생명의 영원한 순화, 원초적 무의식을 나타내는 형상이다.

그 외 음(여성원리, 암흑, 피동, 무의식)과 양(남성원리, 빛, 활동성, 의식) 같은 대립세력의 결합을 나타내는 중국의 상징 등이 있다. 민속놀이 중 강강술래의 행위는 바로 음양의 결합을 상징하는 원의 원형을 놀이화한 것이다. 동화에서도 원의 이미지 중 "통합 · 생명의 영원한 순화"는 다양하게 활용할 수 있는 부분이다.

(5) 뱀

리비도(libido)와 같은 심적 에너지와 순수한 힘의 상징, 악, 부패, 관능성, 지혜를 나타내는 원형이다. 예를 들어, 전래동화에 등장하는 뱀은 악의 원형이며, 에덴동산에 나타나는 뱀은 지혜로서의 원형의 이미지로 형상화된다. 특히 전래동화에서는 악의 원형으로 사용되는 경우가 많은데 창작동화시 뱀의 다른 이미지를 활용해 보는 것도 신선한 소재가 될 수 있다.

(6) 나무

가장 일반적인 의미로서 나무는 우주의 삶, 우주의 조화, 성장 증식, 재생의 과정을 상징한다. 이러한 것들은 끝없는 삶을 뜻하므로 불멸을 상징하기도 한다.

동화에서 주인공이 특별히 어떤 나무에 의미를 둔다거나, 객관적 상관물이 되는 이야기가 종종 나온다.

예를 들면, 성현주의 〈아빠와 물섬나무〉에서 수양버드나무는 재생의 의미로 이미지화된다. 저수지 둑에 심어 놓은 수양버드나무는 죽은 아빠가 심어 놓은 나무다. 수양버드나무는 아빠가 새롭게 이름 붙여 준 '물섬나무'로 재생된다. 주인공에게 물섬나무는 죽은 아빠를 대신하는 나무며 물섬나무로 인해 저수지 사람들이 목숨을 구하게 된다. 물섬나무는 재생의 의미로서 죽은 아빠를 이미지화하는 객관적 상관물이 된다.

(7) 사막

사막에서는 식물도 동물도 살아가기 힘든 환경이다. 모래와 뜨거운 열기만이 있는 사막은 정신적 빈약, 죽음, 허무주의, 절망 이미지의 원형이다.

예를 들어, 주인공이 밤마다 사막을 걷고 있는 꿈을 꾼다면 주인공이 현실적으로 상당히 어려움을 겪고 있는 상태거나 정신적으로 삭막해져 있음을 나타낸다.

생텍쥐페리의 〈어린 왕자〉에서도 사막이 나온다. 추락한 비행기 조종사가 사막이 아니라 오곡백과가 풍성한 곳으로 떨어졌다면 이야기는 달라진다. 그런데 아무것도 살아가기 힘든 모래사막에 떨어졌다. 게다가 바오밥 나무, 장미꽃 한 그루가 자라는 작은 별에서 살고 있던 어린왕자를 만나게 된다. 이러한 삭막한 설정은 또 다른 이야기로 전환할 수 있는 계기가 된다. 여기에서 사막은 추락한 비행기 조종사와 어린왕자의 정신적 빈약함을 상징한다. 그러므로 상상의 세계로 여행할 수 있는 계기가 된다. 만약 사막이 아니었다면 조종사는 상상의 세계로 여행할 필요성을 느끼지 못했을 것이고 어린왕자도 나타나지 않았을 것이다.

(8) 숫자

숫자는 사건의 전개과정에서 많이 응용하고 있다. 예를 들면, 어떤 시합을 할 때 세 번에 의해서 결정한다거나, 전래동화 〈삼년 고개〉에서 3년의 의미, 〈세 가지 말〉에서 세 가지 말(言)과 그림형제의 〈개구리 왕자〉에서 3일 밤, 아쿠타가와 류노스케의 〈개와 피리〉에서 세 마리의 개와 외눈, 외팔, 외다리의 세 명의 거한, 〈두자춘〉에서 3년과 도사의 3번 등장 등 다양하다.

또한 셋(3)은 빛 · 정신적 자각과 합일 · 완전함을 나타내는 원형이다.

예를 들면, 종교적 차원에서 불교의 삼배(三拜), 천주교의 성부 · 성신 · 성자, 하루의 구분인 아침 · 점심 · 저녁, 신체의 구분인 머리 · 배 · 다리 등 실로 무수하다.

넷(4)은 생명의 순환(생로병사), 사계절(봄 · 여름 · 가을 · 겨울), 감정의 표현인 희로애락, 자연사 원소(물 · 불 · 흙 · 공기), 이야기의 구성요소(기승전결) 등의 이미지 원형이 해당한다. 노드롭 프라이가 이야기의 순환원리를 사계절의 미토스로 설명한 것도 숫자 4의 이미지 원형이다.

일곱(7)은 가장 힘 있는 상징적 숫자로서 3과 4의 결합, 한 주기의 완결(일주일이 7일로 되어 있는 점), 완전한 질서를 의미한다.

이와 같은 숫자의 이미지 원형을 동화의 구성에 활용할 수 있다. 예를 들어, 기승전결(4)의 순서로 하되 "기(1) · 승(2) · 전(3) · 결(1)"로 숫자 7로 단락을 구성한다면 가장 보기 좋은 모양이 될 수 있다. 구성이 잘 된 작품은 내용을 가장 효과적으로 나타낼 수 있다. 또는 동화의 길이에 따른 등장인물의 설정과 사건의 횟수 등으로 활용할 수 있다.

이처럼 이야기의 순환원리와 이미지의 원형은 동화 창작시 이야기의 흐름, 소재 및 등장인물, 배경 설정 시 큰 도움이 된다. 독자 역시 무의식으로 흐르고 있는 자연의 순환원리와 이미지의 원형을 공통적으로 갖고 있기 때문이다.

7. 인물의 선택과 제시

이야기는 인물의 예술이라고 할 만큼 인물 설정이 중요하다. 특히 동화의 주인공은 사람이나 동물, 식물, 그 밖의 여러 가지 사물이 된다. 등장인물이 사람 이외의 것들이 될 수 있다는 사실은 동화 창작의 매력일 수도 있고 창작의 어려운 점이 될 수도 있다. 세상 만물을 하나의 시선으로 바라보는 순수한 심성이 바탕이 되어야 하는 까닭이다.

동화의 주인공은 특히 어린이의 입장을 고려해야 한다. 어린이에게 있어서 기준이 되는 사람은 어린이다. 어린이를 대신해 줄 수 있는 사람이 주인공이 되어야 한다. 어린이가 동경하는 이상형이나 혹은 주변에서 흔히 볼 수 있는 어린이형으로 설정하면 훨씬 설득력이 있다. 이러한 주인공을 통해 어린이는 "나라면 저러지 않아.", "나도 저렇게 되고 싶어."라는 통찰력을 갖게 되고 주인공에 대한 동경과 비판에 의해 자신의 존재방식을 찾게 된다.

예를 들면, 아무것도 두려워하지 않고 용기를 내서 도전하는 사람, 최대한의 한계점까지 필사적으로 노력하는 사람, 멋진 꿈을 가득 품고 있는 사람, 진심으로 동정하고 싶은 사람, 옆에 있기만 해도 즐거워지는 사람, 하는 일마다 실수만 하는 사람, 잔머리만 굴리며 상대를 속이는 사람, 훌쩍훌쩍 울기만 해서 속이 타는 사람, 완전무결하게 모든 것을 갖추고 있는 사람 등이 있다.

인물 설정 시 가장 중요한 것은 그 사람의 성격이 나타나야 한다.

헤라클레이토스 *Herakleitos*[52]는 "성격은 그 사람의 운명이다."라고 말하였다. 주인공의 성격은 사건을 이끌어 가는데 중요한 영향을 미친다.

예를 들어, "토끼가 옷을 입고 시계를 보며 뛰어간다."라는 환경조건에서 등장인물이 대응하는 방식은 여러 가지다. "하필이면 왜 토끼이지? 강아지로 하면 될텐데."하며 문제를 뒤집어서 생각하는 사람, "별 희한한 일이네"하며 더 이상의 생각을 하지 않는 사람, "뛰어가든 말든 나랑 상관없어" 하며 다른 일에는 무관심한 사람, "왜 옷을 입고 시계를 보면서 뛰어가는지 물어 보자" 하며 그 상황에 호기심을 가지는 사람, "왜 뛰어가는지 스스로 말할 때까지 기다려 보자"며 여유를 부리는 사람 등 다양하다.

이처럼 상황에 따라 등장인물의 성격이 나타나야 하며 성격에 따라 그 다음의 사건이 연결된다.

성격의 의미는 크게 두 가지로 구분된다.

첫째, 남에게 보이는 첫인상이다. 외형적으로 나타나는 요소로 인한 성격(personality)이다. 등장인물의 차림새나 말투, 행동으로 느낄 수 있는 친절하다,

---

52) 그리스의 철학자이며 '만물은 유전한다'고 말했다. 우주에는 서로 상반하는 것의 다툼이 있고, 만물은 이와 같은 다툼에서 생겨난다는 것이었다. '싸움은 만물의 아버지요 만물의 왕'이며 그러한 다툼 중에서도 그 속에 숨겨진 '반발조화(反撥調和)'를 발견하였다. 그의 주장에 따르면, 불은 전화(轉化)하여 물이 되고, 물은 흙이 된다(下行의 길). 흙은 물이 되고, 물은 또다시 불로 환원(上行의 길)되는데, "하행의 길이나 상행의 길은 모두가 하나며, 동일한 것이다". 이 하나하나의 전화과정은 항쟁이지만 전체적으로는 조화를 찾을 수 있다. 그는 이와 같은 사상을 잠언풍(箴言風)의 문체로 기술하였는데, 너무 난해하였기 때문에 '스코티노스(어두운 사람)'라는 별명이 붙었다. -두산백과사전 EnCyber & EnCyber.com -

차갑다, 부드럽다, 생각이 깊다, 거칠다, 개방적이다 라는 이미지로 성격을 만들 수 있다.

둘째, 그 사람의 속내까지 포함한 성격이다. 외형상의 이미지와 맞물리거나 상반되는 점들이 사건의 흐름을 통해서 혹은 사건을 대하는 그 사람의 말투, 행동을 통해서 알 수 있는 성격(character)이다. 주로 윤리적 · 도덕적인 성격까지 포함하는 것으로 진실하다, 정직하다, 건실하다, 위선적이다, 변덕스럽다 등으로 표현하게 된다.

작가는 이러한 성격의 의미를 바탕으로 등장인물을 설정하게 된다.

문장표현의 방법으로는 묘사적인 간접제시의 방법이나 직접 작가가 설명하거나 요약하는 해설적 방법을 통해서 등장인물의 성격을 통일시키고, 뚜렷한 개성을 가진 인물을 형상화한다.

1) 간접 제시

(1) 육체적인 외모

사람은 자신의 취향에 따라 옷차림을 하게 되고 성향에 따라 행동을 하게 된다. '겉 볼 안이라'라는 말처럼 외모에서 풍기는 이미지는 그 사람의 성격을 형성하는 요소가 된다. 마치 그 사람을 보는 듯한 이미지를 연상하게끔 한다.

가.

빌 바나클은 커다란 모자를 쓰고, 모자 크기의 절반쯤 되는 턱수염을 기르고, 턱수염 크기의 절반쯤 되는 발을 가진 땅딸막한 남자였다. 샘 소노프의 다리는 주저앉고 있었고 몸통은 일어서고 있었다. 샘의 다리는 너무 짧고 몸통은 너무 길어서, 샘은 앉는 동작과 일어서는 동작을 함께 해야 했다.[53]

나.

'건방진 소시지'호의 요리사 호호는 '카레라이스'라는 별명으로 불렸어. 몸통은 술통처럼 뚱뚱하고 얼굴은 빵처럼 둥근 녀석, 정확히 말하면 못된 녀석이었지. 요리사는 얼음 밖에는 먹을 게 없는데도 피부가 찢어질 만큼 살이찌고 있었지. 너와 나는 무슨 짓을 해도 아이리시스튜처럼 빈약한데 그 녀석은 버터처럼 기름져.[54]

53) 노만 린지, 김석희 옮김, ≪마법 푸딩≫, 웅진미디어, p. 30.
54) 노만 린지, 김석희 옮김, ≪마법 푸딩≫, 웅진미디어, p. 36.

다.

메리 포핀스는 하얀 장갑을 끼고 우산을 팔에 걸쳤다. 비는 한 방울도 오지 않았지만 우산 손잡이가 너무 예뻐서 도저히 집에 두고 나갈 수가 없었던 것이다. 어느 누이 앵무새 머리 모양의 손잡이가 달린 우산을 집에 그냥 놓고 다닐 수 있겠는가. 그것도 메리 포핀스처럼 허영심 많고 남의 눈에 띄기를 좋아하는 사람이. 사실 메리 포핀스는 자기가 아주 매력적인 사람이라고 굳게 믿고 있었다.[55)]

라.

에이브리는 열 살이다. 한 손에 공기총을 들고, 다른 손에는 나무 단검을 쥐고 중무장을 하고 있었다.[56)]

마.

샘은 이제 열한 살이고, 나이에 비해 몸이 튼튼한 편이었다. 인디언처럼 까만 머리와 눈을 가졌고 걸음걸이도 인디언 같다. 발자국을 한 줄로 나란히 이을 수 있을 정도로 발소리가 잘 안 나게 걸으니까 말이다.[57)]

바.

프레드릭 리틀 부인의 둘째 아들이 태어났을 때 사람들은 아기를 보고 모두 놀랐습니다. 아기가 겨우 생쥐만 했거든요. 사실은 생김새도 어느 모로 보나 생쥐 같았습니다. 키가 겨우 5센티미터 밖에 안 되는 데다가 생쥐처럼 뾰족한 코에 수염이 나 있고 생쥐 같은 꼬리까지 있었습니다. 게다가 상냥하면서도 수줍어하는 태도도 영락없이 생쥐 같았습니다. 잿빛 모자를 쓰고 작은 지팡이를 들고 다니긴 했지만 말이죠. 리틀씨부부는 아기 이름을 스튜어트라 짓고 담배갑과 빨래집게 네 개로 작은 침대를 만들어 주었습니다.[58)]

사.

녀석의 청바지 무릎은 또 다시 찢어졌고 셔츠에는 짙은 선을 죽죽 그리며 흙이 묻어 있었다. 또 왼쪽 눈 밑 광대뼈에는 푸르죽죽하게 멍들어 있었다.[59)]

(2) 버릇과 습성

버릇이나 습성은 그 사람의 내면세계를 드러낸다. 일상생활에서 욕구 충족이나 결핍을 느낄 때에 이를 보완하기 위한 습관이 생긴다. 손톱 깨물기, 손가락 빨기, 잠잘 때 이불 레이스를 만지며 자기, 눈을 깜빡거리기, 다리 떨기, 입을

---

55) 파멜라 린든 트래버스, ≪우산을 타고 날아온 메리 포핀스≫, 시공주니어, 2003. p. 26.
56) 앨윈 브룩스 화이트, ≪샬롯의 거미줄≫, 시공사, 1996. p. 14.
57) 엘윈 브룩스 화이트, ≪트럼펫 부는 백조 루이≫, 주니어랜덤, 2008. p. 9.
58) 엘윈 브룩스 화이트, ≪스튜어트 리틀≫, 숲속나라, 2008. p. 8.
59) 메들렌 렝글, ≪바람의 문≫, 문학과 지성사, 2007. p. 14.

가리고 웃기, 곁눈질로 사람 보기, 말할 때마다 특유의 소리내기 등 버릇과 습성은 다양하게 나타난다.

가.

"음, 그렇겠지. 이건 나만의 특별한 버릇이니까. 한번은 서커스를 보고 와서 어찌나 웃었던지, 열두 시간 동안 꼬박 이렇게 떠 있었단다. 믿어지니? 밤 12시를 알리는 열두 번째 종소리가 땡! 하고 울리니까 그제야 툭 떨어지는 거야. 12시 종이 치면 토요일이고, 그럼 내 생일이 이미 지난 거니까. 정말 황당하지? 너무 우습지 않니? 그런데 오늘이 또 금요일이고, 내 생일이 되었구나. 너희들과 메리가 놀러 오고, 오, 신이시여, 제발 안 웃게 해 주세요! 제발……."60)

나.

손님은 뱅크스 부인의 말을 못 믿겠다는 듯 콧방귀를 뀌었다.(생략) 메리 포핀스는 마음을 정한 듯 '흐응'하고 길게 콧방귀를 뀌더니 말했다.(생략) 메리 포핀스는 마이클과 제인을 노려보더니 '흥!'하고 콧방귀를 뀌었다. 손님은 빨간색과 흰색 무늬가 있는 커다란 손수건으로 코를 싹싹 문지르며 말했다.61)

다.

얼굴이 빨개짐을 느꼈다. 수정이는 슬그머니 손톱을 물어뜯기 시작했다. 손톱은 아예 남아 있지도 않았다. 손톱 대신 벌건 살갗이 도드라져 있었다. 그래도 관여치 않았다. 심심할 때나, 민망할 때, 혹은 눈을 마주치기 싫을 때는 어김없이 손톱을 물어뜯었다.

(3) 타인에 대한 태도

사람은 혼자서 살아갈 수 없다. 작게는 '가정' 크게는 '국가'라는 단체를 만들어 살아가고 있다. 그런데 사람과 사람이 더불어 살아가고 있는 사회에서 타인을 대하는 태도는 그 사람의 성격, 심리를 파악하는 데 중요한 요소가 된다.

'군중 속의 고독'이라는 말은 스스로에 의해서 혹은 사회에 의해서 생긴 말이다. 수많은 사람들과 부대끼며 살아가는 사람이 타인과의 관계를 어떻게 형성되어 있는지 파악함으로써 그 사람을 알 수 있다.

만나는 사람마다 아는 척을 하는 사람, 10번을 만나도 처음 본 것처럼 인사하는 사람, 10년을 만나는 사람인데도 늘 처음 만난 사람처럼 대하는 사람, 가족

60) 파멜라 린든 트래버스, ≪우산을 타고 날아온 메리 포핀스≫, 시공주니어, 2003. p. 44.
61) 파멜라 린든 트래버스, ≪우산을 타고 날아온 메리 포핀스≫, 시공주니어, 2003. pp. 15-17.

이외의 다른 사람에겐 관심이 없는 사람, 아무리 좋아하는 사람이어도 말이 없는 사람 등 여러 가지 태도로 형상화할 수 있다.

> 송이는 엄마와 단 둘이 살고 있습니다. 아빠는 돌아가셨다고 하셨습니다. 그런데 아빠 사진도 보지 못했습니다. 엄마 말에 의하면 외가는 외국나라인 일본에 있다고 하셨습니다. 그래서 외가에도 가보지 못했습니다. 이런 까닭에 송이네를 찾아오는 사람은 거의 없었습니다. 일 년에 한두 번 방문하는 택배아저씨 뿐이었습니다. 더구나 엄마는 10년이나 같은 아파트에 살면서도 친구 한 명도 없었습니다. 옆집에 사는 향이네 가족조차도 모른 척 하였습니다. 차 마시러 온다는 향이엄마 말에도 늘 약속이 있다고 대답했습니다. 자연스럽게 송이는 늘 혼자서 놀아야만 했습니다.

(4) 말씨

말씨는 말하는 이의 인격과 품성, 그의 신분, 정신 상태를 드러낸다. 운율을 살리는 리듬과 높고 낮음의 억양, 복식호흡과 흉식호흡에 따른 어감, 느리고 빠른 장단, 특유의 말버릇까지 세밀하게 묘사하면 더욱더 구체적으로 인물을 형상화할 수 있다.

예를 들면, 어두(語頭)를 길게 빼거나 어미(語尾)를 길게 빼는 사람, 툭툭 망치질 하듯 내뱉는 듯한 말씨와 둔탁한 목소리를 가진 사람, 기름을 칠한 듯 나긋나긋한 말씨와 낭랑한 목소리를 가진 사람, 특유의 감탄사나 조사를 덧붙여 말하는 사람, 속사포처럼 빠른 말투에 정신이 화들짝 깨게 만드는 사람, "아버지~ 돌 굴러 가유~"라고 말하고 보니 아버지는 돌에 맞아 넘어졌다는 느린 말투, 방정맞게 오두방정을 떨며 말하는 사람, 말할 때마다 손짓 발짓 모두 동원하며 이야기하는 사람 등 다양하다.

> '위'란 발음은 모두 '이'처럼 들렸고 '의'란 발음은 모두 '으'처럼 들렸다. 게다가 거의 모든 문장을 '에또'란 말로 시작했다.[62]

---

62) 페터 헤르틀링, 김경연 옮김, ≪욘 할아버지≫, 비룡소, 1997. p. 12.

(5) 과거

한 인물의 과거는 그 인물의 성격뿐만이 아니라 마음의 변화와 동기 사건의 자초지종을 알려주는 중요한 정보가 된다. "과거의 생각으로 현재의 내가 있고 현재의 내 생각으로 과거의 내 모습이 된다." 라는 의미와 같다. 인물의 과거는 삽입식 구성형태인 일기 · 수기 · 서간 · 회상 형식으로 표현한다.

> 내가 어린 시절을 보냈던 '우리 읍내'에 난쟁이 아저씨 한 분이 계셨습니다. 이마에는 씨뿌려 놓은 보리밭 고랑 같은 주름살이 골골이 나 있는데도 어른들 틈에 끼어주지 않기 때문에 어린 우리들하고 곧잘 놓았습니다.
> 우리가 소꿉장난하기 위해 황토를 파러 갈 때도 곧잘 따라 다녔으며 소꿉장난할 때 잠을 자라고 하면 정말로 코를 골면서 자 버려서 어린 우리들의 애를 태우곤 하였습니다. 아저씨는 우리들에게 봄이 되면 새싹들이 밟혀 죽으면 어쩌나 하여 살살 걸어다닐 것도 당부했지요. 그리고 겨울에는 새들한테 준다고 늘 호주머니 속에 생보리나 조를 넣고 다녔으며…….[63]

(6) 명명

옛날부터 이름 석 자로 먹고 산다는 말이 있다. 이름의 의미가 그만큼 중요하다는 말이다. 또한 이름만이 가지고 있는 이미지가 있는데 이름과 그 사람과의 이미지와 비슷하거나 혹은 전혀 다른 이미지로 인식되어 기억에 남는 경우가 있다. 동화에서 이름짓기는 그 사람의 캐릭터와 어울리게 하거나, 혹은 이름으로서 이야기의 주제를 나타내고자 하는 의도에서 작명된다.

르네 웰렉은 "성격 구성의 가장 단순한 형식은 이름을 짓는 것이다"라고 하였다. 이름은 성격의 이미지를 부합시킬 수 있는 요소다.[64] 동화에서는 주인공의 성격과 특징을 잘 나타낸 이름들이 많다.

---

63) 정채봉, ≪입 속에서 나온 동백꽃 세 송이≫, 샘터, 1997, p. 12.
64) 동화와는 다른 이야기지만 SBS 「조강지처 클럽」이라는 드라마에서 특이한 이름들이 있었다. 이원수, 모자란, 나화신, 나복수, 이기적, 길억 등. 이처럼 이름의 의미를 극 중 캐릭터에 맞춰 작명하는 것도 재밌는 작명의 방법이다.

예를 들면, J. R. R.톨킨의 〈로버랜덤〉[65]은 마법에 걸린 떠돌이개 이야기다. 주인공인 강아지 이름이 '떠돌이'란 뜻의 '로버'와 '무작위 혹은 닥치는 대로'라는 뜻의 '랜덤'이 합쳐져서 '로버랜덤'이라고 작명한 것을 보면 상당히 치밀한 작가의 의도를 파악할 수 있다. 메리 노튼의 〈마루 밑 바로우어즈〉의 '바로우어즈'는 '빌리는 사람'이라는 뜻이다. 바로우어즈는 엄지공주처럼 작은 사람으로 인간과 같은 집에서 함께 살고 있는 또 다른 인간이다. 이와 비슷한 사토 사토루의 〈아무도 모르는 작은 나라〉의 '코로보쿠루'는 '꼬마도사'라는 뜻으로 일본 아이누족의 선주민족으로 구멍 안에 사는 민족이 있었는데 난쟁이다.[66]

또는 등장인물들의 이름을 특이하게 작명한 경우도 있다. 오카다 준의 〈마술사 루루의 해적선〉에 나오는 인물의 이름은 식물과 부사(副詞)로 되어 있다. '박하'와 '생강', '토마토' 등의 사물이나 '그렇다고' '설마' '과연' 등의 부사로 대체해 또 다른 재미를 얻게 만들었다. 미하일 엔데의 〈짐 크노프와 기관사 루카스〉에는 늘 중절모를 쓰고 잘 접은 우산을 팔에 건 채 산책하는 남자 '소매씨', 아주머니 조상 가운데 한 사람이 가는 귀가 먹어서 잘 못 알아듣고는 자꾸만 "뭐요? 뭐요?"하고 되물어 본 바람에 붙여진 '뭐요 아주머니', 12시 15분 전에 태어났기 때문에 붙여진 '알폰스 12시 15분전 임금님' 등의 이름이 나온다.

(7) 직업과 취미

직업과 취미는 그 사람의 성격과 유사관계가 있다. 물론 자신의 성격에 맞지 않은 직업을 가졌다가 결국은 다른 직업을 가지는 경우도 있다. 그만큼 직업은 그 사람의 가치관, 성격, 특기와 밀접한 관계가 있음을 증명하는 예다. 그래서 직업을 보면 그 사람을 안다고 하는 말이 생겨난 것이다. 사람은 은연중에 자신도 모르게 직업과 관계되는 버릇이나 습관이 나오게 된다.

---

65) 톨킨 저, 크리스티나 스컬 & 웨인 E. 해몬드 엮음, 박주영 옮김, ≪로버랜덤≫, 씨앗을 뿌리는 사람, 2008.

66) 코로보쿠루는 10명이 한 무리가 되어 한 장의 머윗잎으로 지붕을 삼을 수 있었다. 조릿대를 엮어서 만든 배로 청어잡이를 하고, 물고기가 바늘에 걸리면 5척 또는 10척의 배에 탄 사람들이 육지로 들어올렸다. 그러나 고래까지 죽일 수 있는 힘이 있다.

예전에는 통합적인 직업의 형태였으나 요즘은 하루가 다르게 새로운 직업이 생겨나고 있다. 재미있는 직업 중에는 침대의 매트리스의 성능을 검사하는 사람으로 매일매일 매트리스 위에 올라가 뛰는 직업인 '매트리스 워커', 머리카락 대신 수염을 손질해 주는 직업인 '수염 닦기', 우표를 붙일 때 풀 대신 침으로 붙여 주는 직업인 '우표 빠는 사람' 등이 있다.[67]

직업이 구체적이고 세분화될수록 그 직업을 택한 사람의 성향을 잘 파악할 수 있다. 심리학자들은 직업과 그 사람의 무의식과도 연계하여 설명하였다.

예를 들어, 정육점 주인이나 외과 의사는 공격적 충동을 승화시킨 행위라고 이야기한다. 또한 정신분석학자들은 회화, 조각 같은 예술 활동을 기본적으로 성적 욕망에서 발생된 무의식적 동기가 있다고 본다. 또한, 화가 레오나르도 다빈치의 '모나리자 미소'는 어머니에 대한 사랑의 승화라고 해석한다. 단테의 '신곡'에서 '베아트리체'는 사랑하는 여인의 모습을 승화한 것이라고 해석하는 것이다.

직업은 인간 존재의 한 양식이다. 창작시 똑같은 직업을 가졌다 할지라도 지독한 직업의식을 갖고 있거나 그 반대로 설정하면 인물의 성격을 구성하는데 독특한 효과를 거둘 수 있다.

(8) 인물의 유형

인물의 성격을 나타내는 요소들이 배합되어서 평면적 인물과 입체적 인물이 된다. 한 작품에 등장하는 인물들은 평면적 혹은 입체적 인물이 적절히 배합된다. 그런데 모두 평면적 인물이거나 모두 입체적 인물로 설정한다면 이야기 흐름이 지루할 수가 있다. 물에 물 탄 듯 술에 술 탄 듯 밍밍한 이야기가 되기 쉽다. 사람은 자신의 성향대로 말을 하고 행동으로 옮기기 때문이다.

전래동화에서는 주로 평면적 인물이 등장하였으나 창작동화에서는 입체적 인물이 많이 등장한다. 입체적 인물은 예측할 수 없는 행동과 말로서 사건의 흥미를 유발시킨다. 또 평면적 인물과는 달리 인간의 다양한 내면을 보여줄

67) 그 외 와인감별사, 파티플래너, 웨딩컨설팅, 고민상담사, 스턴트맨 등 실로 다양하다.

수 있다. 단, 입체적 인물은 캐릭터에 맞는 행동과 말로 설정해야 하므로 창작시 작가의 세심한 의도와 관찰이 요구된다.

가. 평면적 인물 유형(정적 인물)

한 마디로 말하면 틀에 박힌 듯 행동하는 사람이다. 늘 화만 내거나, 늘 착하기만 하거나, 늘 명랑한 것처럼 한 가지 성격이 두드러지게 드러나는 인물이다. 또는 한 번도 교통신호를 어기지 않고 늘 같은 시간에 일어나고 같은 시간에 잠드는 사람, 몇십 년을 한 가지 스타일의 옷만 입는 사람, 무엇이든 서류로서 평가하고 서류로서 결론짓는 사람 등이다.

그러므로 실제의 인물보다 과장적이며 사건이 진행되어 끝날 때까지 변하지 않고 붙박이로 고정되어 있어 정적 인물이라고 한다. 어떤 경우라도 자신의 성향을 바꾸기가 어렵다.

성격의 한 면만 강조한 평면적 인물은 전래동화의 흥부 · 춘향이 · 콩쥐 · 팥쥐 · 계모 · 악마 등의 유형이다. 또한 특정한 직업인을 떠올리게 하는 평면적인 인물은 공무원 · 장사꾼 · 군인 · 교사 · 성직자 등이 있다.

생텍쥐페리의 〈어린왕자〉에는 직업의 특성을 풍자한 평면적인 인물이 등장한다. 백성이 한 명도 없는데도 무조건 임금님 행세를 하는 사람, 자신을 숭배하는 행위로 모든 일을 행하는 나르시시즘에 빠져 있는 사람, 오직 돈만을 세고 있는 사업가, 아무도 없는 별에서 오직 명령에 순종하며 가로등 불 끄는 일만 하는 사람, 실제보다 책상에 앉아 연구하는 것만이 학자로 알고 있는 지리학자 등이 해당된다.

나. 입체적 인물 유형(동적 인물)

선한 면과 악한 면의 양면성을 띠거나, 겁쟁이면서도 결단성 있는 행동을 보여주는 것처럼 복잡한 여러 면의 성격을 지닌 인물 유형이다. 인물이 성격이나 의식이 상황의 변화나 사건의 진전에 따라 변화하고 발전한다. 하지만 인물의 행동과 말에는 어떤 일관성이 있어야 한다. 그 사람만이 가지고 있는 가치관이나 특성과 맞게 설정하여야 한다는 뜻이다. 입체적 인물은 사소한 몸짓이나 대화만으로도 성격이나 습관을 생생하게 그려낼 수 있어야 한다. 입체적 인물을 나타낼 수 있는 요소는 용모, 의복, 행동, 말씨, 기질, 감정 등이며 남과 다른 특성을 가진 사람이다.

예시인물로는 루시 모드 몽고메리의 〈빨간 머리 앤〉, 아스트리드 린드그렌의 〈내 이름은 삐삐롱 스타킹〉, 페터 헤르틀링의 〈욘 할아버지〉, 파멜라 린든 트래버스의 〈우산을 타고 날아온 메리 포핀스〉, 미하엘 엔데의 〈짐 크노프와 기관사 루카스〉, 미겔 데 세르반테스의 〈돈키호테〉 등이 있다.

8. 시점

시점은 작가가 앉아 있는 곳이다. 작가의 눈이 어디에 머물러야 하는지 가리키는 기준이다. 시점은 성격묘사, 플롯의 전개, 음조, 스타일, 그리고 초점 그 자체에 영향을 미친다.

시점을 정하기 위해서 먼저 작가가 직접 화자가 되느냐 혹은 작중인물 중 누구를 선택할 것인가를 결정해야 한다. 그 다음 화자가 1인칭인지 3인칭인지 정하여만 한다. 1인칭 시점으로 이야기를 서술할 경우, '주인공 시점'과 '관찰자 시점'으로 진행된다. 3인칭 시점으로 이야기를 서술할 경우 '전지적 시점'과 '객관적 시점'으로 진행된다.

부룩스 *Van Wyck Brooks*[68]와 워렌은 시점을 서술의 초점(focus of narration)으로 해석하고 다음과 같이 네 가지 시점으로 구분하였다.

68) 미국 평론가 겸 전기 작가. ≪청교도들의 포도주≫, ≪아메리카, 성년기에 이르다≫로 유명해졌다. 청교도의 전통적 결함, 특히 그 이중성을 지적하여 왕성해지려는 새로운 문학의 태동에 공헌했다. 작가와 사회와의 관계 및 작품과 그 작품을 낳게 한 환경과의 관계를 다루면서 뉴잉글랜드를 중심으로 하는 19세기 미국의 문인 생활을 여실히 재현해 호평을 받았다.

	사건의 내적 분석	사건의 외적 관찰
화자=소설 속의 인물	1인칭 주인공 시점	1인칭 관찰자 시점
	주인공이 이야기함 예) '나'. 혹은 '주인공 이름'으로 이야기를 시작함.	주인공이 아닌 인물이 이야기함 예) 주인공의 가족, 친척, 친구가 화자로 등장함.
화자≠소설 속의 인물	3인칭 전지적 작가 시점	3인칭 관찰자 시점
	전지전능한 신이 된 것처럼 작가가 이야기함. (화자가 등장인물의 생각을 모두 알고 말과 행동을 함)	작가가 영화를 찍는 카메라맨처럼 관찰자로서 이야기함. (화자가 등장인물의 생각은 알 수 없고 단지 등장인물의 말과 행동을 전함)

1) 1인칭 주인공 시점

'주인공 시점'은 화자가 주인공이다. 주인공이 이야기를 이끌어 간다. 주인공이 직접 관찰하거나 오감을 통해 파악해 낼 수 있는 행동이나 생각만을 묘사하거나 서술할 수 있다. 주인공의 시야 밖에 있는 것은 제외된다. 반면, 주인공의 독특한 체험과 초자연적인 사건을 독자로 하여금 직접 접하도록 하는 효과를 거둘 수 있다.

화자가 1인칭인 동시에 '나'로 등장하여 이야기를 전개해 나가는 경우다. 화자가 바라보는 시야가 좁은 반면 구체적이다. 화자는 작가에 의하여 창조된 '나'다. 바로 화자가 주인공이 되어서 이야기하는 방식이다. 인물의 내면세계를 드러내는 가장 좋은 시점이나 자칫하면 넋두리처럼 늘어져서 지루한 느낌을 줄 수 있다. 따라서 주인공의 생각과 느낌으로 모든 사물을 바라보기 때문에 중립적이나 객관적 시선을 요구하는 작품에는 적절한 시점이 아니다.

1인칭 주인공 시점은 주인공이 자신의 이야기를 하는 것으로 편지, 수기, 내면의 의식, 내적 분석의 심리소설을 쓰기에 적합하다.

> 나는 파란 하늘을 보면 하늘에, 꽃을 보면 꽃에, 달빛을 보면 달빛에 마냥 머물러 있곤했지. 그런데 그럴 때마다 엄마는 손으로 내 고개를 끌어당기거나 팔을 잡아당기며 험상궂은 표정을 짓기도 했어. 나는 그러는 엄마가 귀찮아서 다시 파란 하늘한테, 꽃한테, 그리고 달빛한테로 돌아가곤 했어. 그렇게 그들에게 오래 머물 수 있다는 것, 그것은 그림나라이기 때문에 가능한 것일 거야.[69]

위 이야기 주인공은 말을 들을 수 없는 농아다. 농아에게 들리지 않는 세상 모든 사물은 그림이다. 농아에겐 세상 모든 것들에 대한 사람의 그 어떤 설명이나 편견, 주관이 깃들여 있지 않기 때문에 어린 아이 농아는 모든 것을 있는 그대로의 모습으로 받아들인다. 1인칭 주인공 시점으로 처리하여 순진무구한 어린 아이의 마음과 자연의 모습이 닮아 있음을 이야기하고 있다.

> 내가 여섯 살 때입니다.
> 나는 정글에서 일어난 일들을 쓴 ≪실제로 겪었던 이야기≫라는 책을 본 적이 있는데 거기에는 굉장한 그림이 있었습니다. 그것은 한 마리의 동물을 삼키려 하고 있는 보아뱀의 그림이었습니다. 그 책에는 이렇게 씌어 있었습니다.
> "보아뱀은 먹이를 씹지 않고 통째 꿀꺽 삼킨다. 그렇게 삼키고 나면 움직일 수 없게 되어 반년 동안 잠을 자는데 그 동안에 뱃속의 동물이 소화되는 것이다."
> 나는 그것을 읽고 정글 속에서는 도대체 어떤 일들이 일어날까 하고 이것저것 생각해 보았습니다.[70]

위 이야기는 〈어린왕자〉를 쓴 생텍쥐페리가 자서전식 이야기형식이다. 즉 1인칭 주인공 시점으로 내가 본 것과 들은 것, 그리고 경험한 일들을 리얼리티하게 서술하고 있다.

2) 1인칭 관찰자 시점

'관찰자 시점'은 등장인물 그 누군가가 화자가 된다. 주인공의 엄마가 될 수

---

69) 정채봉, ≪하늘새 이야기≫, 현대문학어린이, 2001, p. 30.
70) 생텍쥐페리, ≪어린왕자≫, 지경사, 1992, p. 6.

있고, 동생이 될 수 있다. 이 관찰자는 주인공의 행동과 말을 관찰하는 사람이므로 모든 신경이 주인공에게 집중된다. '주인공 시점'보다는 덜 직접적이다. 그러므로 등장인물 중 어떤 한 사람이 주인공에 대한 이야기를 독자에게 들려주는 기능을 수행하는 시점이다.

화자는 이야기에 나오는 주인공의 친척이나 친구 동료인 경우가 많다. 주인공에 대한 하나의 관찰자에 불과하므로 독자의 관심의 초점은 주인공에 모아진다. 이런 시점은 누군가에 의해서 전해 듣는 이야기 형식이므로 독자의 흥미를 유발할 수 있다. 예를 들어, 친구의 이야기를 또 다른 친구에게서 전해들을 경우 더 눈빛이 반짝이는 경우와 같다. 1인칭 관찰자 시점은 등장인물이 독자에게 주인공 이야기를 전해 주는 시점이다.

> 나는 푸른 하늘을 오고 가면서 땅 위에서 벌어지고 있는 수많은 일들 가운데서 맑은 것만 가려서 보고 있어. 꽃잎에 티 묻은 발자국이 생길까 봐 발을 열심히 닦고 있는 아기나비하며, 풀잎 사이로 쳐 놓은 그물에 이슬방울이 걸리자 너무 좋아서 숨도 크게 쉬지 못하는 아기거미하며.
>
> 그래, 이들을 보는 것만으로 내 가슴은 하얗게 부풀어. 서로 미워하고 다투는 일들만 보는 검은 구름하고는 정반대이지. 어떤 사람들은 그런 작은 기쁨이 무슨 이야기가 되느냐며 못마땅해 하기도 하겠지. 그러나 이 지구가 우주의 어느 별보다도 아름다운 것은 곳곳에 숨어 있는 이런 소중한 풍경 때문이 아닐까. 모래능선의 사막에 있는 한 점 오아시스처럼.
>
> 자, 그럼 이야기를 시작할게.[71]

위 글은 구름이 본 아름다운 이야기를 들려주는 형식이다. 여기에서 '나'로서 1인칭 관찰자다. 스케치 형식으로 그려진 이야기를 들려주는데 수채화처럼 맑고 여린 이야기다. 구름은 강가에서 과수원집 손자와 나룻배 사공의 손녀가 소꿉장난하는 모습을 이야기한다. 구름은 소년과 소녀의 주고받는 대화를 통해 순수한 아이들의 맘을 보여 준다.

---

71) 정채봉, 〈강나루 아이들〉, ≪오세암≫, 창작과 비평사, 1990. p. 11.

3) 3인칭 관찰자 시점

3인칭 작가 관찰자 시점은 객관적 시점으로 서술해 나가는 방식이다. 작가가 화자이나 단지 인물들의 말과 행동만을 보고하는데 그칠 뿐 등장인물의 생각을 알 수 없다. 이른바 작가 소멸(self-effacting auther)의 시점이다. 즉 작중인물 중의 어떤 인물을 선택하여 이야기를 전개해 나가는 것이다.

그러므로 작가가 모든 스토리를 전개하되 관찰자의 위치에서 자기의 주관을 배제하고 객관적인 태도로 묘사해 나간다. 서술의 특색은 극적이고 객관적이라는 데 있다.

'그'나 '그녀' 혹은 '한상진'과 같은 3인칭으로 이야기를 서술한다. 객관적 시점은 단지 인물들의 말과 행동만을 보고하는 데 그친다. 마치 영화를 만들 때 등장인물을 찍는 카메라맨과 같다. 작가 관찰자 시점은 주로 장편에 많이 쓰인다.

> 배저 아저씨는 모든 것을 최고급으로 주문했고 파티는 대성공이었다. 동물들은 모두들 이야기를 나누고 웃고 농담을 했다. 하지만 토드는 처음부터 끝까지 줄곧 의자에 앉아 코끝을 내려다보며 양 옆에 앉은 다른 동물들에게 전혀 유쾌하지 않은 소리만 지껄여댔다. 그러다가 이따금 배저 아저씨와 래트의 눈치를 살폈다. 두 동물은 입을 쩍벌리고 서로를 쳐다보고 있었다. 그걸 본 토드는 아주 만족스러워했다.
>
> 저녁 시간이 점점 지나가면서 젊고 혈기 왕성한 몇몇 동물들은 파티가 옛날만큼 재미있지 않다고 쑥덕거렸다. 탁자를 두드리면서 "토드! 연설! 토드의 연설! 노래! 미스터토드의 노래!"하고 소리치는 동물들도 있었다. 하지만 토드는 점잖게 고개를 가로젓고 는 거절의 뜻으로 앞발을 들어 올릴 뿐이었다. 그리고 손님들에게 맛있는 음식을 권하고 세상사는 이야기를 하고 아직 나이가 어려서 이런 자리에 나오지 못한 가족들의 안부를 묻기도 하면서 오늘 파티는 격식대로 진지하게 치러져야 한다는 뜻을 전했다.[72]

위 글은 땅 속에서 살다가 세상 밖으로 뛰쳐나온 두더지 모울, 모험을 좋아하고 우쭐대기 좋아하는 두꺼비 토드, 꼭 필요한 친구가 아니면 만나지 않는 과묵

72) 정채봉, ≪버드나무에 부는 바람≫, 시공주니어, 2003. p. 318.

한 오소리 배저 아저씨, 네 마리의 동물 이야기다.

마음씨가 착하고 호기심이 가득하며 친구들을 통해 넓은 세상을 알아나가는 이야기로서 작가는 객관적인 시점에서 각 동물의 말과 행동을 보여주면서 더불어 살아가는 세상을 이야기하고 있다.

4) 3인칭 전지적 작가 시점

'전지적 시점'은 보통 모든 인물과 사건의 배후에 서서 신(神)처럼 모든 걸 알고 있는 작가의 시점에 의해 전개된다. 작가가 파노라마적으로 폭넓은 이야기를 전개할 때 유리하다. 그러므로 전지적 시점에서 화자는 등장인물의 생각과 행동, 말 등 모든 것을 꿰뚫어 본다.

화자는 이야기에 등장하는 인물과 사건에 대해서 모르는 것이 없다. 작가는 마음대로 등장인물의 마음 속을 들락날락할 수 있고 마음대로 사건을 해석하거나 만들 수 있다. 그야말로 작가는 신적인 존재처럼 이야기의 모든 것을 마음대로 조정할 수 있다. 따라서 작가는 어디에나 가 본 사람이고, 가 볼 수 있으며, 어떤 상황이든 상관없이 마음대로 작중인물의 마음을 볼 수 있고 말할 수 있다.

그러므로 작가가 가장 많은 표현을 할 수 있는 시점이지만, 작가가 모든 걸 알고 이야기를 이끌어 가기 때문에 극적인 긴장감을 주기 어렵다. 이런 경우 인물 설정이 긴장감과 호기심을 주는데 중요하게 작용한다.

> "혹시 집에 안 계시면 어떡하죠?"
> 제인이 마이클과 메리 포핀스와 함께 버스에서 내리면서 말했다. 메리 포핀스는 그 말을 듣고 기분이 상해 톡 쏘아붙였다.
> "우리 삼촌이 너희들을 데리고 점심 먹으러 오라고 해 놓고 놀러 갈 사람 같니. 응? 대답해 봐!"
> 메리 포핀스는 은 단추가 달린 파란색 외투를 입고 거기에 맞추어 모자도 파란색으로 쓰고 있었다. 그렇게 차려 입은 날에 메리 포핀스의 성질을 돋우기란 누워서 떡먹기 보다 더 쉬웠다. (생략) 제인과 마이클은 이 날이 오기를 손꼽아 기다려 왔기 때문에 혹시나 위그 씨가 집에 없으면 어쩌나 하고 무척 걱정이 되었다. 마이클이 메리 포핀스 곁에 달라붙어 종종걸음으로 걸으면서 물었다.

"그런데 아줌마네 삼촌은 왜 위그 씨에요? 가발을 쓰나요?"
('위그'는 '가발'이라는 뜻 : 옮긴이)
메리 포핀스가 말했다.
"성이 위그니까 위그 씨지. 우리 삼촌은 가발 안 써. 대머리라고. 너희들, 한 번만 더 물으면 그냥 돌아가 버린다."
그러고는 기분이 상해 평소처럼 "흥!"하고 콧방귀를 뀌었다.[73)]

위 장면에서 볼 수 있듯이 작가는 등장인물의 그때 그때마다 생각과 느낌을 모두 알고 있다. 제인, 마이클, 메리 포핀스의 심리를 모두 읽으면서 행동으로 나타내고 있다. 더구나 "메리 포핀스의 성질을 돋우기란 누워서 떡먹기보다 쉬웠다."라는 문장에서 보면 작가가 들어가서 설명을 하고 있다.

이처럼 시점은 이야기를 보여주는 렌즈의 역할을 한다. 시점을 정하고 이야기를 전개하면 일관성을 유지할 수 있다. 그러나 시점에 관한 학자들의 이론은 상반되기도 한다. 헨리 제임즈 *Henry James*[74)]와 그의 후계자들은 리얼리티가 손상되지 않게 하나의 작품에서 시점은 일관되게 유지되어야 한다고 주장한다. 반면, 폴 바네트 *Paul Barnett*는 "작가가 말하는 것을 독자가 받아들이게 하는 힘"이므로 시점의 일관성 있는 유지의 필요성을 요구하지 않는다고 주장한다.

예를 들면, 장편의 경우 시점이 처음부터 끝까지 유지되고 있는 작품은 많지 않다. 그러나 시점을 자주 바꾸면 독자를 당황하게 하고 이야기의 안정감과 리얼리티에 손상을 주는 것은 사실이다.

단편의 경우 시점을 일관성 있게 유지하는 것이 바람직하다. 작가는 자신이 말하고자 하는 이야기의 초점이 어떤 시점과 가장 잘 어울린 것인가를 생각하고 선택하는 노력이 필요하다.

---

73) 파멜라 린든 트래버스, ≪우산을 타고 날아온 메리 포핀스≫, 시공주니어, 2003. p. 39.
74) 헨리 제임스(Henry James, 1843년~1916년)는 영국의 소설가다. 미국 뉴욕에서 출생하였으나 1915년 영국으로 귀화하였다. 근대 사실주의 문학의 지도자며, 이상한 환경·처지와 그러한 관련 밑에 놓인 일반인의 심리를 다루는 데 뛰어났다. 대표작으로 〈데이지 밀러〉, 〈어느 부인의 초상〉, 〈미국인〉, 〈미래의 마돈나〉 등이 있다. 영미 문학을 대표하는 작가로서 미국과 유럽에서 넓은 독자층을 확보하고 있다.

9. 서사

서사는 일정 기간 발생하였던 일들이나 작중인물의 말이나 행동들을 진술한 문장이다. 반면, 묘사는 인물 · 사물 · 자연 · 환경 등의 모습을 세밀히 그린 것을 말한다. 일정 기간 일어난 행동이나 사건에 대한 진술과 인물이나 자연의 묘사가 잘 어우러져야 좋은 작품이 된다.

소년소설과 소녀소설의 서술은 등장인물의 특성에 의해 시간의 형태가 다르다. 물론 이러한 특성은 시대의 흐름에 따라 달라질 수 있으나 작가의 입장에서 볼 때 감안할 필요가 있다. 소년/소녀의 이분대립적인 성별로 구별하여 서사한다는 것 자체가 다소 무리가 있지만 캐릭터 설정 시에는 도움이 되는 요소다.

한 스웨덴의 논문은 소년소설과 소녀소설의 서술상의 차이를 분석하면서 남자 아이를 위한 시간은 직선적이고 여자 아이를 위한 시간은 회귀적이라고 하였다(Ahmansson, 1992).

소년소설의 시간은 직선적이며 공간은 열려 있으며 확장적이다. 사건은 주로 바깥에서 일어나고 때로는 집을 떠나 넓은 세상으로 나간다. 시간과 공간 둘 다 출발점에서부터 멀리 뻗어 나가 있다. 남자 아이의 시공간은 미립자적이고 단속적이며, 마지막에 가서야 함께 연결되는 일련의 서로 다른 시간 · 공간으로 되어 있다. 남자 아이의 시간에는 계몽주의의 산물인 행동과 진보의 정신이 깃들어 있다.

서술시간은 모험이 일어나고, 임무가 완수되고, 역경을 헤쳐 나가는 일련의 중간 기착지들로 구성된다. 이 기착지들 사이의 시간은 원인과 결과에 의한 구체적인 시간의 흐름이 아니다(예를 들면, 힘든 며칠이 지나고 나서 그들은 목적지에 닿았다). 즉 주인공인 남자 아이는 자라나는 과정에서 성적으로 성숙해 가는 외면의 성숙이다.

대표적인 작품은 모험소설이 해당되며 마크 트웨인의 〈톰 소여의 모험〉, 〈허클베리 핀의 모험〉 등이 있다. 모험소설의 각 장 나누기는 시공간과 관계가 있다. 모든 장들은 어떤 실마리들이 관통하고 있기는 하지만 각각 자족적이다.

반면 소녀소설의 시공간은 닫혀 있고 제한적이며 시간과 공간 양쪽에서 연속적이다. 시간은 주기상으로 결정되어 있고 순환하는 시간의 묘사로 나타난다. 여자 아이의 시간은 달의 주기에 따르는 순환적인 것이다. 죽음과 재생이라는 규칙적이고 회귀적인 사건과 계절적인 변화 같은 것들로 이루어져 있다. 이것은 근원적이고 원시적인 자연 자체의 시간이다.

소녀소설의 사건은 내적인 공간에서 이루어지고 주인공의 정신적 성숙에 영향을 미친다. 행동위주의 남성 시공간에 비해 보면 소녀소설은 덜 사건적이며 덜 역동적이다. 사건은 대부분 실내에서 집, 학교에서 일어난다.

대표작품으로는 〈작은 아씨들〉, 〈빨간 머리 앤〉, 〈숲 속의 작은 집〉 등이 있다.

이와 같은 소년소녀소설의 특징을 더하거나 빼거나 혼합하여 여성적인 것과 남성적인 것의 혼합, 서사적 시공간의 붕괴 등을 창작시 응용할 수 있다.[75]

서술은 다시 '요약'과 '장면'으로 나누어진다. 행동이나 사건의 진술인 '요약'과 '장면'은 상호 결합하여 서사가 된다.

1) 요약

요약은 작가가 전면에 나서서 일정기간 발생하였던 일을 간략하게 설명함으로써 사건의 진행을 빠르게 한다. 헨리 제임스의 '말하기'에 해당한다. 화자가 직접 말하면서 상황을 요약하는 방법이다. 작가는 발생한 일을 일일이 다 설명하는 것이 아니 중요하다고 생각하는 사건을 요약하면서 끼어들기를 한다.

그렇다면 어떤 경우에 요약 처리를 하는가?

첫째, 일정한 기간에 별로 중요한 일이 발생하지 않았을 때 그 사건 및 사건을 메우기 위해 사용한다. 둘째, 시간을 절약하여 인물에 대한 여러 가지 정보를 전달하고자 할 때 사용한다. 셋째, 행동으로 표현하면 믿기 어려워지는 부분이

75) 마리아 니콜라예바, 김서정 옮김, 『용의 아이들』, 문학과 지성사, 1998.

있을 때 사용한다.

(1) 인물에 대한 정보

골매기 삼돌이는 평생을 구걸로 살다가 물방앗간에서 얼어 죽은 거지였습니다. 그가 깡통을 들고 장타령이라는 그 유명한 각설이 타령을 하며 마을로 오면 사람들은 다투어 따뜻한 밥을 내주었습니다. 평생 걸뱅이로 살았지만 그는 장타령 때문에 모든 사람의 사랑을 받았고 죽은 뒤에는 전설적인 인물이 되었습니다.[76)]

(2) 사건에 대한 정보

대부호가 된 두자춘은 곧 멋있는 집을 사고, 현종황제에게도 지지 않을 만큼 사치를 부리기 시작했습니다. 난릉의 술을 사오고, 계주의 용안육(龍眼肉)을 들여놓고, 하루에 네 번 색깔이 변하는 모란을 정원에 심고, 하얀 공작을 여러 마리 놓아기르고, 옥을 모으고, 비단으로 옷을 짓고, 향나무로 마차를 만들고, 상아로 된 의자를 맞추는 등 야단법석을 떨었습니다(생략). 두자춘은 금배에다 서양에서 들어온 포도주를 부어 마시고, 천축 태생의 마법사가 칼을 먹는 재주를 부리며, 그 주위에는 스무 명의 여자들이 열 명은 비취로 된 연꽃을, 나머지 열 명은 마노로 만든 모란꽃을 저마다 머리에 꽂고, 피리와 거문고를 멋들어지게 연주하는 식이었습니다.[77)]

두더지 모울은 봄을 맞아 집 안을 대청소하느라 아침 내내 바빴다. 먼지 빗자루를 들고 집 안을 쓸고, 다음에는 먼지떨이로 먼지를 떨어 내고, 그 다음에는 석회 반죽이 들어 있는 통과 솔을 들고 사다리를 딛고 올라섰다. 눈과 입으로 먼지가 들어가고 마침내 까만 털이 온통 석회 범벅이 되고 말았다. 등도 뻐근했고 팔 힘도 쭉 빠졌다.[78)]

---

76) 김종상,『김종상아동문학 50주년』, 〈도마뱀꼬리 엿가락〉, 도서출판 순리, 2008. p. 391.
77) 아쿠타가와 류노스케, 〈두자춘〉, ≪거미줄≫, 현대문학, 2006. p. 61.
78) 정채봉, ≪버드나무에 부는 바람≫, 시공주니어, 2003. p. 9.

(3) 행동으로 표현하기 어려운 부분

불과 눈 깜짝할 사이였습니다. 그 바람이 다시 세 갈래 길 위에 나타나더니 변함없이 상냥하게 속삭이면서 높은 하늘에서 내려왔습니다(생략). 이런 소리가 남과 동시에 소중한 피리를 비롯하여 금으로 만든 갑옷에다 은으로 된 투구, 공작이 깃이 달린 화살에다 향나무로 만든 활 등등 훌륭한 장군의 무구(武具)들이 흡사 비가 쏟아지듯이 눈부신 햇살을 반사하면서 하나씩 눈앞에 떨어져 내렸습니다.[79]

2) 장면

작중인물의 행동을 독자의 눈앞에서 벌어지고 있는 것처럼 생생하게 보여주는 방식이다. 이는 헨리 제임스의 '보여주기'에 해당하는 문장이다. 화자가 직접 나서서 말하지 않고 등장인물들의 행동과 말을 보여주는 방법이다.

그렇다면 어떤 경우에 장면 처리를 하는가?

첫째, 흥미 있고 호기심을 자극하는 일이 발생하였을 때 이 방법을 사용한다. 둘째, 대립 세력이 마주칠 때 이 부분을 대장면으로 극화한다. 셋째, 보이지 않는 작중인물에 대한 정보를 독자에게 전달하고자 할 때 대화 장면을 이용한다.

(1) 호기심을 자극하는 장면

나는 더 이상 참을 수가 없었습니다. 게다가 모터를 빨리 떼어 내야 했으므로 대충 아무렇게나 아래 그림과 같은 그림을 그렸습니다. 그리고 그 그림을 내던지듯이 꼬마에게 주었습니다.

"이건 상자야. 양은 그 속에 있어!"

잔뜩 퉁명스럽게 말했는데, 그림을 본 꼬마의 얼굴이 활짝 밝아졌으므로,

---

79) 아쿠타가와 류노스케, 조양욱 옮김, 〈개와 피리〉, ≪거미줄≫, 현대문학, 2006. p. 32.

나는 당황하고 말았습니다.

"그래, 이거야. 나는 이런 것을 가지고 싶었어. 이 양은 풀을 많이 먹을까?"

"왜 그런 걸 걱정하지?"

"내가 사는 곳은 아주 작은 곳이거든."

"그런 걱정은 하지 않아도 돼. 그 양은 아주 작은 양이니까."

꼬마는 고개를 숙여 그림을 들여다보았습니다.

"그렇게 작지도 않은데. 으응? 양이 잠들었네……."

이렇게 하여 나는 어린왕자를 알게 되었습니다.[80)]

(2) 대립 세력이 마주치는 장면

여왕은 방 안을 한번 둘러보고는 부서진 곳과 아이들을 차례로 쳐다보았다. 하지만그 여왕의 얼굴에서 지금 무슨 생각을 하고 있는지, 혹은 놀랐는지 어쨌는지조차 헤아릴 수 없었다.

여왕은 성큼성큼 걸어 나와 물었다.

"누가 나를 깨웠지? 누가 마법을 푼 거야?"

다고리가 대답했다

"저, 제가 그런 것 같아요."

"네가!"

여왕은 디고리의 어깨에 손을 얹었다. 희고 아름다운 손이었지만 디고리에겐 꼭 강철 집게처럼 단단하게 느껴졌다.[81)]

(3) 보이지 않는 작중인물에 대한 정보

모울은 대수롭지 않다는 투로 말했다.

"뭐? 그 어린 게? 글쎄, 그렇다고 해도 뭐가 그렇게 걱정이지? 그 앤 길을 잃고 여기저기 돌아다니다가 집으로 다시 돌아오곤 했잖아. 그 애는 모험

---

80) 생텍쥐페리, ≪어린왕자≫, 지경사, 1992. p. 16.

81) C. S. 루이스, ≪마법사의 조카≫, 시공주니어, 2001. p. 77.

심이 강한 애야. 여태까지 아무일도 없었으니까 괜찮을 거야. 이 근처에 사는 동물들은 누구나 그 애를 알고 오터만큼이나 그 애를 좋아해. 누군가가 그 애를 발견하면 집까지 잘 데려다 줄거야. 우리도 그 애가 집에서 몇 킬로미터나 떨어진 데서도 침착하고 명랑하게 있는 것을 본 적이 있잖아."[82]

10. 묘사

작가가 묘사를 사용하는 것은 독자에게 감정을 전달하기 위해서다. 그러기 위해서 작가는 시각 · 청각 · 후각 · 촉각 · 미각에 호소하여 독자로 하여금 그 이야기를 간접적으로 경험케 해야 한다. 묘사는 작중인물 · 사물 · 자연이나 배경 등이 주로 사용된다.

1) 작중인물

인물 묘사는 심리, 외모, 행동, 사상으로 나누어 볼 수 있는데 특히 그 인물의 내면이나 성격을 드러내게 된다. 작중인물을 묘사할 때 주로 오감을 사용하여 독자로 하여금 캐릭터가 분명하게 하도록 한다.

> 삐삐는 정말로 대단한 아이였다. 무엇보다도 삐삐는 힘이 장사였다. 어찌나 힘이 센지 이 넓은 세상에 삐삐를 당해 낼 경찰이 하나도 없을 정도였다. 삐삐는 마음만 먹으면 말 한 마리도 번쩍 들어올릴 수 있었다(생략). 삐삐의 모습은 이랬다. 홍당무처럼 빨간 머리카락은 두 갈래로 야무지게 땋아져 옆으로 쫙 뻗어 있었다. 감자같이 생긴 조그만 코는 주근깨 투성이였다. 그 코 밑에는 커다란 입이 있었는데 튼튼하고 새하얀 이가 엿보였다. 거기다가 삐삐의 옷은 정말 특이했다. 삐삐가 직접 만든 옷이었다. 파란색 천에 빨간 천 조각을 여기저기 기워서 만든 옷이다. 길고 비쩍 마른 다리에는 긴 양말을 신고 있었는데 한 짝은 밤색이고 한 짝은 검은색이었다. 그리고 자기 발의 딱 두 배가 되는 까만 구두를 신고 있었다.[83]

82) 정채봉, ≪버드나무에 부는 바람≫, 시공주니어, 2003. p. 163.
83) 아스트리드 린드그렌, ≪내 이름은 삐삐 롱스타킹≫, 시공주니어, 2007. pp. 13~17.

위 글은 주인공인 삐삐의 외모와 특기에 대해 이야기하고 있다. 삐삐는 동화에 등장하는 전형적인 주인공 소녀의 이미지가 아니다. 동화 속 주인공 여자아이와 삐삐를 비유하자면 극과 극의 대립이다. 예를 들어, 공주/하인, 수동적/능동적, 내성적/외향적, 비자립형/자립형 등으로 이분 대립적이다.

> 기차에서 내리는 할아버지를 그들은 금방 알아보았다. 키가 크고 말랐고, 수척하다고 까지 할 정도로 얼굴이 홀쭉했고, 턱에는 뾰족 수염이 성깃성깃 매달려 있었다. 어머니가 할아버지를 포옹하는 장면은 우스꽝스러웠다. 마치 전봇대를 껴안고 있는 것 같았다(생략).
> (생략) 걸음을 옮길 때마다 약간 무릎이 구부러졌다. 마치 기름칠이 안 된 경첩이 달려 있는 것 같았다.84)

위 글에 등장하는 할아버지 역시 전형적인 할아버지 유형과는 거리가 멀다. 흔히 전래동화나 창작동화에 등장하는 할아버지와 비교하면 다음과 같다. 자상하다/무뚝뚝하다, 웃음 띤 얼굴/무표정한 얼굴, 여유 있는 몸집/바짝 마른 몸집, 전형적인 인물/입체적인 인물 등으로 이분 대립적이다.

> 아지나는 일곱 살이에요. 밀크 초콜릿 같은 갈색 피부, 어둡게 반짝이는 보리알 사탕 같은 눈, 그리고 작은 진주조개 같은 이를 가진 소녀예요. 아지나의 모습에서 가장 재미있는 것은 길게 땋아 내린 가닥머리랍니다. 아지나는 일요일이면 스물한 가닥의 땋은 머리에 새하얀 리본을 매고 다른 날에는 스물한 개의 빨간 리본을 매답니다. 그래서 코카투티바나에 사는 사람들은 아지나의 가닥 머리리본을 보고 오늘이 일요일인지 아닌지를 얼른 알아차리지요.85)

2) 자연 · 환경

자연 또는 환경을 묘사할 때에는 마치 사진을 보듯 이미지화하도록 해야 한다. 특정한 장소나 환경에 대한 이미지는 동화의 주제나 작중인물의 모습과 대비 혹은 유사 관계를 가지면서 극적인 스토리를 만드는 중요한 요소가 되기

84) 페터 헤르틀링, ≪욘 할아버지≫, 비룡소, 2008. p. 12,
85) 크리스타 코지크, ≪아프리카로간 눈사람≫, 한겨레 아이들, 2006. p. 10.

때문이다.

한 폭의 수채화처럼 펼쳐 보이는 배경이나 구체적인 장소의 리얼리티를 살리기 위해서 작가는 등장인물과 자연과의 감정이입을 통해 효과적으로 표현할 수 있다.

> 모울은 태어나서 한 번도 강을 본 적이 없었다. 강은 매끄럽고 구불구불하고 통통한 동물같았다. 이 동물은 끌끌거리며 무언가를 쫓아가서 콸콸거리면서 붙잡았다가 놓여 나기를 되풀이했다. 이 동물은 반짝거리면서 번쩍거리면서 팟팟거리면서 찰찰대면서 윙윙대면서 졸졸거리면서 보글거리면서 몸서리를 쳐댔다.[86]

위 글의 주인공인 모울은 아기두더지로서 땅 속에서만 살았기 때문에 강을 본 적이 처음이다. 강이 하나의 자연이 아니라 모울에게는 또 다른 동물로 인식될 수 있다. 강의 모양, 촉감, 소리, 움직임 등을 입체적인 표현으로 묘사하고 있다. 주인공이 누구냐에 따라 자연 또는 환경의 묘사가 달라짐을 보여주는 예시자료다.

> 헛간은 아주 넓었다. 헛간에서는 건초 냄새가 났고 두엄 냄새가 났다. 지친 말들의 몸에서는 땀 냄새가 풍겼고 우직한 젖소들의 숨결에서는 단내가 묻어 나왔다. 헛간에는 평화로운 냄새가 났다. 세상에 두 번 다시는 나쁜 일들이 일어날 것 같지 않은 곡식 냄새, 마구와 굴대에 치는 기름 냄새, 고무장화 냄새, 새 밧줄 냄새도 났다. 고양이 한테 생선 대가리를 줄 때면 언제나 헛간 안에 비린내가 풍겼다. 하지만 가장 많이 나는 냄새는 역시 건초 냄새였다. 헛간에는 항상 건초가 키를 넘을 만큼 높다랗게 쌓여 있고 젖소와 말과 양에게 먹이로 던져 준 건초가 바닥에 널려 있기 때문이었다.[87]

위 이야기는 〈샬롯의 거미줄〉의 중심무대인 헛간이다. 이 헛간에 사는 가축들이 이야기를 이끌어 가는 중심인물이 된다. 위층에는 마구간과 젖소 외양간이 있고 아래층에는 양우리와 아기돼지 윌버가 사는 돼지우리가 있다. 가축들에겐

---

86) 정채봉, ≪버드나무에 부는 바람≫, 시공주니어, 2003. p. 13.
87) 앨윈 브룩스 화이트, ≪샬롯의 거미줄≫, 시공사, 1996. p. 23.

더 없이 평화롭고 아늑한 공간으로 가정의 편안함이 연상되는 곳이다. 주로 미각, 후각, 촉감으로 이미지화한 점이 특징이다.

3) 사물

일상적으로 하나의 사물을 바라보는 시각은 사람에 따라 다르다. 하지만 작가는 이야기에 등장하는 사물을 주인공 혹은 주변인물의 생각이나 심리적 표현과 연계하여 표현한다.

예를 들어, 주인공의 마음이 슬플 때 바라보는 화사한 꽃은 그 화사함으로 인해 오히려 더 슬프게 보일 수 있다. 작가는 하나의 사물을 주인공의 모습으로 이미지화하거나, 주인공의 욕망으로 간접화하기도 한다.

사물의 묘사가 필요한 까닭은 이야기의 흐름에 중요한 요소가 되기 때문이다. 사물의 묘사도 인물의 묘사와 마찬가지로 독자가 마치 그 사물을 직접 보는 것처럼 입체감 있게 표현한다.

> 놀이터의 모래바닥은 아이들의 발자국 따라 울룩불룩한 모래산이 되었다. 모래바닥 가장자리는 나무로 테두리가 둘러져 있었다. 하지만 거침없는 아이들의 발길에 모래들은 늘 놀이터 밖으로 흩어져 있었다. 그런데 이게 웬일인가? 구분이 없어진 모래바닥의 테두리 끝에 작은 풀꽃이 피어 있었다. 하늘하늘한 긴목은 곧 꺾일 듯이 아슬아슬하였다. 버들잎 같은 풀잎은 연한 연둣빛으로 말갰다. 예측할 수 없는 아이들의 발걸음을 피하는 듯 고개를 놀이터 바깥쪽으로 향하고 있었다.

위 글의 놀이터는 예측할 수 없는 아이들의 부산한 움직임으로 인해 식물이 자라기엔 위험요소가 크다. 언제든지 아이들의 발에 밟혀 버릴 수 있는 위험지대다. 더구나 모래는 식물이 자라기 어려운 환경요소다. 그런데 버들잎 같은 풀꽃이 놀이터 가장자리에 피어 있는 모양은 생명에 대한 강한 애착을 보여준다. 이러한 풀꽃의 이미지는 작가가 말하고자 하는 인물을 형상화할 수 있다. 사물에 대한 묘사는 주인공의 심리 혹은 그 어떤 인물을 떠올리게 하는 연상작용을 한다.

이처럼 서사는 순수한 절차로 간주된 행동과 사건을 겨냥한 이야기의 시간적이고 극적인 면을 강조한다. 반대로 묘사는 동시성 속에서 사물과 존재들에 관심을 보이고 절차 그 자체까지도 하나의 정경으로 간주한다. 시간의 흐름을 정지시키고 이야기를 공간 속에다가 펼쳐 놓는 데 기여한다.

서사와 묘사의 담론 형식은 세계와 삶을 바라보는 서로 상반된 두 가지 태도를 표현한다고 말할 수 있다. 하나는 행동적이고 다른 하나는 관조적(보다 전통적으로 말하면 시적)이다.

아래 내용은 지금까지 문장의 요소들을 점검해 보는 일이다. 점검하는 행동은 작가가 제3자가 되어서 분석해 보는 작업이다. 작가가 작품 속에 깊숙이 개입되어 있으면 전체를 보지 못하게 된다. 그러므로 점검하는 자세는 반드시 필요하다. 이때 철저하게 제3자가 되어서 냉정하게, 정확하게, 비판적으로 분석하는 자세가 필요하다.

☞ 정리 point

1 주제

주제의 통일 여부, 가치 있는 주제, 독창성, 주제보다 다른 내용이 강조되지 않았는가. 주제는 적절한 위치에 배치되어 있는가. 주제와 내용이 조화되어 있는가.

2 내용

문맥의 통일 여부, 내용에 논리적 모순이 없는가. 내용을 정확하게 나타내고 표현이 풍부한 문장인가. 사족이 없는가. 편중되고 편파적인 내용은 없는가. 너무 상식적이거나 평범한 내용은 아닌가.

3 단락

문맥의 구분이 정확한가. 문맥과 문맥 상호간의 긴밀성, 한 단락 속에 여러 가지 내용이 들어 있지 않는가. 관점의 혼란이 없는가. 시제의 혼란이 없는가.

4 문장

주술의 관계가 일치하는가. 종속절과 주절의 관계의 일치, 불필요한 어구, 수식어의 정확한 사용, 문장의 길이는 적당한가(단문, 중문, 복문). 적합한 문체로 표현되었는가. 깔끔하고 적확한 문장인가. 문장에 군더더기나 중복되는 말은 없는가.

5 용어

문맥에 적확한 말을 사용하였는가. 용법이 틀리지 않았는가. 속어, 은어는 없는가. 자주 반복되는 말을 없는가. 조사의 사용방법은 올바른가.

6 퇴고

문장에 군더더기를 없애고, 깔끔하고, 간결하며, 산뜻한 글을 쓰고자 수정하는 작업을 퇴고라고 한다. 이야기를 위해 이야기를 쓰는 것이지 이야기를 위해 문장을 쓰는 것이 아니다. 아무리 멋있는 표현처럼 느껴지더라도 작품 내용과 상관이 없는 문장은 과감하게 삭제해야 한다. 지나치게 화려한 수식어는 어린이에게 분장(扮裝)을 시킨 모양과 같다.

애늙은이 같은 문장 표현은 어린이 얼굴에다 수염을 달아 주는 것과 같다. 대화체도 반드시 그 인물의 캐릭터와 어울리는 말이어야 한다. 이처럼 퇴고는 작품을 완성하는 데 필수적인 절차다. 열 번을 보아도 부족함이 없는 것이 바로 퇴고다. 다음 예시자료는 퇴고의 중요성을 보여준 예화다.

① 톨스토이에게 문장이 주옥과 같다고 칭찬을 받은 체홉이 어느 날 잡지사에 원고를 내주며 하는 말이다.

"빨리 가져가게. 내 수중에 오래 두었다간 아주 깎아서 문장이 없어질 걸세."

② 러시아의 작가 막심 고리끼가 퇴고를 하고 있었다. 그때 친한 친구가 찾아왔다. 친구는 막심 고리끼가 퇴고에 긴 시간과 노력을 투자하는 것을 보고 말했다.

"그렇게 하다간 나중에 어떤 사람이 태어났다. 사랑했다. 결혼했다. 죽었다. 이 네 마디밖엔 남지 않겠네."

☞ **「퇴고」의 유래**

서기 800년경 중국 당나라의 어느 마을에 시인 가도(賈島)란 사람이 노새를 타고 가면서 무엇인가를 중얼거리며 쉴 사이 없이 묘한 손짓을 하였다. 지나가는 사람들은 이상히 여겨 힐끔힐끔 쳐다보았으나 개의치 않고 무엇엔가 골몰하고 있었다. 그는 〈이응(李凝)의 유고(幽居)에 제(題)함〉이라는 서경시(敍景詩) 한 수(首)를 지어 놓고 마음에 들지 않는 자(字)를 수정하려고 정신을 거기에만 쏟은 때문이었다.

한가하게 사노라니 사귄 이웃 드물고
풀밭 사이 오솔길은 낙원으로 뻗었네.
저녁새는 연못가의 보금자릴 찾는데
스님은 달빛 아래 절간문을 **두드린다(밀다)**.

이처럼 시인 가도(賈島)가 골몰했던 대목은 바로 마지막 부분에서 '두드린다'의 뜻을 지닌 '敲'를 할 것인지, 민다는 뜻을 가진 '推'를 할 것인지 정하지를 못했던 것이다. 그래서 문을 밀어 보고 두드려 보는 흉내를 내면서 노새를 타고 갔다가 맞은편에서 오던 고관(高官)인 경윤(京尹)의 행차와 부딪치고 말았다. 문장을 생각하는 일에 완전히 몰입한 상태였기 때문이다.

이에 고관의 졸병들이 가도를 혼내자 가도는 부딪치게 된 이유를 설명하였다. 사유(事由)를 들은 경윤이 웃으며 가도에게 말해 주었다.

"자네, '推'字보다는 '敲'字가 낫겠네."

이것이 인연이 되어 가도(賈島)와 경윤(京尹)은 아주 친한 시우(詩友)로서 우정을 나누었다고 『緗素雜記 : 상소잡기』에 전한다.

IV

판타지 이해

1. 판타지의 개념
2. 판타지의 특징
3. 동물이야기 유형

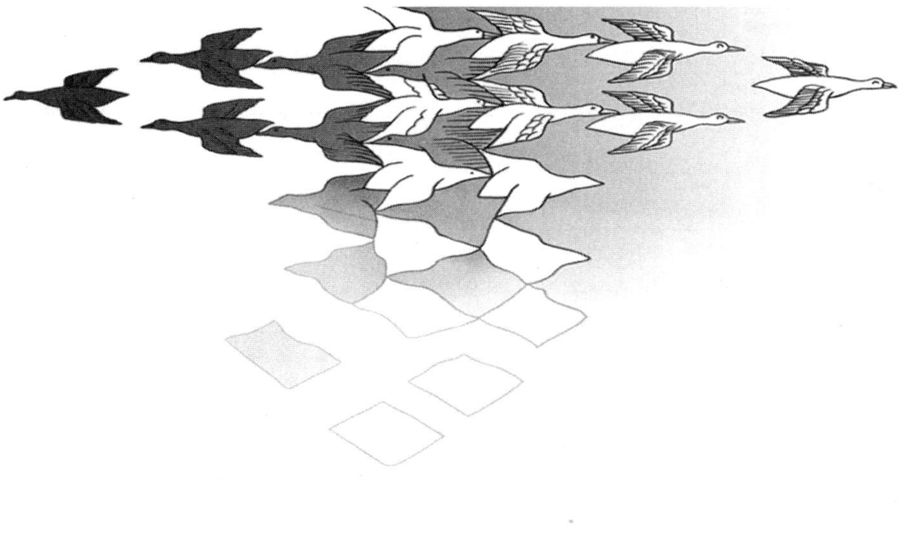

사람은 기본 욕구인 식욕 · 수면욕 · 성욕 이외 출세욕, 소유욕, 지식욕, 아름다운 것에 대한 욕망, 옳은 행동을 추구하고자 하는 욕망 등을 갖고 살아간다. 하지만 사람은 주어진 여건에 대한 만족보다는 불만족을 느끼는 경우가 더 많다. 그러므로 사람은 불만족한 상태에서 만족한 상태로 나아가려는 욕망 때문에 또 다른 행위를 하게 된다.

사람의 행위는 욕망에 의해서 촉진된다. 사람은 욕망의 충족을 위해 수없이 많은 목표를 세우고 그 목표를 달성하기 위해 노력한다. 그러므로 사람에게 '욕망'과 '목표'는 삶을 지탱하는 근본 동력이다. 파괴와 창조, 혼돈과 안정, 고통과 기쁨, 죽음과 삶 등의 양면적 성격[1]을 지닌다. 이때 이 욕망이 현실에서 이루어지지 않을 때, 사람은 비현실적인 방법으로도 욕망을 충족하고자 하는데 그 방법 중에 하나가 판타지다.

판타지는 사람의 욕망과 행위의 관계망을 여실히 보여주는 세계다. 인간이 실현하고자 욕망하는 것은 인간 자신과 그를 둘러싼 사회에서 벌어지는 모든 역동적 산물이다. 표현하고 실현하기를 욕망하는 인간에게 환상(fantasy)과 모방적(mimetic)은 전제 요소다.

환상(fantasy)은 'phantasticus'에서 온 말로 '가시화하다, 명백하게 하다'는 의미를 가진다. 이러한 일반적 의미에서 볼 때 모든 상상적 활동은 환상적이며, 모든 문학작품은 환상물이 된다.[2]

환상은 "권태로부터의 탈출 · 놀이 · 환영 · 결핍된 것에 대한 갈망이다. 독자의 언어습관을 깨뜨리는 은유적 심상 등을 통해 주어진 것을 변화시키고 리얼리티를 바꾸려는 욕구다."[3] 그러므로 인간은 환상(fantasy)이라는 장치를 통해 경험

---

1) 그리스 로마 신화에 나오는 이카로스(Icarus) 신은 아버지 다이달로스 신이 어깨에 달아준 새의 날개를 달고 하늘을 날기 시작했다. 그러나 하늘을 나는 기분에 도취한 이카로스 신은 하늘을 너무 높이 올라가지 말라는 아버지의 당부를 잊고 말았다. 점점 더 높이 올라가자 태양이 날개를 이어 붙인 밀랍을 모두 녹여버려 마침내 바닷물에 추락하고 말았다. 이처럼 과도한 욕망은 파멸을 맞게 되는 이야기는 동화에서도 자주 등장하는 모티브다.
2) 로스메리 잭슨, 서강여성문학 연구회 옮김, 『환상성-전복의 문학』, 문학동네, 2001, p. 23.
3) 사모라, 로아 파킨스와 웬디 패리스, 우석균, 박병규 외 역, 『마술적 사실주의』, 한국문화사, 2003, p. 218.

을 공유하고 대상을 모사하고자 하는 욕구인 모방(mimetic)을 발산한다.

동화와 판타지는 불가분의 관계다. 노벨문학상 수상 작가인 헤르만 헤세 *Hermann Hesse*[4]는 시와 소설 외에도 상당히 많은 동화나 우화를 썼다. 대부분의 작품들이 판타지 유형의 글이며 『동화(märchen)』라는 제목으로 출간하였는데, 그는 판타지에 대해 다음과 같이 이야기하였다.

> 고백하거니와, 내 자신의 삶이 바로 동화처럼 보일 때가 많다. 나는 바깥 세계가 나의 내면과 화합하고 어울리는 모습을 자주 보고 느낀다. 이러한 연관성을 나는 마술적이라고 부를 수밖에 없다.[5]

괴테 *Goethe*는 동화의 환상성에 대해 '경쾌한 상상력의 유희'라고 언급하였다. 즉 '동화는 우리에게 불가능한 사건을 가능하거나 불가능한 조건 아래서 단지 가능한 것으로 묘사하는 것'이라고 정의하였다.

노발리스는 동화의 환상성을 시(詩)의 본질로 간주하고, 동화의 환상성은 정서의 최상의 것을 표현할 수 있는 매체라고 보았다. 이에 '모든 동화는 어느 곳에서나 있을 수도 있고 어떤 곳에도 없을 수 있는 고향세계에 대한 꿈'이라고 정의하였다. 바로 동화의 원형은 환상성임을 보여주는 예다.

판타지는 어린이가 만들어 낼 수 있는 세계에서 시작한다. 상상에서 출발하여 일상의 경험을 향해 나아간다. 육안으로 볼 수 없는 것은 확대경을 통해서 발견하듯이 어린이는 판타지를 통해 현실의 의미를 발견한다. 가능한 현실을

---

4) 헤르만 헤세의 동화는 성인동화 유형이다. 뛰어난 문장력이 유감없이 발휘되고 있는 그의 동화들은 마력으로 빠져들게 한다. 헤세는 그림형제의 동화와 존 번연의 〈천로역정〉을 좋아하였다. 그 밖에 중국, 인도, 아프리카, 아일랜드 동화를 탐독하였고 노발리스, 티크, 호프만의 동화를 좋아하였다. 헤세는 환상의 세계를 통해 유년기를 되찾는 과정을 마술적 생각으로 그렸다. 헤세는 자신의 동화를 통해 인생관을 나타내고 있다. 하나의 소우주처럼 그의 동화 속에는 다른 모든 작품들이 지향하는 중요한 주제, 내면성의 추구, 정신분석학적인 무의식 세계로의 진입, 소외된 예술가의 고뇌, 인간은 물론 모든 창조물과의 친화를 향한 노력 등이 분명하게 나타나 있다. 즉 인간에 대한 따뜻한 사랑, 명랑하고 해학적인 유머가 그 속에 넘쳐나고 있다.

5) 헤르만 헤세, 정서웅 · 윤예령 옮김, ≪환상동화집≫, 민음사, 2003. p. 372.

인지하고 현실생활에서 충족하고자 했던 그 어떤 부분을 충족하거나 또는 희망을 갖는다.

그러므로 원시인 · 어린이 · 작가의 상상력은 일치한다. 이들은 자연의 모든 사물과 인간을 동일시할 수 있는 상상력을 자연스럽게 갖고 있다. 사물과 소통하고 사물과 동일시하는 관점에서, 판타지를 있을 수 있는 세계며, 상상에 의해 만들어 낼 수 있는 세계다.

작가의 창작 행위 또한 독특한 작가의 정신 작용, 바로 상상력이다. 상상력이란 인간이 경험해 볼 수 있는 어떤 본보기를 만들어 내는 힘이다. 상상의 세계에서는 상상할 수 있는 무엇이든지 일어날 수 있지만 실제로는 아무것도 생기지 않을 수 있다. 따라서 상상력이란 전혀 관계가 없어 보이는 사물들도 의미 있는 관계가 있음을 파악하게 한다. 일상생활의 온갖 경험을 토대로 하여 새롭고 의미 깊은 형상을 창조하는 능력이 된다.

그러므로 동화작가의 상상력은 모든 사물에 생명을 부여하는 것부터 출발한다.

> 어린이의 여러 성장 단계 중의 하나가 고립이라고 볼 수 있다면 현재를 넘어서서 환상을 펼칠 수 있는 능력은 모든 것을 가능케 할 수 있는 새로운 능력이다. 왜냐하면 환상 만들기는 현실에서 경험한 좌절을 견딜 수 있게 하기 때문이다.[6)]

판타지는 보이지 않는 세계가 중심이다. 판타지 세계는 가능한 일과 불가능한 일이 섞여 있다. 의식과 잠재의식이 구분되지 않는다. 말하지 않아도 상대방이 알아차릴 수 있고 움직임으로 대답한다. 이성의 법칙에 따라 체계가 형성되어 있지 않다. 모든 것이 현실적이면서도 또한 현실적이지 않다. 모든 것이 혼란스럽지만 모든 것이 진실로 보인다.

동물도 풀도 나무도 모두 야기하는 공간이다. 꽃이나 나무, 동물 속에 깃들여 있는 공간도 엄연히 존재한다. 그것들은 연기처럼 피어오르다가 한순간에 사라

---

6) 브루노 베텔하임, 김옥순, 주옥 옮김, 『옛이야기의 매력』, 시공주니어, 1998. p. 202.

진다. 무(無)에서 유(有)로 홀연히 형체가 변화하는 신 · 자연 · 인간이 현존하는 세계다. 하지만 아무리 비현실세계 이야기라고 할지라도 인간에 대한 이야기다.

마크 트웨인 *Mark Twain*[7]은 "픽션은 무엇보다도 말이 통해야 한다."라고 하였다. 픽션은 현실에서 발견할 수 있는 진실을 드러낸다. 사건이 지구 가운데에서 벌어지든 저 먼 화성에서 벌어지든지 내용은 비록 픽션이어도 인간에 대한 이야기이기 때문이다.

판타지는 세계 공통어며 누구에게나 통할 수 있는 코드(code)다. 발전적이고 진취적인 문학의 장르로서 최고의 부(富)와 명예를 가져다 줄 수 있는 매력 있는 장르다.

1. 판타지의 개념

판타지 문학에 대한 초기 연구는 주로 1960년대 프랑스의 문학 이론가들에 의하여 행해졌다. 그 대표적 인물로는 로제 카유, 루이바, 츠베탕 토도로프, 자호르스키와 보이어, 마리아 니콜라예바, 케더린 흄, 로즈마리 잭슨 등이 있다. 판타지에 대한 주요 학자들의 이론을 분석해 보는 일은 판타지를 창작할 때 필요한 영역이다.

판타지 문학은 환상세계에서 일어나는 일들을 다루지만, 결국은 인간의 이야기를 하고자 하는 목적에서 창작된 것이기 때문이다. 그러므로 판타지는 우리 인식의 지평을 확장시켜 주고 지적인 자유와 유희를 허용해 줌으로써 현실에

7) 마크 트웨인(Mark Twain)이라는 필명으로 더욱 유명한 미국의 소설가다. 주요 작품으로는 미시시피 강 유역을 배경으로 개구쟁이 소년인 톰 소여와 허클베리 핀의 모험을 그린 동화 〈톰 소여의 모험〉이 있다. 그의 작품 세계는 크게 두 가지로 나눌 수 있는데, 흔히 미시시피 3부작으로 통칭되는 〈톰 소여의 모험〉, 〈미시시피강의 추억〉, 〈허클베리핀의 모험〉 등은 다분히 미국적이고 자유스러운 영혼에 대한 찬가다. 〈아서 왕과 코네티컷 양키〉, 〈왕자와 거지〉, 〈불가사의한 이방인〉 등은 봉건주의 시대의 유럽을 무대로 하는 통렬한 사회 풍자물이다. 이 중 19세기 미국인을 아서 왕의 카멜롯으로 시간 여행시키는 과학 소설 〈아서 왕과 코네티컷 양키〉와 중세 오스트리아 성채에 나타난 초인 N.44의 이야기를 다루는 환상 소설 〈불가사의한 병〉이 특히 주목할 만한 가치가 있다.

대한 새로운 해석과 폭넓은 시각을 갖도록 한다. 따라서 오늘날의 판타지 문학은 동시대 사회가 안고 있는 여러 문제에 대하여 진지한 논평을 하기도 한다. 도덕적, 철학적 문제에 대한 깊이 있는 문제들을 다룬다.

1) 츠베탕 토도로프 *Tzvetan Todorov*[8)]

구조주의 이론문학가이며 환상성이 새로운 정체성을 세워 나가는 데 기여한 토도로프는 1970년대 출간한 『판타지 문학 입문』에서 판타지 문학의 경계와 범주, 그리고 그 미학에 대한 나름대로의 이론을 정립했다.

이 책은 판타지 문학에 대한 연구 성과를 종합하면서 판타지 문학을 하나의 독립된 장르로 확립시켜 판타지 문학을 논의할 때 필독을 요하는 전범이 되다시피하였다.

토도로프의 판타지는 독자입장에서 피력한 것으로 독자가 판타지 문학을 접하게 될 때 두 개의 질서가 교차한다고 보는 관점이다. 자연적 세계와 초자연적 세계로 사건을 이분화시킴으로써 두 가지의 질서가 교차하는 사고과정이다.

그러므로 토도로프의 판타지는 자연적인 법칙만을 인지하고 있는 독자가 현저히 초자연적인 사건에 직면할 때 경험하게 되는 동요(動搖)가 중심이 된다. 즉 판타지를 경이로움과 기괴함과의 관계 속에서 자기 영역을 구축하고 있는 독자적인 영역으로 파악하였다. 이 때 "주저함(망설임)"이라는 낱말을 판타지 문학 성립의 조건으로 하여 판타지 문학의 범주를 설정하였다. 따라서 판타지 문학이 성립되기 위해서는 세 가지의 조건이 갖춰져야 한다고 하였다.

첫째, 독자가 등장인물들의 세계를 일반적인 사람들의 세계로 생각해야 한다. 하지만 자연적인 설명과 초자연적인 설명으로 서술된 사건들 사이에서 머뭇거리도록 만들어야 한다.

둘째, 이러한 망설임을 등장인물(혹은 주인공)들도 역시 경험할 수 있어야 한다.

---

8) 1939년 불가리아 소피아에서 태어났다. 구조주의 학자인 롤랑 바르트의 제자다. 1963년부터 프랑스 파리에 정착, 러시아 형식주의를 서구에 소개하였다. 특히 환상문학 연구에 공헌한 바가 크다. 문학, 철학, 역사, 일상 사회학에 걸친 방대한 연구 업적이 있다.

동시에 그 망설임이 표현되어 있어야 하며, 작품의 주제 가운데 하나가 될 수 있어야 한다.[9)]

셋째, 독자는 텍스트에 대한 분명한 태도를 선택해야만 한다. '시적' 해석은 물론 '우의적인 해석'을 거부해야 한다. 독자는 판타지를 있는 그대로, 객관적으로 받아들이는 태도를 가져야 한다는 의미다.

위 세 가지 조건 중 첫 번째와 세 번째가 실제로 판타지 장르를 구성하는 조건이다. 두 번째는 반드시 충족될 필요[10)]는 없다. 그렇지만 대부분의 예들에서 이들 세 가지 조건은 충족되곤 한다.

토도로프의 판타지는 다음과 같이 다섯 가지 장르에 의해 형성된다.

① 독자가 주저함의 길이라는 기준에 입각하여 괴기(the uncanny), ② 판타지적 괴기(the fantasic uncanny), ③ 판타지(the fantasic), ④ 판타지적 경이(the fantastic marve-lous), ⑤ 경이(the marvelous)의 단계를 경험하게 된다.

이를 구체적으로 설명하면 ① 독자는 망설임과 주저함으로 비현실세계를 일반적인 현실의 세계로 받아들인다. ② 비현실세계에서 일어나는 이상하고 신비로운 일들을 경험하게 된다. ③ 비로소 비현실세계를 일상적인 세계로 자연스럽게 받아들인다. ④ 현실세계와 비현실세계에서 일어나는 모든 일들에 대한 경이로움을 느끼게 된다. ⑤ 판타지의 경이로움을 만끽하게 된다.

2) J. R. R 톨킨 *John Ronald Reuel Tolkien*[11)]

톨킨은 북유럽의 옛 설화를 바탕으로 인간세계와는 전혀 다른 세계와 다른 존재들을 창조해 냄으로써 현대 판타지 소설의 장르를 크게 발전시킨 언어학자다.

---

9) 〈시간을 달리는 소녀〉에서 주인공이 과거로 돌아갈 수 있다는 사실에 대해 망설이는 행동.

10) 〈이상한 나라 앨리스〉에서 주인공인 앨리스가 무작정 토끼를 따라 간 것은 망설임이 없이 비현실세계로 들어간 것이다.

11) 영국의 영문학자 · 소설가. 〈반지 원정대〉, 〈두 개의 탑〉, 〈왕의 귀환〉, 〈반지의 제왕〉 3부작은 판타지 소설의 고전으로 불린다. 20세기 영문학사에 큰 발자취를 남겼고, 현대 판타지 소설이라는 새 장르를 발전시킨 작가로 꼽힌다. 그러나 톨킨의 인종차별 문제에 대한 의견이 분분한 점이 옥에 티다.

특히 톨킨의 〈반지의 제왕〉은 중간계의 이야기로 설정하여 절대자의 등장과 구원, 선과 악의 이분대립적인 구도로 인한 뚜렷한 권선징악, 종교적 차별의 색채로 인한 인종차별 등이 특징이다. 또한 요정(엘프), 난쟁이, 트롤과 오크(일명 마물로 취급) 등 비현실적인 인물이 등장한다.

톨킨은 판타지에 대하여 "판타지는 자연스러운 인간의 행위이고, 작가의 긴장을 완화시키고, 작가의 상상력에 목소리를 실어 준다. 그럼으로써 독자의 긴장을 증폭시키고 해방시킨다."[12]라고 말하였다. 이에 판타지의 세계를 '1차 세계(Primary World)'와 '2차 세계(Secondary World)'가 공존하는 이야기로 보았다. 1차 세계는 경험 세계, 즉 현실세계며, 2차 세계는 비현실세계다.

단, 2차 세계의 모든 기준과 법칙은 2차 세계의 창조자가 말하는 진리와 일치되어야 한다. 2차 세계에 대한 의심이 일어나는 순간 주문은 깨어지고 마법이나 예술은 실패하기 때문이다. 그러므로 2차 세계의 내적 리얼리티를 살려 독자로 하여금 압도적 기이함을 느낄 수 있도록 해야 한다고 강조하였다.

3) 자호르스키와 보이어

자호르스키와 보이어는 판타지를 '상위 판타지(high fantasy)'와 '하위 판타지(low fantasy)'로 구분하였다.

'하위 판타지'는 작품의 배경 및 내용이 현실세계를 중심으로 비합리적인 사건이 펼쳐지는 이야기다.

예를 들면, 미하엘 엔데 *Michael Andreas Helmuth Ende*[13]의 〈마법의 설탕 두

---

12) 캐서린 흄, 『환상과 미메시스』, 한창엽 옮김, 푸른나무, 2000. p. 55.

13) 독일 작가며 1960년에 첫 작품 〈기관차 대여행〉으로 독일 청소년 문학상을 수상하면서 본격적인 작가의 길을 걷는다. 1970년에 〈모모〉를, 1979년엔 〈끝없는 이야기〉를 냄으로써 세계 문학계와 청소년들 사이에 미하엘 엔데라는 이름을 확실하게 각인시켰다. 〈오필리아의 그림자 극장〉, 〈마법의 수프〉, 〈렝켄의 비밀〉, 〈보름달의 전설〉 등 여러 작품을 발표해 철학이 있는 판타지의 세계로 독자들을 이끌며, 즐거운 여행을 하게 만들어 주었다. 1995년 미하엘 엔데가 세상을 떠났을 때, 세계의 언론들은 그를 단지 작가로서가 아니라 '동화라는 수단을 통해 돈과 시간의 노예가 된 현대인을 비판한 철학가'로 재평가하며 엔데의 죽음을 안타까워했다.

조각〉의 배경은 주인공인 렝겐이 살고 있는 현실이다. 지혜의 요정에게 얻은 마법의 설탕으로 인해 비합리적인 사건이 펼쳐진다. 필리퍼 피어스[14]의 〈한밤중 톰의 정원에서〉 역시 주인공인 톰의 이모집이 이야기의 주 무대다. 단, 이모집 괘종시계가 13번치는 순간 뒷문을 열면 펼쳐지는 정원이 비합리적인 사건으로 펼쳐진다.

한밤중 톰의 정원에서

'상위 판타지'는 작품의 배경 및 내용이 비현실세계를 중심으로 비합리적인 사건이 펼쳐지는 이야기다. 단, 현실세계에서 비현실세계로 진출하기 위해서는 문이나 동굴, 거울, 동물 등의 특수한 장치(통로)를 설정하도록 한다.

예를 들면, 루이스 캐롤의 〈이상한 나라의 앨리스〉에서 앨리스는 멋진 옷을 입고 시계까지 가지고 다니는 흰 토끼를 따라가다가 굴 속으로 떨어지면서 비현실세계가 펼쳐진다. 라이먼 프랭크 바움의 〈오즈의 마법사〉에서 도로시는 회오리바람에 의해 비현실세계인 오즈의 나라로 들어가게 된다. 제임스 매슈 배리의 〈피터 팬〉의 웬디는 팅거벨의 반짝이 가루로 인해 비현실세계인 꿈의 나라로 날아가게 된다. 메리 노튼의 〈마루 밑 바로우어즈〉에서는 시계 뒤 벽 아래쪽 장식 판자 밑의 구멍이 2차세계인 마로우어즈의 요새로 가는 통로다.

이처럼 자호르스키와 보이어가 구분한 판타지는 이야기의 주 무대가 현실인가 비현실인가에 의해 하위/상위 판타지로 구분하였다. 단, 하위/상위 판타지의 공통점은 비합리적인 사건이 일어나는 점이다.

14) 영국 근대 판타지 문학을 대표하는 작가다. 몇 안 되는 문장가로 손꼽힌다. 그녀의 작품은 대체로 문장가라는 명성에 걸맞은 묘사력과 오랫동안 기억에 남을 만큼 개성 있는 인물 창조, 완벽하고 균형 있게 짜 맞춘 구조 등 모든 것이 잘 갖추어져 있어 '걸작'이라는 평을 받고 있다. 피어스의 대표작으로는 현실 세계를 밀도 있게 그려 '리얼리즘' 문학의 걸작으로 평가받고 있는 〈아주 작은 개 치키티토〉와 〈피라미호의 모험〉, 실제 세계와 상상의 세계를 살짝살짝 넘나드는 멋진 작품 〈한밤중 톰의 정원에서〉 등이 있다. 피어스는 ≪한밤중 톰의 정원에서≫로 1959년에 카네기상을 받았다.

4) 마리아 니콜라예바 *Maria Nikolaieva*[15)]

마리아 니콜라예바는 판타지 저서인 『마술 코드(The Magic Code)』에서 시공간(cbronotope)[16)]이라는 개념으로 판타지를 설명하였다.

판타지에 나타나는 고유의 시간과 공간 사이의 관계를 살핀 것이다. 따라서 한 편의 동화가 전래동화인가, 판타지인가를 구분할 때의 기준을 시공간[17)]으로 구분하였다. 즉 이야기 속 시공간이 한 세계의 구조로 되어 있으면 전래동화이고, 두 세계의 구조로 되어 있으면 판타지다. 다시 말하면, 시공간이 현실 속의 비현실, 혹은 비현실 속의 현실이 하나의 세계로 이루어져 있다면 전래동화다. 반면, 시공간이 현실과 비현실의 세계로 정확하게 구분되어 있다면 판타지로 본 것이다.[18)]

(1) 하나의 시공간

판타지의 시공간이 하나로 이루어진 이야기의 형태다. 전래동화의 시간과

---

15) 스웨덴의 아동문학연구가.

16) 러시아 학자인 바흐친이 정의한 '시공간'은 문학 작품에 나타난 시간과 공간의 조화라는 뜻이다. 즉 시간과 행동의 장소와 행동의 시간을 대신하는 의미다. 또한 공간의 상호의존을 의미하는 시간과 공간의 불가분의 통합을 나타낸다. 그러므로 '시공간'이라는 용어는 판타지에서만 사용해야 한다는 뜻은 아니다. 모든 아동문학에 통용되는 용어다. 하지만 판타지 서술에서는 시간과 공간의 관계가 아주 중요하고 시공간이 두드러진 특징을 가지고 있기 때문에 마리아 니콜라예바는 판타지를 설명할 때 '시공간'이라는 용어를 사용한 것이다.

17) 시공간이라는 용어는 러시아 학자인 미하일 바흐친에 의해 문학 비평에 도입되었다. 바흐친은 시공간을 "문학에서 인위적으로 표현된 시간 관계와 공간 관계의 본질적 연결"(Bakhtin, 1981, p. 84)이라고 정의한다. 다시 말하면 문학 작품에 나타난 '시간과 공간의 조화'다. 바흐친은 그 용어를 자연과학에서 빌려 왔다고 한다(단어 자체는 그리스어인 '크로노스'(시간)와 '토포스'(공간)을 합친 것이다.). 바흐친의 문학이론에서 이 용어는 특별한 의미를 갖고 있다. 허구의 시간과 장소 사이의 연합, 혹은 바흐친 자신의 추상적 문학 용어에 의하면 '형식적 카테고리'를 나타내는 것이다. 결론적으로 바흐친의 시공간은 상호 의존을 의미하는 시간과 공간의 불가분의 통합을 나타낸다.

18) 미야자와 겐지의 〈늑대 숲, 소쿠리 숲, 도둑 숲〉은 전래동화의 형식과 유사하다. 이야기의 발단도 커다란 바위가 들려준 이야기로 시작되며, 사람과 숲의 도깨비들이 하나의 시공간에 존재한다. 이런 경우 판타지 이론에 의한다면 판타지의 모델이라고 볼 수 없다.

공간은 모두 우리 경험 너머에 있지만 우리와 함께 공존한다. 공간의 경우, "어느 산골 마을에~ "라든가, "바다를 세 개 건너고 산을 세 개 넘어서~"이라든가, "해님의 동쪽나라에서, 별님의 북쪽나라에서~" 등으로 설정된다. 사건이 일어나는 시간의 경우는 "옛날 옛적에~" 혹은 "옛날하고도 먼 옛날에~" 등으로 제시된다. 즉 공간과 시간은 과거의 시간과 장소로 설정되어 있지만 등장인물들은 하나의 시공간에서 함께 공존한다.

전래동화의 세계에서 마술은 당연한 것으로 받아들여지고 놀라움을 일으키지 않는다. 요정 · 마녀 · 마술사 · 용들은 이 우주에서 자연스레 살아가는 이웃들이고 변신은 가장 보편적인 사건이다.

예를 들면, 〈콩쥐팥쥐〉에서 두꺼비가 말을 하고 참새가 말을 해도 콩쥐가 놀라운 사건으로 받아들이지 않는다. 〈신데렐라〉에서 요정이 펑! 하고 나타나도 신데렐라는 놀라지 않는다. 전래동화에 등장하는 모든 인물들은 서로를 낯설어 하지 않고 공존하는 존재로 여긴다.

그러므로 전래동화에 등장하는 인물은 하나의 시공간인 마술세계에서 살아가고 있다. 또한 전래동화는 그 나라의 민간신앙과 제의와도 밀접한 관계가 있어 독자에게도 전래동화의 소재 및 스토리가 낯설지가 않다. 칼 구스타브 융 *Carl Gustav Jung*의 집단무의식의 이론처럼 전래동화의 소재나 스토리는 무의식적으로 독자들이 의식하는 것이기 때문에 마술을 당연하게 받아들이게 된다.

(2) 두 개의 시공간

판타지의 시공간이 두 개의 세계로 이루어진 이야기의 형태다. 판타지는 우리 시대의 시공간과 연계되어 있으며, 등장인물은 대부분 평범한 아이들이다. 하지만 평범한 아이들은 마술 통로를 통해 비현실세계로 들어가게 되고, 그 세계에서 벌어지는 마술적인 모험으로 현실과의 대비를 만들어 낸다.

이러한 까닭은 제약된 현실을 살아가고 있는 어린이의 욕구나 희망을 충족하기 위한 수단으로 비현실의 세계를 가져오기 때문이다. 비현실세계는 '사실적 시간' 혹은 '일차적 시간'과 상관없는 그 세계 고유의 시간을 가지고 있다. 즉 현실세계에서 하루가 24시간으로 이루어져 있다면 비현실세계에서 하루는 365일이 될 수 있다. 현실과 비현실의 세계만의 고유의 법칙이 설정되어 있다. 따라서 판타지의 비현실 세계는 '2차적 시공간(secondary cbronotop)'의 의미로써 일반적 세계나 시간과 대조되는 특별한 시간을 가지고 있는 '마술적 세계'다.

(3) 시간이동 판타지

'시간이동 판타지'인 경우 시간의 뒤틀림 현상이 중심이 되어 나타난다. 주인공들은 시간이동으로 인하여 비현실세계를 경험하게 된다. '시간이동 판타지'에는 중요한 규칙이 있다. 등장인물이 다른 시공간에 있는 동안 일차적 시간은 그 자리에 머물러 있다.

괴물들이 사는 나라

예를 들면, 〈괴물들이 사는 나라〉에서 주인공인 맥스가 엄마에게 꾸중을 듣고 집에서 멀리 떠나고 싶은 마음을 비현실세계를 여행하게 된다. 밤낮으로 몇 주씩 1년이 지나서 괴물나라에 도착하고 또 밤낮으로 몇 주씩 1년이 걸려서 집으로 돌아온다. 그러나 집의 시간(엄마의 시간)은 맥스가 혼난 날 저녁시간으로 설정되어 있다.[19]

필리퍼 피어스의 〈한밤중 톰의 정원에서〉에서 주인공인 톰은 비밀의 정원에서 과거의 시간으로 돌아간다. 그 곳에서 이모가 살고 있는 집주인 아주머니의 어렸을 적 모습인 소녀를 만나 놀게 된다. 하지만 현실로 돌아오면 평상시와 다름없는 현실의 시간으로 돌아온다.

'시간이동 판타지'는 동화뿐만 아니라 애니메이션, 미래를 다루고 있는 영화에서도 많이 응용되고 있다. 대표작품으로는 애니메이션의 『아기공룡 둘리』에서 둘리, 일본 SF계의 작가 츠츠이 아스타카의 단편소설을 애니메이션화한 『시

---

19) 물론 맥스가 비현실세계로 떠난 날 창문에 비친 달은 초승달이었고 맥스가 돌아온 날 창문에 그려진 달은 보름달이었으므로 어느 정도의 시간이 흘렀음을 암시하고 있다. 그러나 이 시간의 흐름은 결국 맥스가 혼난 저녁 무렵의 시간대라고 볼 수 있다.

간을 달리는 소녀』의 마코토다. 이들은 시간의 뒤틀림으로 인해 현재에서 과거로 돌아가게 되는 이야기다.

(4) 2차적 세계 판타지

'2차적 세계 판타지'는 시간보다는 비현실세계의 공간이 주를 이룬다. 현실과 비현실을 넘나드는 통로는 문이나 마술 물건, 또는 마술적인 협력자와 같은 패턴으로 연결되어 있다. 현실과 비현실을 오가는 통로 설정은 자호르스키와 보이어의 이론과 일치되는 부분이다. 즉 두 세계 사이의 실질적 혹은 상징적 문이 두 세계 사이를 연결시키도록 설정하는 방법이다.

예를 들어, 칼 루이스의 〈사자와 마녀의 옷장〉에서는 옷장이, 루이스 캐롤의 〈이상한 나라의 앨리스〉에서는 토끼가, 라이먼 프랭크 바움의 〈오즈의 마법사〉에서는 회오리바람이 현실과 비현실을 넘나드는 통로가 된다.

'2차적 세계 판타지'의 특성은 다양한 시간과 공간들이 등장하는 것이다. 물론 대부분의 경우에는 두 가지의 시공간인 1차와 2차적 시공간만이 관계된다. 1차와 2차적 시공간은 초기 인류가 이 세계를 신성한 세계와 불경한 세계로 보았던 이분법적 분류(선과 악)를 반영한 것이다.

이에 마리아 니콜라예바는 판타지 세계를 우리가 몸담고 사는 현실 세계인 '1차 세계'와 현실 밖 세계인 '2차 세계'로 구분하였다. 그런데 '2차 세계'를 다시 세 가지 세계로 나눈 점이 특이하다.

문이 닫힌 세계(close world)는 현실세계와 서로 오고 가지 않고 홀로 꽉 차 떨어져 있는 세계다. 문이 열린 세계(open world)는 현실세계와 현실 밖 세계가 공존하면서 서로 오고 가는 세계다. 숨어 있는 세계는 이야기 안에 현실 밖 세계가 모습을 드러내지는 않지만 어떤 식으로든지 현실세계에 영향을 미치는 세계다.

(5) 문이 닫힌 세계(close world)

케네스 그레이엄의 〈버드나무에 부는 바람〉, 토베 얀손의 〈요술 모자와 무민

요술 모자와 무민들

들〉[20]은 판타지 소설이 기본적으로 갖추고 있는 현실세계와는 아무런 접촉도 없이 닫혀 있고 자족적이다. 이를 '상위 판타지(high fantasy)'인 신화적 세계로 볼 수 있지만 마술이 구사되는 세계도 아니다.[21]

〈요술 모자와 무민들〉의 경우 무민의 시공간은 정적이고 그나마 약간 있는 시간의 움직임은 순환적이다. 무민계곡 너머에는 분명히 또 다른 '보통' 세계가 존재하며 이 보통 세계는 1차 세계며 거주자는 인간들이다. 역으로 말하면 보통사람들이 무민 계곡으로 들어오려면 마술을 통해서만 들어올 수 있는 세계임을 암시하고 있다. 하지만 무민들은 인간세계와 아무런 교통 없이 홀로 존재하고 있는 세계다.

〈버드나무에 부는 바람〉은 배저(오소리), 모올(두더지), 래트(물쥐), 토드(두꺼비)와 같은 동물 주인공이 펼치는 2차 세계 이야기로만 되어 있다. 물론 동물들의 생활을 현실적으로 묘사하고 있지만 동물들의 모험이야기라는 자체가 2차 세계의 이야기다. 따라서 2차 세계는 사람들이 살고 있는 현실과의 접촉 없이 자족적인 닫힌 세계다.

(6) 문이 열린 세계(open world)

문이 열린 세계는 현실과 현실 밖의 세계를 주인공이 마음대로 오갈 수 있는 공간이다. 대표적인 작품으로는 제임스 매슈 배리의 〈피터 팬〉, 메리 노튼의 〈마루 밑 바로우어즈〉, 사토 사토루의 〈아무도 모르는 작은 나라〉 등이 있다.

〈피터 팬〉의 1차 세계는 웬디가 살고 있는 지구며, 2차 세계는 피터 팬이

---

20) 작가인 토베 얀손은 어릴 적 한밤중에 찬장에서 음식을 몰래 먹다가 부모에게 들은 이야기, "부엌 찬장 속에는 작은 도깨비가 산다."는 말에서 만들어 낸 도깨비 이름이 무민이다. 무민의 이야기는 모두 8권으로 되어 있으며 직접 그림도 그리는 작가다.

21) 〈요술 모자와 무민들〉 경우, 요술 모자가 등장한다. 요술 모자는 달걀 껍질을 넣으면 하얀 솜뭉치 구름으로 변하는 등, 무엇이든 넣기만 하면 신기한 물건으로 변하게 하는 모자다. 무민트롤은 숨바꼭질을 하던 중 이 요술 모자에 숨었다가 요상한 모습으로 변해서 곤욕을 치르기도 한다. 하지만 이 요술은 사건을 이끌어 가는 중요한 요소이기 보다는 무민들의 장난끼에 동원되는 매체라고 볼 수 있다.

사는 꿈의 섬이다. 꿈의 섬에 살고 있는 피터 팬은 마음대로 현실과 현실 밖 세계를 오간다. 〈마루 밑 바로우어즈〉는 사람들이 살고 있는 가정집인 1차 세계와 바로우어즈가 살고 있는 마루 밑인 2차 세계로 두 공간이 설정되어 있다. 바로우어즈인 팟은 마음대로 1차 세계와 2차 세계를 다닌다. 〈아무도 모르는 작은 나라〉의 1차 세계는 고향마을이며, 2차 세계는 감탕나무가 있는 고향마을 귀문산으로 설정되어 있다.

아무도 모르는 작은 나라

문이 열린 세계의 공통점은 주인공들이 1차 세계와 2차 세계를 오갈 때 어떤 통로를 이용한다는 것이며, 두 세계를 마음대로 오갈 수 있다는 점이다.[22]

도토리와 산고양이

(7) 숨어 있는 세계

미야자와 겐지의 〈도토리와 산고양이〉[23]에 나오는 산고양이 마을은 황금도토리마을이다. 산고양이가 주인공인 이찌로오를 엽서로 초대한 까닭은 황금도토리마을에서 일어난 일을 해결하기 위해서다. 현실세계의 이찌로오가 소통하는 현실 밖 세계는 산고양이 마을이다. 하지만 산고양이가 다스리고 있는 황금도토리마을의 사건을 이찌로오가 해결하게 된다. 따라서 이찌로오에게 황금도토리마을은 현실 밖 세계에서도 숨어 있는 세계다.

마해송의 〈바위나리 아기별〉에서 숨어 있는 세계는 하늘나라 임금님이 사는 나라다. 바위나리는 현실세계인 땅나라에 살고 있고, 아기별은 현실 밖 세계인 하늘나라에 살고 있다. 하늘나라에는 다시 임금님이 사는 성이 존재하는 데 바로 숨어 있는 세계다. 임금님의 성은 하늘나라에 속한 또 다른 세계로 존재하며, 이야기 밖으로 모습을 드러내지는 않지만 아기별과 바위나리에게 영향을

22) 〈피터 팬〉에서는 팅거벨의 반짝이가루, 〈아무도 모르는 작은 나라〉에서는 귀문산에서 본 빨간 운동화, 〈마루 밑 바로우어즈〉에서는 수도관이 마법의 통로가 되어 현실세계와 현실 밖 세계를 오간다.

23) 미야자와 겐지, 서은혜 옮김, ≪도토리와 산고양이≫, 창작과비평사, 2001.

끼친다.

5) 메디슨

메디슨은 판타지의 기본요소를 다음과 같이 다섯 가지로 분류하여 설명하였다. 이는 전형적인 판타지의 구성요소와 맞닿아 있다.

(1) 마법

마법은 불가능을 가능하게 만들고, 어려운 사건 해결을 해결하며, 제약 해제하거나, 유(有)를 무(無)로 만드는 효력이 있다. 판타지에서 마법은 주인공이나 주인공의 성공을 방해하는 반주동인물 모두가 사용할 수 있다.

모험플롯인 경우 양쪽에서 모두 사용하며 오히려 주인공보다 반주동인물의 마법이 더 큰 영향력을 행사할 수 있다. 반면, 주인공의 욕망을 충족시키기 위해 혹은 주인공의 목적을 달성할 수 있도록 도와 주기 위해 설정되는 마법은 주인공에게만 해당한다. 마법은 판타지의 기본 요소며 2차 세계에서는 마법이 필수적으로 사용된다.

(2) 2차 세계

특별한 지형, 다른 지배 규칙의 의해 움직이는 2차 세계는 주인공이 갈 수 있는 세계이거나 2차 세계에 살고 있는 인물이 현실로 올 수 있다. 2차 세계는 현실에서 확인할 수 없지만 그 나름대로의 규칙과 질서가 있다. 오히려 1차 세계보다 더 현실감이 있도록 설정되어야 설득력이 있다. 2차 세계 설정은 작가와 독자의 무한한 상상력을 요구한다.

(3) 선/악의 대립

선과 악의 이분대립적인 구도는 신화(神話)에서 볼 수 있는 전형적인 구조다. 주인공과 반주동인물은 선과 악으로 대치되면서 긴장과 흥미를 유발시킨다.

판타지는 대부분 주인공의 욕망이나 목적을 방해하는 인물이 등장하면서 이분 대립적인 구도를 가진다.

(4) 영웅의 여행담

영웅의 여정은 사자(使者)에 의해 모험의 세계로 움직인다. 영웅은 일정한 관문을 지나 다른 세계나 더 이상 안전과 안정이 보장되지 않는 곳으로 들어간다. 영웅은 낯선 환경과 갖은 고난 속에서 살아남아야 한다. 영웅은 수호자에 의해 도움을 받는다. 영웅은 완전한 인간으로 성장한다. 영웅은 집으로 돌아온다는 식의 패턴으로 되어 있다. 이 영웅의 여정은 처음과 끝이 맞닿아 있는 일종의 순환적인 여행이며, 판타지에 있어 전통적인 양식이다.

(5) 독특한 인물의 유형

2차 세계에 살고 있는 인물로서 요정 · 거인 · 사악한 마녀 · 도깨비 · 흡혈귀 · 마법사 · 소인 · 난쟁이 혹은 사람과 동일하게 생겼으나 초능력을 가진 유형[24]이다. 이들 인물은 보통 사람과는 다른 특별한 능력을 가지고 있다. 이 인물들은 주인공의 조력자 역할을 하거나 혹은 반대세력으로 존재하기도 한다.

특히 요정의 다양한 모습을 알아두면 창작에 많은 도움이 된다. 요정은 평범한 인간과는 다른 마술을 부릴 수 있는 특이한 인물이다. 요정은 운명을 의미하는 라틴어인 'Fatum'에서 파생된 말로 '운명의 여신(fata)'이라는 의미를 지닌다. 각 나라마다 초자연적 존재자라는 토속신앙의 창조물로는 공기와 물의 정령이나 여러 가지 다른 명칭들과 혼동해 쓰이고 있다.

나라마다 혹은 작품마다 각기 다른 요정의 모습이 나타난다.

프랑스의 요정은 우리나라의 선녀의 한 면과 도깨비의 한 면을 동시에 닮은 여성적 초자연물이다. 우리의 선녀가 하늘의 사람이면서 지상의 인간과 교제할

---

24) 미야자와 겐지, 서은혜 옮김, ≪도토리와 산고양이≫, 창작과비평사, 2001. p. 131.
- 〈바람의 마따사부로오〉에서 마따사부로오는 보통 사람과 같다. 다만 비현실세계의 인물로 설정되어 바람처럼 왔다가 바람처럼 사라지는데 마술을 부리기도 한다.

수 있고 도깨비는 하늘과는 관계없는 지상의 요물인 반면, 프랑스의 요정은 하늘의 딸은 아니지만 선녀와 같은 아름다움을 지녔고 도깨비 같은 요물의 근성을 동시에 지니고 있는 것으로 프랑스의 요정은 지상의 모든 신령류를 대신하는 프랑스 특유의 여성적 정령이자 신이적(神異的)인 등장인물이다.[25)]

페로 *Charles Perrault*[26)]의 작품에는 대모요정과 식인귀가 대표적 용어로 기능이 변별되어 있다. 대모요정은 언제나 여성이고, 선의 입장에서 도움을 주는 조력자였다. 반면, 식인귀는 남성과 여성이 있는데 악의 입장에서 무서움과 혐오감을 주는 존재다. 따라서 페로의 요정은 조력자와 선악을 판별하여 상과 벌을 주는 요정이다.

톨킨의 〈반지의 제왕〉에 나오는 요정은 인간보다 더 크고 고귀하고 이 땅이 사라지기 전엔 죽지 않는다. 단, 적과의 싸움에서 죽거나 참을 수 없는 슬픔에 죽는 것으로 특이하게 설정되어 있다.

그 외 살아 있다는 기쁨만으로 사는 진정한 요정, 잘 잊어버리고 변덕스러운 요정, 뛰어오르며 까불다가도 금세 구멍으로 숨어 버리는 요정, 토끼처럼 겁 많은 요정, 무분별하고 속이 좁으면서도 한편으론 착한 마음과 감사할 줄 아는 요정, 가냘픈 몸매를 지닌 요정, 호기심으로 늘 말썽을 일으키는 요정, 하루 종일 잠만 자는 요정, 노래를 부르며 은가루를 뿌리는 요정, 세상 비밀을 모두 알고 있는 요정, 나무의 입김을 먹으며 살아가는 요정 등 실로 다양하다.

또한 요정만큼 자주 등장하는 인물 중에 난쟁이가 있다. 판타지에 자주 등장하는 난쟁이[27)]는 성격이 두 가지로 구분된다. 서양에는 '난쟁이 전설'이 널리 퍼져 있는데 이런 전설이 판타지의 모티브가 된다. 전설의 난쟁이들은 두 가지

---

25) 송영규, 『한 · 불 구전동화의 비교연구』, 범우사, pp. 107~125.

26) 파리 출생이며 아버지는 변호사, 큰형 니콜라는 신학자, 작은형 크로도는 해부학자이자 건축가로서 아카데미 회원이었다. 〈빨간 모자〉, 〈푸른 수염〉, 〈상드리용(신데렐라) Cendrillon〉 등을 포함한 동화집 ≪거위 아주머니 이야기 Contes de ma mere l'oye≫(1697)의 작가로서 이름이 높고, 17세기 프랑스를 대표하는 비평가이기도 하다.

27) 난쟁이가 나오는 동화로는 〈엄지 소년〉, 〈엄지 소년과 엄지 소녀〉, 〈개구쟁이 스머프〉, 〈닐스의 모험〉, 〈걸리버여행기〉, 〈요정과 구두쟁이〉 등이 있다.

성격으로 나타난다. 〈닐스의 모험〉에서 닐스에게 주문을 건 북구의 난쟁이들은 모두 남자이고 요술을 부리며 탐욕스럽다.

반면, 〈백설공주〉의 친구인 일곱 난쟁이처럼 프랑스나 남서부와 독일의 난쟁이들은 예술적이고 종교적이고 사람들과 친하다. 일본 판타지인 사토 사토루의 〈아무도 모르는 작은 나라〉에 나타나는 난쟁이는 장난기가 많은 어린아이와도 같은 꼬마도사며 사람들을 해치지 않는다.

(6) 마법의 도구

판타지에서 마법을 사용할 때 그냥 주문을 외워서 사용하는 경우도 있지만 흥미와 긴장감을 유발하기 위해 마법의 망토 · 칼 · 빗자루 · 지팡이 · 가마솥 · 옷장 · 거울 · 구슬 · 카드 · 팽이 등을 사용한다.

마법의 도구는 얼마든지 새롭게 만들어 낼 수 있다. 주변의 사소한 것에서부터 특별한 그 무엇을 잘 활용하면 마법의 도구로 인하여 작품의 신선함이 더 커질 수 있다.

예를 들면, 머리카락 중 색깔이 다른 머리카락을 사용한다든가, 코털, 핸드폰 (이런 경우 핸드폰의 설정이 중요하다. 보통 핸드폰이 아닌 그 무엇에 의해 만들어진 혹은 그 누가 준 것 등), 핸드폰의 액세서리, 물감, 지우개 등이다.

단, 마법의 도구는 설정이 보통의 것과 달라야 한다. 특별한 사람이나 장소, 제조방법에 의해 만들어진 것으로 설정하면 설득력이 있다. 이러한 마법의 도구는 신비스러움과 경이로움을 줄 수 있는 부분이므로 묘사를 통해 이미지화하는 것도 창작시 신경 쓸 부분이다.

2. 판타지의 특징

1) 욕망추구

J. S. 밀은 "배부른 돼지가 되기보다 배고픈 인간이 되는 것이 낫고, 만족스러

운 돼지가 되기보다는 불만족스런 소크라테스가 되는 것이 낫다."고 하였다. 즉 질적 쾌락에 비중을 높이 둔 의미다.

사람이 현실을 살아가면서 모든 것이 만족된다면 더 이상의 발전을 없을 것이다. 그러나 역으로 생각하면, 불만족스럽고 배고프기 때문에 사람은 더 나은 방법을 생각할 수밖에 없다. 부족하기에 생각하고, 더 나은 것을 추구하기에 골몰할 수밖에 없다.

판타지 역시 이러한 생각에서 비롯된 정신적 산물이다. 프로이트는 판타지를 백일몽과 동의어로, 의식이 상상과 욕망을 자유로이 활동하게 놓아 두는 명상의 상태로 사용하고 있다. 충족되지 못한 욕망은 몽상을 움직이는 힘이고, 모든 몽상은 욕망의 완경(玩景)이며 동시에 만족을 주지 못하는 현실에 대한 보정(補整)으로 작용한다고 보았다.

동서양을 막론하고 판타지의 귀착지는 결국 현실이다. 판타지는 현실의 부족한 부분을 메워 주며, 우리 인식의 지평을 확장시켜 줄 뿐만 아니라 지적인 자유와 유희를 허용해 줌으로써 궁극적으로는 인간의 욕망을 추구하기 위한 방향타 역할을 가지고 있기 때문이다.

2) 낯설게 하기(defamiliarization)

'낯설게 하기'는 러시아의 형식주의자들이 도입시킨 문학이론으로서 사건의 진행을 지연 차단시키는 방법이다.[28] 가장 낯익은 사실이나 사물을 낯설게 보이게 해서 독자의 흥미와 관심을 더욱 끌도록 하는 방법의 하나다. 이는 현실에 대한 고착화된 의식에서 벗어나 현실을 새롭게 조망하도록 한다. 작가의 입장에서는 어떤 사건이나 사물을 어떤 형태로 서술하느냐가 관건이다. 이것이 문학성을 내포할 수 있는 문장력이 되는 연유다.

판타지는 비현실세계와 비현실인물이 존재하므로 독자들에게 낯설게 하기로

28) 예를 들면, 화자가 이야기를 들려줄 때 독자가 가장 궁금해하거나 집중할 때가 있다. 이때 화자가 그 다음 이야기를 쉽게 들려주지 않고 다른 이야기를 한다거나, 잠시 쉬면서 독자의 호기심을 증폭시키는 이치다. 그 이야기의 사실감을 높이기 위하여 시도하는 방법이다.

는 안성맞춤이다. 리얼리즘을 중심으로 한 문학이라 할지라도 허구이기 때문에 낯설고, 때로는 그러한 사실을 이야기로 치부해 버린다.

판타지는 비현실세계와 비현실적인 인물이 공존하기 때문에 더더욱 낯설다. 그러나 독자는 판타지의 낯설기를 즐긴다. 오히려 이야기로 끝나 버리지 않고 생활 속에서 때때로 그럴 수 있을 것이라는 믿음을 가지기도 한다. 바로 판타지의 시공간과 인물을 통해서 결핍된 욕구를 충족할 수 있으며 현실의 어려움에도 희망을 가진다. 판타지의 낯설기는 오히려 리얼리즘보다 더 자연스럽게 와 닿는다. 낯설게 하기는 판타지의 통로를 설정하는데 도움이 된다.

판타지의 모태가 되는 상상력은 일상의 것들을 낯설게 봄으로써 시작된다. 길을 가다가 우연히 보게 되는 전깃줄에 걸린 검은 비닐봉지, 있는 듯 없는 듯 서 있는 빨간 우체통, 아침이면 늘 사거리에서 교통정리를 하는 키 작은 아저씨, 옷걸이에 걸린 아빠의 잠바 소매, 강의실 천정에 있는 에어컨 박스, 지하세계의 숨구멍처럼 보이는 맨홀, 온갖 옷들의 하소연이 꾹꾹 담겨져 있는 재활용수거함, 깜빡깜빡 신호등, 다양한 시공간을 연출하는 벨소리 등 일상적인 사물을 낯설게 봄으로써 판타지의 통로가 될 수 있다. 즉 낯익은 요소가 한순간에 낯설게 와 닿음으로써 판타지의 세계가 펼쳐질 수 있기 때문이다.

낯설게 하기는 현실과 비현실을 오가는 통로가 된다. 또는 기존의 사실을 낯설게 함으로써 판타지의 소재가 된다.

사토 사토루의 〈아무도 모르는 작은 나라〉처럼 일상적인 산을 비현실세계로 형상화하는 것이다. 예를 들면, 양평 용문사를 비현실세계로 만들어 본다. 낯설지 않는 이야기들을 낯설게 생각해 본다. 용문사에 유래되는 마의태자와 의상대사의 이야기, 나라에 변고가 나면 큰 소리를 내며 알렸다는 은행나무, 많은 전쟁이 일어나도 은행나무만은 무사했다는 이야기, 정삼품보다 더 높은 당상직첩의 벼슬을 받은 명목(名木), 그 밖에 그 곳의 전설이나 지도, 절 주변의 가게와 위치, 가게 주인의 특성과 외모, 용문사의 뒷산에 있는 동굴 등을 낯설게 보면 비현실세계가 될 수 있다. 물론 실제 용문사(현실세계)와 동화 속 용문사(비현실세계) 사이의 경계는 실질적으로 존재하지 않는다. 즉 마술의 세계인 비현실세계가 실제 지도상 위에 기획되어 있음으로 설정하여 낯설기를 할 수 있다.

3) 꿈(dream)

판타지는 무의식의 세계인 꿈과 유사하다. 꿈을 꾼다는 사실은 현실의 내가 잠을 자는 동안에 일어나는 정신적 행위다. 즉 현실의 내가 있어야 실현 가능한 것이 꿈이다. 꿈을 꾸고 난 후 꿈 이야기를 할 수 있는 것은 꿈을 꾼 내가 기억하고 있기 때문이다.

프로이트에 의하면 꿈은 욕망을 충족하기 위해서[29] 혹은 무의식의 발로에서 비롯된다고 한다. 판타지 세계 역시 충족되지 못한 인간의 욕망을 충족시키기 위해서 만들어진 세계다. 판타지 속 주인공이 비현실세계를 직접 경험하기 때문에 그 가상의 공간이 있다고 믿는다.

단, 수면에 의한 꿈은 일시적이고 몽환적이며 해석이 불분명하지만, 판타지에서의 꿈은 희망을 의미하기 때문에 생산적이다. 결국 꿈과 판타지의 공통점은 인간이 추구하고자 하는 그 어떤 것이 형상화되는 점이다. 반면, 꿈은 무의식 속에 행해지므로 해석이 불분명하지만 판타지는 작가가 의도하였으므로 의식적이며 해석이 분명하다.

4) 활력(energy)

(1) 살아있는 이야기

판타지는 현실보다 더 리얼리티한 묘사로 독자는 어느 순간 그러한 세계가 있을 것이라는 믿음을 준다. 그러한 믿음은 앞으로의 삶을 역동적으로 살아갈 수 있는 힘(희망, 자신감)을 준다.

사실, 사람이 하늘을 날 수 있다고 생각한 상상력은 라이트 형제에게 판타지

---

29) 예를 들어, 낮에 배를 타고 싶었는데 탈 수가 없었다. 현실에서 충족되지 않은 욕망을 꿈에서 재현하는 경우, 꿈에서는 실컷 배를 타고 노는 꿈을 꾸게 된다.

의 역동적인 힘을 주었기 때문에 오늘의 비행기가 존재한다.

판타지는 우리의 현실을 충족시키기 위한 사고의 생산물이다. 판타지에서만 있을 수 있는 일들이 미래의 모습이 될 수 있는 까닭은 판타지가 현실을 바탕으로 하기 때문이다.

(2) 상상력의 뿌리

상상력은 막연히 생각으로만 그치는 공상(空想)이 아니다. 공상을 사실처럼 받아들여 현실생활을 영위할 수 없을 정도로 공상에 사로잡히는 망상(妄想)이 아니다.

상상력은 현실의 문제를 해결하기 위해서 직접 행동하는 힘이기 때문에 역동적인 힘이다. 판타지는 현실을 외면할 수 없는 까닭이 여기에 있다. 판타지는 동전의 앞과 뒤처럼 현실과 맞물려 돌아가고 있는 세계이기 때문이다.

(3) 현실의 그림자

물질과 물체의 다른 점 중 하나는 그림자의 유무 차이다. 현실이 미래지향적일 수 있는 까닭은 판타지 세계가 현실의 그림자로 존재하기 때문이다. 그래서 판타지는 변화하지 않는 형체보다는 시시각각 달라지는 그림자처럼 변화가 있다. 변화가 있다는 것은 또 다른 변화를 의미한다. 만약 ~라면? 왜? 어떻게? 라는 생각은 또 다른 상상력을 만들어 낸다. 상상력은 판타지 세계를 만들어 낸다. 현실은 늘 진보하기 위해서 판타지 세계를 향해서 앞으로 굴러가고 있다.

5) 언어의 주술력(occult language)

판타지는 언어주술력의 표본이다. 존재하지도 않는 세계를 있는 것처럼 인식시키기 위해서는 상당한 준비와 노력이 필요하다. 사실 판타지 작가는 하얀 거짓말을 척척할 수 있어야 한다. 독자를 위해서 착한 사기꾼이 되어야 한다.

현실생활에서 사기를 당한 사람들의 이야기를 들어 보면 한결같이 공통적으로 이야기하는 것이 있다. "진짜 같았다.", "완전히 믿을 만큼 확실했다."라는 말이다. 그렇다고 사기꾼에게 속은 사람들이 바보라서, 무식해서가 아니다. 사기꾼은 그 어떤 사람이라도 속일 수 있는 철저한 준비를 했기 때문이다. 이러한 준비 중에 가장 필요한 것은 '관련자료'와 '언변(말하는 기술)'이다.

판타지 작가는 없는 세계를 있는 것처럼 믿게 만들기 위해서는 충분한 자료 수집과 눈앞에 동영상이 펼치는 듯한 문장력을 길러야 한다. 그러나 판타지 세계에 생명력을 불어넣는 것은 바로 언어의 주술력[30]이다. 아무리 좋은 자료가 있다고 해도 그것을 언어화시킬 수 없다면 소용이 없다. 그러므로 판타지 관련 이론과 판타지 관련 책을 탐독해야 한다.

판타지는 민족 정서와 연관관계가 있으며 영향을 받는다. 우리의 유년시절을 생각해 보자. 엉뚱한 상상을 하거나 이와 관련된 질문을 부모님이나 선생님께 했다가는 칭찬 대신 알밤이나 꾸지람이다. 더구나 주입식 · 암기식 교육으로 우리의 뇌는 고정관념이라는 물질로 석회처럼 굳어져 있다.[31] 게다가 판타지는 감동뿐만 아니라 그 무엇인가를 더 주어야 한다. 그렇기 때문에 판타지를 창작한다는 것은 그 나라의 고유정서와 교육과도 연관이 있다.

---

30) 전래동화 시작부분에 늘 등장하는 '옛날, 옛날, 아주 오랜 옛날에…….'라는 말은 언어의 주술력을 가지고 있다. 독자로 하여금 과거의 시간으로 되돌리게 하는 힘이다. 그래서 전래동화를 듣는 어린이들은 이 말의 주술적인 의미로 인해 자연스럽게 과거의 시간과 공간으로 이동하는 것이다. 무가(巫歌)에서도 언어의 주술력을 찾아볼 수 있다. 무가는 어느 것이거나 주술적인 성격이 강한데, 무가 이외에 민요에도 주술성이 있다고 할 수 있다. '지신 밟기요'와 같은 민요는 무가 중 축원이나 덕담과 같은 내용으로 되어 있고, 그것은 기복(祈福) · 방재(防災)의 구실을 한다는 면에서 주력을 인정할 수 있다. 그러나 민요의 주술성은 민요 전반의 특성이 못되며, 민요 가운데 무가나 기타 종교에서 파생된 것에서 찾아볼 수 있는 현상이다. 반면에 무가는 무속의례에서 실제로 주술력을 구현하고 있다. 강신 · 치료 · 예언 등이 모두 무가에 내포된 주술의 효과로 볼 수 있으며, 소위 신을 즐겁게 하고 귀신을 물리치는 등 보통 인간의 언어와 다른 주술적인 힘을 가지는 점이 무가의 특성인 것이다. 이처럼 무가에는 전승적이고 종교적인 판타지가 내재되어 있다.

31) 이와 관련하여 서양의 드라마나 영화를 보면 우리의 정서와 다른 점을 알 수 있다. 어린이가 정말 엉뚱하고 괴상한 생각을 이야기하더라도 부모나 선생님은 대부분 수긍해 주는 분위기다. 그래서일까. 판타지는 서양 아동문학의 대표적 장르로 자리잡았다.

포스터 *Edward Morgan Forster*의 『소설의 제상에서』에서 판타지의 어려움에 대하여 피력하였다. "가장 쉽게 픽션의 한 부분을 정의하는 방법은 그 픽션이 독자에게 무엇을 요구하는가를 생각해 보는 일이다. 판타지는 어떤 것을 요구하는가? 우리들은 보통보다 무엇인가 한 가지 더 덤으로 지불할 것을 요구한다."

즉 판타지는 보통의 스토리를 읽을 때의 마음가짐 이상으로 특별한 육감을 가질 것을 요구한다는 의미다. 역으로 보면 특별한 육감을 만족시킬 수 있어야 한다는 뜻이다.

다행히도 주요 독자인 어린이들은 이 육감을 가지고 있다. 하지만 대개의 작가들은 어른들이며 어른들은 어렸을 때 가졌던 육감을 잊어버리거나 중요하다고 생각하지 않는다. 특히 동화작가는 육감을 그대로 가지고 있는 어린이를 대상으로 판타지를 쓴다는 자체가 또 다른 어려움이 된다.

어린이의 뇌는 어른보다는 부드럽고 그 어떤 이야기도 수용할 수 있을 만큼 자유롭다. 어린이의 생각창고는 판타지를 모색하는 좋은 수단이기도 하다. 그러므로 동화작가는 어린이의 눈높이에서 생각하고 어린이와 대화를 많이 해야 한다. 어린이와의 대화에서 작가는 특별한 소재나 언어의 주술력을 발견할 수 있다.

유명한 판타지 작가의 이야기를 보면 유년기에 들었던 이야기에서 모티브를 찾았다고 한다. 혹은 어린이들의 대화에서 동기를 찾았다고 한다. 자유로운 상상력은 어린이들의 전유물이기 때문이다.[32)]

32) 어떤 아이와 엄마의 대화를 통해서 비현실세계에 나오는 괴물의 형상을 만들었다는 이야기를 소개한다. 어떤 아이가 아이스크림을 자꾸 먹으려고 엄마를 졸랐다./엄마, 아이스크림 먹을 거야./안 돼/왜 안 돼?/자꾸 먹으면 배탈 나./난 배 안 아픈데. 그럼 먹으면 되지?/대답이 궁핍해진 엄마./입이 하나니까 하나씩만 먹는 거야./가만히 있던 아이가 혼자 중얼거리는 말,/나도 입이 열 개였으면 좋겠다. 여기 하나, 요기 하나, 여기도 하나./아이가 온 몸에 입을 그리는 모습을 보고 폭소를 터뜨린 엄마./왜?/입이 많으면 아이스크림 먹잖아. - 온 몸에 입이 있는 괴물은 어떤 캐릭터로 그려지면 좋을지 상상해 보자.

3. 동물이야기 유형

동물이야기하면 이솝이야기를 먼저 떠올릴 수 있다. 또는 동물, 식물, 그 밖의 무생물을 의인화시킨 동화를 떠올릴 것이다.

동화에서 많이 사용하고 있는 소재가 동물이다. 크게 보면 인간도 동물에 속하기 때문일 것이다.

그렇다면 어린이 문학 속에 왜 동물이 등장할까?

어린이들은 동물을 좋아한다. 어린이는 물활론적(物活論的) 사고를 가지고 있기 때문이다. 모든 사물을 자신과 감정을 나눌 수 있는 존재로 여긴다. 그러므로 어린이는 타고난 호기심과 사교성으로 동물세계와 교류할 수 있다. 특히 어린이는 자신의 모습과 다르게 생긴 동물에 대한 호기심을 가진다. 하지만 자신과 동일시하는 마음으로 동물을 대하기 때문에 거리감이 없다. 더구나 어린이들은 동물을 동물로 인식은 하지만, 동물이 사람보다 열등한 존재라고 생각하지 않는다. 즉 구별은 하되 차별하지 않는 유토피아적 사고를 가지고 있다.

그렇다면 어른인 동화작가는 왜 동물이야기를 즐겨 쓸까? 먼저 어른들은 무의식적으로 어린이와 동물을 같은 급수(級數)로 생각한다.[33] 어른에 비해 어린이를 열등한 하급동물로 간주한다. 동화작가 역시 어른이므로 이러한 시각으로 동물을 쉽게 선택할 수 있다. 주요 독자가 어린이며, 어린이와 유사한 동물을 소재로 했을 때는 이야기를 쉽게 풀어낼 수 있다고 생각한다.

어린이의 이야기 중에 동물이 등장하는 까닭에 대해서 학자들의 이론이 분분하다.

케이스 바커는 『동물 이야기』에서 동물이야기 유형에 대하여 다음과 같이

33) 부모들은 가끔 착한 아이들을 '어린 양 (little lamb)', 많이 먹는 아이들을 '새끼돼지(little pig)'라고 부르고 우리 사회에서 지칭하는 보편적인 이름은 '애들(kids, 새끼염소들)'이다. 독일에서도 아이들을 '새끼돼지'로 불리는 경우가 많고, 한국에서도 어른들은 종종 아이들을 '내 강아지'라면서 귀여워한다. 물론 이러한 표현은 귀엽다는 의미로 사용할 수 있으나 그 의식 내면에는 지적 성장을 하지 않은 동물의 수준으로 어린이를 보는 견해가 있기 때문이다.

언급하고 있다.

"아이들은 동물과 자신을 쉽게 동일시하기 때문에, 어른들은 동물을 통해서 아이들을 가르치는 교육 효과를 높일 수 있다고 판단하기에 동물이야기가 쓰인다. 즉 동물들에게 어떤 전형적인 성격을 부여한 뒤 극적이고 압축적인 사건을 겪게 하면서 그 캐릭터와 사건의 상징을 부각시키는 것이 서구 어린이 문학 초기의 동물이야기의 특성이었다."

페리 노들먼 *Perry Nodelman*[34]은 『어린이문학의 즐거움』에서 어른들이 어린이를 동물로 간주하고 있음을 이야기하였다.

"사실 우리는 '애들(새끼염소들)'을 기본적으로 동물과 비슷한 야만인으로 여기고 어떻게 하면 문명화된 인간처럼 행동할지 가르쳐야 한다고 생각한다. 어린이 문학의 많은 캐릭터가 동물이라는 것도 그러니 이상할 것도 없다. 그 동물들은 아이들의 동물 비슷한 조건들을 나타낸다."

마가렛 블라운트는 동물이야기를 쓰는 작가의 분류를 세 가지로 요약하였다.

첫째, 동물을 너무나 사랑해서 동물에 대해 쓰지 않을 수 없는 작가인 경우다.

〈블랙 뷰티〉를 쓴 안나 스웰은 열네 살 되던 해에 두 다리를 삐어 절름발이가 되었다. 몸이 불편했던 스웰에게 말은 신체의 일부였으며 삶의 동반자였다. 안나 스웰은 생생히 살아 숨쉬는 휴머니즘을 말의 입장에서 서술한다. 사람들에게 희생만을 요구당하는 말과 주인에게 더 많은 노동력을 요구당하는 노동자의 입장, 즉 피압박자의 처지를 말의 습성과 행동, 환경을 그대로 묘사하면서 쓴 글이다. 형태와 내면 모두가 말의 입장에서 쓴 자서전적 동물이야기는 자신의 애마(愛馬)를 사랑하는 안나 스웰 입장에서는 안 쓸 수가 없는 존재였던 것이다.

둘째, 인간에 대해 비판적이며, 동물이 인간보다 더 순수하고 우월한 존재로

---

34) 페리 노들먼은 캐나다 온타리오 주의 토론토 시에서 유대인으로 태어났다. 어렸을 때부터 유난히 책읽는 것을 좋아했던, 노들먼은 예일 대학에서 빅토리아 시대 문학 전공으로 박사 학위를 받았고, 지금은 위니펙 대학교에서 영문학과 교수로 재직 중이다. 20여 년 동안 어린이문학에 관심을 가지고 연구한 끝에 이 책을 펴냈다. 저서로는 『같지만 다른 장소』, 『그림책에 나오는 낱말들』, 『어린이 문학에 대한 고찰 1, 2, 3』들이 있고, 캐럴 매터스와 공동 작업한 청소년 판타지 『두 마음에 대해서』가 있다. -인터파크 제공-

파악하고 이 세상의 주인으로 여기는 작가다.

우리는 흔히 사람이 사람답지 못할 때 '개만도 못한 인간', '충견 한 마리가 시시한 열 사람보다 낫다.'라는 표현을 한다.[35] 동물과 어린이의 공통점 중에 순수한 마음이다. 어린이든 동물이든 자신을 정말 좋아하는지, 싫어하는지 육감적으로 안다. 어른들처럼 자신의 이익을 위해 눈에 보이는 거짓말을 하지 않는다.

예시 작품으로는 위다의 〈플랜더스의 개〉, 송재찬의 〈돌아온 진돗개 백구〉, 성현주의 〈눈꽃마을의 별〉 등이 있다.

셋째, 의식적이건 무의식적이건 동물이야기를 통해 독자에게 뭔가 도덕적인 가르침을 주고 싶어하는 작가다.

이 경우, 교육성을 염두에 둔 목적동화[36]가 주류를 이룬다. 특히 인성교육 중 생명존중의 사상을 중심으로 창작하는 경우 동물이나 식물을 등장시킨다. 예시작품으로는 대표적인 이솝이야기가 있다.

어린이와 동물과의 관계, 작가와 동물이야기 관계는 아주 밀접하게 연결되어 있다. 동물이야기 유형은 동물과 인간과의 관계 중심으로 다섯 가지로 분류된다.

1) 우화적 유형(동물=인간)

동물의 모습에 인간을 투영시킨 이야기다. 동물의 몸에 인간이 영혼처럼 들어가서 이야기하는 모습이다. 그러므로 겉은 동물이요, 정신은 인간인 셈이다. 전적으로 동물이 인간적인 행동을 하며 인간처럼 말한다. 우화적 유형의 동물이

35) 이러한 예는 텔레비전에서 방송되는 '세상에 이런 일이'라든가 '동물이야기'에 보면 종종 나온다. 돌아오지 않은 주인을 기다리는 네거리의 개 한 마리, 서울로 이사를 온 뒤 주인은 개에게 정육점에 가서 고기를 사오라고 심부름을 시켰다. 그런데 그 개는 예전에 살았던 동네(부산임)의 정육점으로 가서 고기를 사와서는 그 자리에서 죽은 이야기, 죽은 암컷을 묻은 그 흙 위에 앉아 있는 수컷, 실로 감동적인 이야기가 많다.

36) 목적동화는 작가가 출판사의 기획의도에 의해 창작하는 경우다. 대체적으로 교육성을 목적으로 하기 때문에 붙여진 이름이다. 미술, 과학, 철학, 음악, 창의력, 인성교육 등의 주제어를 중심으로 창작된다.

야기는 인간관계와 사회생활을 배우도록 한다.

동물을 주인공으로 내세워 사람을 관찰하고 논평한다. 이는 한 발자국 뒤로 물러서서 그 무엇인가를 관찰하는 자세다. 너무 가까이 있으면 전체를 보지 못하는 것처럼 동물을 통하여 사람의 모습을 관찰한다. 객관적이면서도 보편적인 시선으로 분석하여 인간을 풍자하거나 비판한다.

책 먹는 여우

하지만 모양만 동물일 뿐 행동과 말은 인간으로 설정하였으므로 문제점이 제기된다. 동물의 자연적 생태가 왜곡될 수 있다. 작가의 교훈적 메시지가 등장인물의 입을 통해 직설적으로 표현됨으로 문학성이 결여된다.

대표 작품으로는 이솝의 〈이솝이야기〉, 아놀드 로벨의 〈집에 있는 올빼미〉, 프란치스카 비어만의 〈책 먹는 여우〉, 미야자와 겐지의 〈거미와 민달팽이와 너구리〉, 그림형제의 〈브레맨의 동물 음악대〉[37] 등 다양하다.

2) 의존형 유형(동물⊂인간)

동물의 운명과 생활 양태가 인간의 삶에 의존되어 진행되는 이야기다. 동물은 인간에 대한 애정과 충성을 보여줌으로써 자신의 존재 가치를 찾는 이야기다. 주로 집에서 기를 수 있는 강아지 · 고양이 · 병아리 · 닭 · 돼지 · 소 등 가축이 등장한다. 이때 동물의 상대방은 어린이며 주로 친구역할이다. 이러한 까닭은 동물과의 눈높이와 의사소통의 정서적 본능이 어린이와 동물이 유사하기 때문이다.

---

37) 이 책은 주인공인 여우가 사람처럼 등장하고 주변인물은 모두 사람이다. 이 책에서 재밌는 설정은 책을 먹을 때 '소금 한줌 툭툭, 후추 조금 톡톡' 뿌려 먹는 설정이다. 여우의 생활이 일반 사람들과 같은 생활임에도 이야기 전개가 신선하고 상상력을 자극시킨다. 또한 대체적으로 에필로그가 들어가는 경우 교육성이 두드러지는데 이 이야기의 에필로그는 또 다른 상상력을 유발시키는 효과가 있어 소재의 신선함의 중요성을 다시 한 번 느끼게 하는 작품이다. 그러나 어린이가 이해하기 힘든 낱말을 사용하였음에도 불구하고 이야기 중간중간에 특정 직업에 대한 화자의 설명은 옥의 티로 보인다.

사람이 사람다운 까닭, 사람이 동물보다 나은 까닭, 사람이 기본적으로 지켜야 할 도리, 사람으로서 해야 할 일, 사람이 추구하는 것이 무엇인가를 사람이 사람보다 하급으로 치부하는 동물을 통해 사람다운 도덕적 교훈을 느끼게 한다.

사람이 사람답게 산다는 것은 참으로 어려운 일이다. 더구나 어린이들에게 도덕이라는 것은 자신의 감정과 이익을 나 아닌 다른 사람, 전체를 위해서 인내해야 하므로 더더욱 어려운 일이다. 하지만 어린이는 어린이와 같은 심성을 가진 동물을 통해 더 쉽게 더 빨리 도덕적 교훈을 깨달을 수 있다. 그러므로 부모가 어린이에게 교훈적인 말을 하는 것보다 어린이들이 동물이야기를 읽고 스스로 느끼는 것이 훨씬 효율적이다.

의존형 유형은 동물이 사람에게 의존하는 입장이지만 동물의 행동은 사람으로 하여금 감동을 준다. 사람을 위해 희생하거나, 의리를 지키거나, 변함없는 마음 등 감동적인 사건 등이 있다. 하지만 의존형 유형은 사람과 동물 사이를 주종관계로 나타냄으로써 동물의 본능을 억제하고 사람에게 길들여지게 하는 단점이 있다.

대표 작품으로는 위다의 〈플란다스의 개〉, 송재찬의 〈돌아온 진돗개 백구〉, 성현주의 〈눈꽃마을의 별〉, 샤를 페로의 〈장화 신은 고양이〉 등이다.

3) 상호교류적 유형(동물↔인간)

인간과 동물의 각자의 정체성을 잃지 않으면서 서로 대등한 교류를 통해 공존하는 공동체를 이루는 모습이다. 생명의 존엄성, 서로의 삶의 영역과 방식을 이해하고 존중하는 태도를 배울 수 있다. 사람과 동물이 동등한 차원에서 서로의 삶을 누리는 것으로 설정이 되나, 인간과 동물은 각자의 삶 사이에 일정한 거리가 있음을 확인할 수 있다.

상호교류적 유형과 관련하여 가와이 하야오[38]는 "확실히 아이들은 동물과 사귐으로써 인간과 사귀는 방법에 대해 깊이 배우게 되는 것처럼 보인다."라고

---

38) 가와이 하야오, 김유숙 역, 『아이들의 우주』, 학지사, 1997.

하였다. 즉 동물은 인간과 대등한 의미를 갖고, 인간은 동물을 비롯한 모든 생명과 친밀한 관계를 유지해야 한다는 점을 암시한다.

인간이 아무리 만물의 영장이라고 한들 이 지구상에 존재하는 모든 동식물이 없다면 살아남지 못한다. 우주의 모든 만물과 조화롭게 상생하는 것이 바로 가장 행복하게 살 수 있는 방법이다.

꼬마 돼지

특히 생명존중의 정신은 폭력적인 인터넷 게임, 만화, 놀이 등으로 삭막해진 어린이의 삭막해진 정신세계에 생명수와 같다. 조그만 생물일지라도 함부로 살생하는 것을 몸에 익히게 되면 폭력의 힘은 기하급수적으로 커지게 되기 때문이다.

동물이 사람보다 못한 존재라고 말할 수 있는 것도 사람이 정한 기준에서다. 그 기준이 어느 한쪽으로만 쏠렸을 때 자연의 법칙은 깨질 뿐만 아니라 서로가 힘들어진다. 따라서 사람과 다른 동물, 식물과는 생김새만 다를 뿐 우리가 살아가는 세상에 모두 필요한 존재임을 인식하여야 한다.

대표작품으로는 엘윈 브룩스 화이트의 〈트럼펫 부는 백조, 루이〉, 아놀드 로벨의 〈꼬마 돼지〉, 엘윈 브룩스 화이트의 〈샬롯의 거미줄〉, 미야자와 겐지의 〈오츠벨과 코끼리〉, 스털링 노스의 〈꼬마너구리 라스칼〉, 미야자와 겐지의 〈주문이 많은 요리점〉, 〈첼로 켜는 고슈〉, 김종상의 〈쉿, 쥐가 들을라〉, 〈우리 식구 네눈이〉, 〈생명의 무게〉 등이 있다.

4) 도구적 유형(동물 〈인간)

동물이 사람의 삶에서 갈등 설정이나 해결을 위한 장치 혹은 상징으로 역할을 하는 경우다. 사람이 주연이며 동물은 주인공의 문제해결의 매개체 혹은 주인공의 심리를 기호화한 매체로 등장한다.

예를 들어, 주인공이 친구에게 사과하는 의미에서 자신이 키우는 장수풍뎅이를 주고, 그 장수풍뎅이를 키우면서 두 사람간의 우정이 돈독해지는 경우의 이야기다. 흔히 등장하는 병아리 · 물고기 · 햄스터 등 어린이들이 키우기를 좋아하는 동물이 등장한다. 단, 도구적으로 사용된다고 해서 이야기에서 비중이 낮아지는 것은 아니다. 주인공이 아주 아끼는 것으로 설정되고, 또 이로 인하여 사건이 진전되기 때문에 쉽게 간과할 수 없는 존재다. 이 같은 경우 동물이 주인공의 욕망의 간접화가 되기도 한다. 도구적 유형은 동화 속 주인공의 소품처럼 자주 사용되고 있다.

5) 독립적 유형(동물)

이 유형은 동물로서 자기 본성에 충실하면서 자기 정체성을 찾으려는 동물이야기다. 동물로서 충실한 삶을 찾기 위한 자기 자신과의 싸움, 동족간의 싸움, 인간·다른 동물·자연과의 싸움 등은 자신의 목표에 도달하기 위하여 필수 조건이다.

독립적 유형은 냉혹한 야생 세계의 법칙을 보여 준다. 동물의 생태에 대한 전문적 지식을 필요로 한다. 그 동물의 입장에서 모든 것을 생각하고 행동하는 것으로 스토리가 이어져야 한다. 이 유형의 저변에는 사람과 동물 사이의 관계, 즉 사람이 동물에게 빚을 지고 있음을 암시한다.

동물이야기 유형에서 가장 섬세한 묘사와 문장력을 필요로 하며, 주인공의 심리를 잘 연구해야 할 유형이다. 독자는 동물의 눈을 통해 그만큼 다양한 인간의 모습을 엿볼 수 있다. 뿐만 아니라 사람들은 동물에게만 잔인한 것이 아니라, 서로에게도 잔인하다는 것을 알게 해 주는 유형이다.

이 우주에는 각자 다른 능력을 가지고 각기 다른 환경에서 생존의 법칙에 의해 살아가고 있다. 비록 생존경쟁에 의해(먹이사슬) 먹고 먹히는 관계가 되어 지배자와 피지배자가 생기지만 각자 자기 자리에서 자기 역할을 감당한다면 자연은 조화롭게 질서 있게 유지되어 서로가 잘 살아갈 수가 있다.

어린이들은 무방비 상태에 있는 존재다. 사람과 동물, 그리고 식물이 살아가는 자연의 법칙을 이야기를 통해 인식하게 함으로써 각자 살아가는 방식이 다름을 알고 자신을 지키는데 도움이 되도록 하는 것이다. 살아가면서 상대방을 있는 그대로 인정해 주는 것이 쉬운 일인 것 같지만 가장 어려운 부분이 될 수도 있다. 사람이란 욕심이란 것을 가지고 있어서 상대방을 이용해서라도 욕심의 주머니를 채우고자 하기 때문이다.[39)]동물의 본성과 야생에서의 삶의 모습을 사실적으로 전달함으로 동물에 대한 이해와 애정을 높인다. 이를 통해 사람과 동물의 교감을 보여 준다.

100만 번 산 고양이

대표작품으로는 안나 스웰의 〈블랙뷰티〉, 루드야드 키플링의 〈정글북〉, 케네스 그레이엄의 〈버드나무에 부는 바람〉, 윌리엄 스타이그의 〈아벨의 섬〉, 엘윈 브룩스 화이트의 〈스튜어트 리틀〉 등이다. 유아용으로는 케빈 헹크스의 〈달을 먹은 아기 고양이〉, 사노 요코의 〈100만 번 산 고양이〉, 모리야마 미야코의 〈여우의 노란 양동이〉 등이 있다.

이처럼 동물유형 이야기는 다분히 교육적이다. 인간으로서 이루지 못한 성취감을 동물을 통해 대리만족하거나, 올바르게 살아가는 방법, 역지사지(易地思之)의 입장에서 상대방을 존중해 주는 마음 등을 느끼게 한다.

동물이야기 유형을 보면 인간이 보인다. 인간이란 바로 어린이를 뜻한다. 그 사회가 동물을 어떻게 다루고 있는지를 보면 어린이들이 어떤 대접을 받는지를 알 수 있다. 인간의 시각으로 동물 보기, 동물의 시각으로 인간 보기는 자기와 종족이 다르고 언어가 다른 존재에 대한 이해와 애정을 키울 수 있게 된다. 따라서 어린이 문학 속의 동물을 살펴보는 일은 어른들의 교육관, 어린이관, 동물관, 자연관까지도 아우를 수 있음을 알 수 있다.

39) Carpenter, Humphrey and Prichard, Mari. The Oxpord Companion to Childrens Literature.

하나!

우리는 녹슨 삶을 두려워한다. - 잭 캔필드 -

두울!

우리는 현재 상태에 머물러 있는 한
우리가 되려는 그 무엇이 될 수 없다. - 오프라 윈프리 -

셋!

애벌레 속에는 훗날 나비가 되리라는 것을
말해 줄 만한 그 무엇도 들어 있지 않다. - 리처드 버크민스터 풀러 -

넷!

우리는 우리가 꾸는 모든 꿈을 이룰 수 있다.
끝까지 포기하지 않을 용기만 있다면 말이다. - 월트 디즈니 -

다섯!

살아가라, 한 번도 넘어지지 않은 것처럼! - 잭 캔필드 -

여섯!

중요한 것은 쓰러지느냐 마느냐가 아니다.
다시 일어나느냐 아니냐다. - 빈스 롬바르디 -

일곱!

손이 닿는 데까지만 팔을 뻗을 수 있다면,
하늘이 무슨 소용인가? - 로버트 브라우닝 -

여덟!

오리처럼 물가에서 꽥꽥거리지 말고,
독수리처럼 하늘로 날아올라라! - 켄 블랜차드 -

아홉!

세상에서 가장 행복한 사람은 자신의 꿈을 펼치는 사람이다. - 존 맥스웰 -

열!

달을 향해 쏘아라.
설령 빗나가더라도 별은 맞힐 수 있을 것이다. - 레스 브라운 -

열하나!

감사의 역량에 따라 행복의 크기가 결정된다. - 밀러 -

V

동화의 문장표현

1. 올바른 문장표현
2. 작가가 되기 위한 3단계

지금까지 동화작가로서 동화를 창작하는 데 필요한 여러 가지 요소를 살펴보았다. 초보자들은 '좋은 동화를 쓰기 위한 정도(正道)가 있으면 얼마나 좋을까?' 하고 이야기를 한다. 이 말은 좋은 글을 쓰기 위한 정도가 없다는 말이 될 것이다. 그렇다고 무조건 많이 읽고 많이 쓴다고 되는 일도 아니다. 이런 경우 자칫 설익은 글을 쓰거나 중도에 포기할 비중이 크다. 왜냐하면 무작정 쓰는 것은 깜깜한 밤중에 바늘을 찾는 것만큼이나 힘들고, 긴 시간을 필요로 하기 때문이다.

창작에 대한 기본적인 이론이나 기술을 어느 정도 갖추었다고 하더라도 훌륭한 작가가 되려면 다음에 제시하는 사항에 대해서 더 많은 공부를 해야 한다.

1. 올바른 문장표현

작가의 생각은 '이렇게' 표현을 하고 싶었는데 막상 글로 옮겨 놓고 나면 '저렇게'로 표현되는 경우가 있다. 작가가 표현하고자 하는 의도와 전혀 다르게 표현된 문장, 적재적소에 알맞은 문장표현의 어려움, 상황과 행동에 어울리지 않는 문장, 어린이 나이에 맞지 않는 문장표현 등이 걸림돌이 되는 경우다.

또는 외국작품을 번역한 아동도서 경우 올바른 문장표현이 제대로 되지 않는 경우도 종종 있다. 외국작가의 작품은 글 소재의 신선함, 그림의 우수성, 외국작가에 대한 선호도, 출판사의 판매전략 등 여러 가지 이유로 많이 출판되어 있다. 대체적으로 외국작가의 글은 개성이 뚜렷하며 이야기의 소재, 구성이 창의적이다. 또한 작가가 글도 쓰고 그림을 그리기도 한다. 이런 경우 작가의 글과 그림을 적절하게 소화할 수 있기 때문에 전달력이 강한 장점이 있다.

그런데 외국작가가 표현한 감성부분을 번역하는데서 오류가 나타난다. 외국어와 한국어의 다른 문장표기법, 어린이의 심리와 언어발달의 특성을 고려하지 않은 번역가에서 비롯된다.[1] 그렇기 때문에 원작품의 문학성은 우수하지만,

---

1) 이러한 흐름을 감지한 출판사는 전래동화와 세계명작의 번역을 다시 동화작가에게 의뢰하는

잘못된 번역 탓으로 오히려 작품의 질을 떨어뜨리는 경우가 많다.

아동도서 구입은 주로 유년기와 초등학교 저학년에 가장 많고, 구입하고 들려주는 사람은 부모다. 부모들은 어린이들에게 책을 읽어 주면서 이야기의 흐름이 이상하거나, 입에 자꾸 거슬리는 문장이나 정서, 정서법에 틀리는 문장 등을 발견하게 된다. 특히, 고학력자가 많은 신세대 부모들은 글의 중요성을 인식하고 있으므로 문장표현에 대해서도 분석을 하기 때문이다.[2)]

동화책의 핵심은 내용이다. 외국작가의 작품을 번역할 경우, 원작자의 뜻을 제대로 전달하기 위해서 번역가가 번역하고 동화작가가 의역하는 것이 가장 좋은 방법이다. 출판사와 번역작가 · 동화작가가 삼위일체가 되어 책임감을 가지고 외국작품을 제대로 번역하여 독자들에게 전달해야 한다.[3)]

2. 작가가 되기 위한 3단계

작가는 부지런히 배우고 끊임없이 쓰는 일을 생활화해야 한다. 자신이 쓴 글을 동료들이나 혹은 지도받는 선생님과 토론을 해 보는 것이 좋다. 창작자의 눈에는 보이지 않는 사족(蛇足)도 있고, 했던 말을 또 하던가, 왔다 갔다 하는 글의 흐름, 올바르지 못한 문장표현 등 수정해야 할 부분들이 의외로 많다.

작가가 되려면 누구나 다음의 3단계를 거친다.

추세다. 모 출판사에 발간한 서적 중에서 외국작가가 쓴 작품을 지방사투리로 번역한 것이 있다. 외국도서임을 감안하면 정서적으로 글의 흐름으로 보았을 때 심한 사투리 표현은 적절하지 못하다. 사투리 대화체로 인하여 이야기의 정서가 깨짐은 물론 책의 정체성마저 흔들리기 때문이다. 의역의 의미를 되새겨 볼 일이다.

2) 예시자료로 글뿌리 출판사에 나온 전래동화 세계명작 시리즈가 있다. 주요 독자가 유년기이므로 들려주기용 구연체로 개작하였다. 이는 독자의 특성을 고려한 부분이다.

3) 2000년대 초반 기존 출판사 뿐만 아니라 신생출판사도 앞 다투어 어린이 책 출판에 뛰어들었다. 아동문학에 종사하는 사람으로서 여간 반가운 일이 아니었으나 주로 국제도서전에서 사온 외국 책이었다. 번역서 위주로 출판하는 일은 어린이 책을 만드는 사람으로서 사명의식보다는 상업적인 경향이 더 강하다고 볼 수 있다. 특히 잘못된 번역으로 인해 빛 좋은 개살구 형태의 도서가 된 경우도 없지 않기 때문이다. 이제 작가, 출판사, 부모 모두 남다른 사명의식을 가지고 우리가 창작하고 만든 작품을 국제도서전에 출품할 수 있기를 희망한다.

1) 건강한 나르시시즘

작가가 되기 위해선 건강한 나르시시즘이 필요하다. 작가가 되려면 “나는 잘 쓸 수 있을 것이다.”라는 자신감으로 시작해야 한다. 누구든지 작가가 될 수 있다. 그러나 누구나가 작가가 되지 못하는 까닭은 글에 대한 자신감을 갖지 않기 때문이다.

자신감이 있으면 글쓰기를 시작할 수 있다. 시작이 반이라는 속담처럼 시작한다는 것은 이미 작가가 되기 위한 선상에서 출발하였다는 의미다. 로또복권을 사지도 않고 1등에 당첨되게 해 달라는 사람의 어리석음처럼 작가가 되려면 작가가 될 수 있을 것이라는 자신감을 가져야만 글쓰기를 공부하기 때문이다.

2) 지속력

자신감을 가지고 시작하였지만 곳곳에 장애물이 있다. 다른 사람으로부터 자신의 작품을 평가받았을 때 그 충격에서 벗어날 수 있어야 한다. “아, 난 완전 엉터리구나,” “뭐야, 이렇게 많이 틀리다니”, “이렇게 해서 내가 글을 쓸 수 있을까.”라는 생각에서 좌절하지 말아야 한다.

마치 큰 길 복판에서 옷을 벗고 서 있는 듯한 부끄러움을 당연하게 생각해야 한다. 글을 쓴다는 자체에 자신감이 없어질 때 누구나 다 그렇다는 위로를 스스로 할 수 있어야 한다. 이 과정에서 작가가 되느냐, 혹은 그냥 주저앉느냐가 결정된다.

천재는 “99%의 노력과 1%의 재능”으로 만들어진다고 하는 것처럼 작가 역시 마찬가지다. 작가가 되려고 작정을 하고 시작했기 때문에 중도에 하차하는 일이 없어야 한다. 남보다 오래 지속할 수 있는 힘이 바로 성공의 열쇠이기 때문이다.

남들이 작심삼일하면 작심칠일 할 수 있어야 하고, 남들이 3개월을 하면 4개월을 할 수 있어야 하는 지속력이 있어야 한다. 이러한 지속력은 가속도를 받기 때문에 어느 단계에 이르면 습관적으로 고정화된다. 그러므로 지속력은 작가가 되기 위해서 필수불가결한 요소다.

3) 필기력(筆氣力)

작가가 되려는 사람은 오기(傲氣)든, 집착이든, 신념이든 한 가지를 붙잡고 다시 쓰고 수정하기를 수십 번 한다. 그렇게 하다 보면 문장이 보이고, 단락이 보이고, 전체 글이 보인다. 사람마다 약간의 차이가 있겠지만 그 때의 희열과 기쁨을 맛본 사람은 글쓰는 것을 포기하지 못한다. 글쓰기를 멈추지 않는 사람은 자신만의 향기를 담아 내는 작품을 창작하는 작가로 남게 된다. 살아가다 보면 어떤 일을 하든 간에 보편적인 진리가 있음을 알 수 있다. 그 일의 본질을 분석하고, 다양한 표상들을 이해하는 일이다. 또한 실제로 많은 경험을 해 보는 것이 목표에 도달할 수 있는 최선의 방법이다.

동화창작에서 본질을 분석한다는 의미는 창작이론을 익힌다는 뜻이다. 다양한 표상을 이해한다는 것은 많은 책을 읽고 내 것으로 받아들인다는 의미다. 많은 경험을 해 본다는 것은 끊임없이 쓰는 일이다. 아무리 이론이 출중해도 직접 쓸 수 없으면 피상적인 이론이 된다. 좋은 글을 쓰는 작가라 할지라도 문학이론을 알지 못하면 더 이상의 발전을 기대하기 어렵다. 좋은 작품을 쓰기 위해서는 창작이론을 이해하고 쓰기에 매진하여야 한다. 앞에서도 언급했지만 창작이론과 작품은 뼈와 살처럼 한 몸이기 때문이다.

창작은 보는 관점에 따라 한 가지 문장을 보고도 전혀 다른 평가를 내릴 수 있다. 한 가지 상황을 표현하는 데에도 수만 가지의 표현방법이 있을 수 있기 때문이다.

다음의 예시자료는 현장에서 창작을 공부하는 학생들의 작품을 분석하는 과정에서 찾아낸 것들이다. 동화작가 지망생의 입장에서 어린이를 대상으로 한 동화, 소년소설 쓰기에 초점을 맞춘 것이므로 창작에 도움이 되리라 생각한다.

예시 ①

봄볕이 따사롭습니다.
영아는 마루 한쪽에 앉아서 다리를 흔들며 고개를 끄덕거립니다.

✎ 분석하기

이 장면은 작은 여자 아이가 봄 햇살을 받으며 마루에 앉아 혼자서 놀고 있는 귀엽고 평화로운 장면이다. 그런데 '봄볕'은 이 분위기에 어울리지 않는 낱말이다. '봄볕' '봄빛' '봄 햇살'의 차이점을 사전에서 찾아보면 의미상의 차이가 있다.

또한 아이의 행동과 장소 표현에서 '마루 한쪽에'는 구체적인 이미지 설정에 어울리지 않는다. 더불어 영아는 여섯 살 정도의 귀엽고 사랑스런 여자 아이로 설정되어 있으므로 '흔들고'와 '끄덕'의 행동표현도 고려해 봐야 한다.

✎ 다시 쓰기

봄 햇살이 따사롭습니다.
영아는 마루 기둥에 오도카니 기대앉아 고개를 까닥거립니다.

✎ 내가 쓰기☺

예시 ②

엄마 침팬지는 늘 보노보에게
"침팬지는 스스로를 알 수 있단다."라고 말했습니다.

✎ 분석하기

바탕글과 대화체를 혼용해서 쓰지 않는 것은 바람직하지 않다. 또한 바탕글의 어미처리를 '말했습니다.', '말했어요.' 라고 표현하는 것은 평면적인 표현이므로 주체의 행동과 표정으로 처리하는 것이 입체적이다.

✎ 다시 쓰기

봄 햇살이 엄마 품처럼 포근한 오후였어요.
엄마침팬지는 보노보의 털을 빗어주며 얘기해 주셨지요.
"보노보야, 침팬지는 스스로를 알 수 있단다."
보노보는 말똥거리며 엄마침팬지를 올려다보았지요.
"어떻게요 ? "

✎ 내가 쓰기☺

예시 ③

호진이는 얼마 전에 바다 속을 탐험할 수 있는 일일상품권을 선물받았어요. 일회용 인공 아가미와 해마 승차권이지요. 누가 주었는지, 어떻게 받게 되었는지는 말해 줄 수 없어요. 절대 비밀이거든요. 다만 호진이는 선물받을 자격이 충분했었다는 건 말해 줄 수 있어요. 이제 그 날의 얘길 해 줄게요.

✎ 분석하기

위 이야기는 바다 여행을 하게 되는 호진이의 이야기다. 바다 속 병원들을 다녀온 이야기로서 병원 설정이 아주 신선하고 재미있다. 고래정형외과, 전기뱀장어 치료받기, 연어들의 전문병원인 건강검진센터, 남극에 있는 심리상담소, 하늘을 날고 싶은 펭귄들을 만나는 등, 그러나 곳곳에 작가의 말이 절제 없이 들어가 있고 교육성이 드러나 있어 아쉬운 점이다.

또 호진이가 받은 상품권을 비밀 처리한 것과 선물받을 자격이 왜 충분한지 알 수가 없어서 납득하기 어려운 부분이다.

✎ 다시 쓰기

학교 운동장은 금세 시장으로 변해 버렸어요.
"장난감을 팝니다. 얼른 사가지고 가세요."
"싸게, 아주 싸게 팝니다! 어서어서 오세요."
바로 알뜰시장이 열린 날이었거든요.
호진이는 신이 나서 이곳저곳을 기웃거리며 다녔지요.
그때였어요.
수염이 목까지 긴 할아버지가 호진이를 아는 체 하지 뭐예요.
"넌 바다 속 여행을 하고 싶은 게구나."
"어? 할~할아버지가 어떻게 아세요?"

"허허, 다 아는 수가 있지. 옜다! 오백 원이다."
할아버지는 하얀 봉투를 불쑥 내밀었어요.
호진이는 얼떨결에 하얀 봉투를 오백 원을 주고 사고 말았지요.
하얀 봉투 안에는 인공 아가미와 해마 승차권이 들어 있었어요.

✎ 내가 쓰기☺

예시 ④

해님이 방긋 웃으며 얼굴을 산 위로 보이고 있는 아침입니다.
초록빛 나무 잎 위로 이슬들이 맺혀 있습니다.
유난히 반짝이는 이슬이 해님을 보고 인사를 합니다.
"해님, 해님, 벌써 아침이 왔네요."
작은이슬 초롱이가 방긋 웃었습니다.
"해님, 해님, 좋은 아침이에요."
작은 몸을 구르며 또롱이가 기지개를 폈습니다.

✎ **분석하기**

이른 아침, 이슬들의 움직임을 보여주는 장면이다. 이 이야기는 과학동화의 서두로서 물의 순환과정을 이야기화한 것이다. 그런데 이슬의 이름짓기, 사동형[4]의 문장, 반복되는 인사말 등은 평면적인 이미지를 구사하고 있다.

① 얼굴을 산 위로 보이고 있는 아침입니다.

이 문장은 '아침 해가 산 위로 솟아올랐다.'라는 뜻이다. 그런데 사동형의 문장으로 되어 있어 이미지 전달이 매끄럽지 못하다.

② 초록빛 나무 잎 위로 이슬들이 맺혀 있습니다.

이슬이 주어인데 피동형[5]으로 쓰여 있다. 또한 초록빛 나무 잎 위로는 초록빛 나무 잎 표현도 어설프고 조사 '로'도 잘못 쓰였다.

③ "해님, 해님, 벌써 아침이 왔네요." "해님, 해님, 좋은 아침이에요."

일률적인 인사말은 별 의미가 없다. 이슬의 캐릭터에 맞는 인사표현이 필요

---

4) 문장의 주체가 자기 스스로 행하지 않고 남에게 그 행동이나 동작을 하게 함을 나타내는 동사. 대개 대응하는 주동문의 동사에 사동 접미사 '-이-, -히-, -리-, -기-' 따위가 결합되어 나타난다. 하지만 특수한 의미를 가지게 되어 대응하는 주동사를 설정하기 어려운 경우도 있다. ≒사역동사 · 하임움직씨.

5) 피동사가 서술어로 쓰인 문장. '도둑이 경찰에 잡히었다', '아기가 엄마에게 안기었다' 따위다.

하다. 또한 이슬의 이름이 하나는 작은 이슬 초롱이로 정해졌는데 하나는 그냥 유난히 빛나는 이슬로 지칭하고 있어 모호하다. 이슬들이 행동과 말로서 캐릭터 설정이 필요한 부분이다.

④ 아침입니다, 합니다, 웃었습니다, 폈습니다.

바탕글의 어미처리가 시제의 불일치로 인해 상황 설정 및 의미 전달에 걸림돌이 된다.

✎ **다시 쓰기**

해님이 방긋 웃으며 동산 위로 떠올랐어요.
뚜뚜는 벌써 나뭇잎타기 놀이를 하고 있었지요.
"와우! 와우! 신난다!"
아롱이는 불안한 듯 뚜뚜를 바라보았어요.
"뚜뚜야, 그러다가 떨어지면 어떡해!"
뚜뚜와 아롱이는 또랑또랑한[6] 이슬방울이었지요.

✎ **내가 쓰기☺**

6) 모양을 나타내는 낱말들 : 고롱고롱, 오롱조롱, 조롱조롱, 또랑또랑, 또렷또렷, 대롱대롱, 되롱되롱, 뾰롱뾰롱, 새롱새롱, 아롱다롱 등 비슷한 의미 같으나 뜻이 다르다. 사전 참조.

예시 ⑤

산에서 내려오는 은빛 물줄기를 따라 노부부가 천천히 걸어갑니다. 거친 나뭇가지를 지팡이 삼아 걸어가는 모습이 힘겨워 보입니다. 할아버지는 둥근 새장까지 들고 가기 때문에 더욱 힘이 들지만 할머니보다 발걸음을 빨리 옮깁니다. 새장 속에 있는 작은 암탉 때문입니다. 암탉은 할아버지가 데리고 가는 길을 따라 산 속을 구경하느라 정신이 없습니다. 꼬꼬댁 꼬꼬하고 떠들어 대는 소리가 시끄럽습니다.

✎ 분석하기

위 이야기는 암탉의 모성애를 보여주는 발단부분이다. 친척집에서 유난히 작고 비실거리는 암탉을 얻어서 산길을 걸어가는 할아버지와 할머니의 모습이다. 암탉을 불쌍히 여기는 할아버지와 그런 할아버지를 이해하지 못하는 할머니로 설정되어 있다. 그런데 장소와 상황이 어울리지 않으며 캐릭터 설정이 너무 인위적이다. 더구나 노부부의 이미지와 설정된 할아버지와 할머니의 캐릭터는 어울리지 않는다. 잘못 선택한 낱말 하나가 전체적인 이미지를 겉돌게 하기 때문에 신중하게 선택해야 한다.

① 산에서 내려오는 은빛 물줄기

이 구절은 계곡을 따라 흐르는 계곡물을 의미한다. 그런데 물은 내려오는 것보다 떨어진다, 흐른다 등이 알맞은 표현이다. 은빛 물줄기라는 표현은 원근의 차이에 따라 다르다. 멀리서 보면 계곡물이 은빛 물줄기처럼 보일 수 있지만 바로 앞에서 볼 때의 표현으로는 적절하지 못하다. 피상적인 표현은 이미지 설정을 모호하기 때문에 등장인물과의 원근조절을 하는 것이 좋다.

② 거친 나뭇가지를 지팡이 삼아

꼭 거친 나뭇가지를 지팡이로 표현할 필요가 있을까? 할아버지의 캐릭터와도 상관이 없는 부분이다. 미미한 부분이지만 '거친 나뭇가지'가 주는 이미지의 느낌이 크다.

③ 둥근 새장

시골에 사는 할아버지가 암탉 한 마리를 얻어 오는데 새장에 넣어서 들고 온다는 설정은 피상적인 표현이다. 물론 새장이 있어서 들고 올 수 있겠지만 이미지와 맞지 않는다. 암탉을 보자기에 싸서 들고 오거나, 혹은 박스에 담아 오는 경우를 생각해 볼 수 있다.

④ 암탉은 할아버지가 데리고 가는 길을 따라 산 속을 구경하느라 정신이 없습니다. 꼬꼬댁 꼬꼬하고 떠들어 대는 소리가 시끄럽습니다.

여기서 암탉은 작고 비실거리는 캐릭터다. 그리고 사는 곳이 달라지고 위와 같이 이동하는 경우 닭은 불안한 심리이기 때문에 산 속을 구경하느라 정신이 없거나 시끄럽게 떠들어 대지 않는다. 캐릭터에 맞는 암탉의 행동설정이 필요하다.

✎ 다시쓰기

상수리나무로 숲을 이룬 오솔길은 조용하였습니다. 오솔길이 끝나자 계곡물 흐르는 소리가 들렸습니다. 할아버지는 연신 땀을 닦으면서 보자기에 싼 암탉을 살펴보았습니다. 암탉은 불안한 듯 목을 자꾸 움츠렸습니다. 뒤따라오던 할머니는 여전히 할아버지가 못마땅한 듯 궁시렁거렸습니다.

"좋은 놈은 마다하고, 뭐할라꼬 비실거리는 암탉을 가져 오는교."

"이제 그만 해라. 이 암탉이 눈에 쏙 들어 오는데 우짜노."

"어이구, 토실한 놈이라야 알도 잘 낳제."

할머니는 화가 난 듯 할아버지를 앞질러 가버렸습니다.

할아버지는 다시 한 번 암탉을 살펴보았습니다.

암탉은 자꾸만 보자기 속으로 파고들었습니다.

✎ 내가 쓰기☺

예시 ⑥

산골마을 조그만 구멍가게 앞에 빨간 우체통 하나가 덩그마니 서 있습니다. 오늘도 순이는 이른 아침부터 우체통 주위를 서성이고 있습니다. 하루 두 번 지나가는 시골버스가 먼지를 뿜으려 설 때 말고는 지나가는 사람이라고는 없는 우체통에 순이는 눈만 뜨만 달려와서 우체통 밑을 들여다보고 있습니다.

전깃줄에 앉아 있던 참새들이 순이가 안스러운지 잠시 우체통에 날아와 짹짹짹 친구가 되어 주곤 합니다. 몇 시간을 서성이던 순이는 눈을 부비며 중얼거립니다.

"오늘도 멀리 가는 편지가 많아서 벌써 떠나 버렸나보다."

✎ **분석**

위 이야기는 부모 없이 할머니와 생활하는 아이의 이야기다. 엄마아빠를 그리워하는 순이는 우체통을 만남의 장소로 생각한다. 그런데 발단부분의 설정이 지나치게 설명으로 일관하고 있다. 순이의 캐릭터도 분명해야 한다. 왜 우체통 옆에 와 있는지 이유도 선명해야 한다. 특히 할머니와 사는 아이의 이야기, 시골을 배경으로 할 때 주의해야 할 점이 있다. 상투적이고 관념적인 시골 묘사를 하거나 평면적인 캐릭터 설정을 하게 되면 옛날이야기 이미지가 되기 쉽다.

① 장소

산골마을 조그만 구멍가게는 상당히 모호하며 옛날 이야기식의 표현이다.

분명 창작동화이기 때문에 설정을 구체적으로 해 주는 것이 좋다.

② 캐릭터

순이라는 이름도 너무 평범하다. 이 이야기의 흐름으로 보았을 때 시골에서 할머니와 살지만 얼마든지 이야기의 흐름에 맞는 개성적인 인물설정이 좋다(예, 〈내 이름은 삐삐롱 스타킹〉).

할머니 캐릭터도 지극히 설명적이며 평면적이고 전형적이다. 여기에선 전형적인 시골 할머니이며 약간은 청승스럽고 팔자소관으로 여기는 운명론자의 인물이다. 하지만 순이는 할머니가 들려준 우체통 이야기를 바탕으로 환상을 그리게 된다. 따라서 할머니의 캐릭터를 입체적으로 표현할 필요가 있다. 예를 들면, 애니머티즘과 애니미즘, 만물교감의 정서를 가지고 있어 다양한 이야기를 구사할 수 있는 할머니로 그려보는 것도 좋다. 나이가 들면 어린 아이와 같아진다고 하는 말이 있다. 순이가 할머니의 사고가 맞닿을 수 있는 코드를 찾아보면 훨씬 이야기가 신선하고 재미있지 않을까.

③ 문장표현

몇 시간 동안 우체통 옆에서 서성거리던 순이. 그런데 눈을 부빈다는 표현은 금방 잠에서 깨어난 아이 같은 이미지를 연상할 수 있다. 시기적절한 낱말구사가 필요하다. 잘못된 표현은 독자의 공감을 얻기가 힘들다. 장황한 시골버스의 설명 또한 좀 더 간략하게 단문으로, 입체적인 표현으로 하는 것이 좋다.

✎ 다시 쓰기

빨간 우체통 앞에 마을버스가 덜커덩거리며 섰습니다.
하은이는 얼른 버스 문쪽으로 뛰어갔습니다.
"아저씨, 오늘도 혼자야?"
"허허, 그래. 하은이도 혼자네~"

"아니야, 저기 제비꽃이랑 얘기하고 놀았는데."

"허허, 그렇구나. 자, 이제 출발한다."

아저씨는 빙긋 웃으며 손을 흔들었습니다. 마을버스는 부웅~ 흙먼지를 일으키며 떠났습니다. 그 바람에 제비꽃들은 먼지를 뒤집어쓰고 말았습니다. 하은이는 제비꽃의 먼지를 톡톡 털어 주었습니다. 또 다시 우체통을 빙빙 돌며 놀았습니다.

"통통! 우체통을 열어라.♬ 척척! 우체통을 열어라.♬"

이번엔 까치발로 우체통을 들여다보며 흥얼거렸습니다.

"우체통이 열리면~ 우리 엄마 만난다!♬"

"우체통이 열리면~ 우리 아빠 만난다!♬"

✎ **내가 쓰기☺**

예시 ⑦

드디어 두 사람은 늙은 요정의 집 앞에 도착했어요. 늙은 요정의 집은 폐허 같았어요. 우물은 말랐고, 마당 정원은 온통 넝쿨로 뒤덮여 있었죠. 잔디는 모두 마르고 꽃나무는 시들어 있었어요. 입구는 거미줄로 가득했어요. 세나가 정중하게 인사를 하며 말했어요.
"거미들아, 우리가 지나갈 수 있도록 길을 열어 주렴."
그러자 거미들은 집을 거두고 저편의 나무로 이사를 갔어요.
"덩쿨들아, 정원의 잔디와 꽃들이 살 수 있도록 너희는 담장으로 돌아가렴."
그러자 넝쿨들은 담장으로 모두 돌아갔어요.
"우물아, 다시 맑고 시원한 물을 뿜어 주렴."
그러자 우물이 다시 맑고 시원한 물을 솟아올리기 시작했어요.

✎ 분석하기

위 이야기는 판타지로서 폴과 세나가 비현실세계에 살고 있는 할머니 요정의 집에 도착한 장면이다. 그런데 세나는 마술을 부리는 입장이 아니다. 그런데 세나가 말 한 마디로 척척 해결하는 설정은 맞지 않다. 비현실세계로 들어간 현실 속 인물은 비현실세계의 규칙에 맞추어야 할 뿐 특별한 마술을 부리면 안 된다.

① 행동 표현

집을 거두고 저편의 나무로 이사를 갔어요.
넝쿨 : 담장으로 모두 돌아갔어요.
우물 : 솟아올리기 시작했어요.

이 표현은 상당히 억지이고 작위적이며 현실에서 가능한 이야기로 맞추었다. 하지만 비현실세계에 속해 있는 것들이므로 상황을 좀 더 재미있게 할 수 있지 않을까.

② 늙은 요정

요정의 이미지를 미리 추측할 수 있도록 설정한 '늙은'이란 말은 사용할 필요가 없다. 어떤 요정인지 궁금증을 자아내게 하는 것이 필요하기 때문이다. 폴과 세나에게 요정의 집은 또 하나의 모험이기 때문이다.

③ 장소 묘사

늙은 요정이 사는 집이라고 모두 메마른 형태로 설정하는 것도 너무 안이한 생각이 아닐까. 좀 더 생각해 보면 이야기의 묘미를 살릴 수 있는 설정이 충분히 가능하다. 좀 더 상상력을 발휘해 보자.[7)]

✎ **다시 쓰기**

자작나무 숲 속에 이르자 물 흐르는 소리가 들렸어요. 폴과 세나는 물 흐르는 소리를 따라가 보았지요. 순간, 깜짝 놀라고 말았어요.

물로 만들어진 집이 있지 뭐예요.

햇살에 반짝이는 물은 은빛물고기의 비늘 같았어요.

"어머머, 지붕 좀 봐. 물이 떨어지지 않아."

"우와! 벽은 폭포로 되어 있어!"

창문은 거울처럼 투명한 우물모양의 물이었지요. 그런데 더 이상 가까이 갈 수가 없었어요. 집 주변을 누에고치처럼 에워싸고 있는 거미줄 때문이었지요.

✎ **내가 쓰기**☺

---

7) 미야자와 겐지, ≪늑대 숲, 소쿠리 숲, 도둑 숲≫, 논장, 2000. 제목처럼 여러 가지 특징을 가진 숲 이름이 나온다. 이처럼 숲의 특성과 걸맞는 이름짓기도 판타지에선 필요하다.

예시 ⑧

"이동훈, 코끼리는 수영장에 안 가요."
"아냐, 수영장 가는 코끼리도 있어!"
꽥 소리를 지르고 그림을 빼앗아 방으로 뛰어들어갔어요.
침대에 앉아 어젯밤에 그린 그림을 보았어요. 수영장에서 수영하는 코끼리 가족 그림이에요. 동물왕국에 나오는 코끼리가 너무 더워 보여서 수영을 시켜 줬어요. 근데 엄마는 코끼리는 너무 무거워서 수영을 할 수 없대요. 수영장에도 안 간대요. 그럼 코끼리는 너무 더울 텐데. 엄마는 양말 신고 걷는 갈매기도 없고 나뭇가지로 라면 집어 먹는 소나무도 없대요. 추워도 양말도 못 신고 맛있는 라면도 못 먹다니. 엄마는 항상 그런 건 없다고 해요. 우리 반 수지는 내 그림이 제일 재밌고 멋지다 했는데.

✎ **분석하기**

위 이야기는 상상력이 돋보이는 이야기다. 화자가 주인공인 1인칭 주인공 시점이다. 그렇다 보니 혼자서 하는 말이 너무 나열되어서 지루한 감을 주며 이해력을 떨어뜨린다. 1인칭 주인공 시점으로 처리할 때 보통 위 이야기처럼 혼자말을 죽 늘어놓은 경우가 많다. 그런 경우 바탕글과 혼자말을 적절하게 사용하는 것이 훨씬 이미지가 입체적으로 그려진다.

① 대화체로 시작하는 경우

서두를 대화체로 시작할 때 주고받는 대화체만 사용하게 되면 누구와 누가 이야기하는 것인지 이해하기 힘들다. 따라서 첫 문장이 대화체일 경우 그 다음 문장을 바탕글로 설정하여 상황을 재연시켜 주는 것이 이해에 도움이 된다. 위 이야기는 한참을 읽다 보면 엄마와 동훈이가 이야기하는 것임을 알게 된다.

② 존대말 사용

엄마의 대화체를 존대말로 사용하게 되면 현실감이 떨어진다. 물론 존대말을 사용하는 엄마도 있겠지만 위 글 같은 경우, 엄마가 하는 말인지를 누가 하는 말인지 파악하기 힘들다. 또한 주인공보다 나이가 많은 등장인물의 행동을 표현할 때는 어미처리만 존대어로 사용하면 무난하다.

③ 혼자말과 대화체의 구분

특히 주인공이 화자로 등장하는 1인칭 주인공 시점, 1인칭 관찰자 시점인 경우, 자꾸 주인공의 생각을 늘어놓는 바탕글을 사용하게 된다. 주요 독자가 어린이임을 감안하여 바탕글과 대화체의 비율을 조절하는 것이 이해에 도움을 준다.

✎ 다시 쓰기

"동훈아, 코끼리가 어떻게 수영장에 가니?"
엄마는 그림을 가리키며 고개를 갸웃거렸어요.
"아냐, 수영장 가는 코끼리도 있어!"
동훈이는 꽥 소리를 지르며 방으로 뛰어들어갔어요.
"치이, 엄만 맨날 내 말은 틀린대."
동훈이는 스케치북을 펼쳐 놓고 다시 한 번 그림들을 보았지요.
"갈매기도 양말 신을 수 있지. 발 시리니까."
"또 이건, 라면 먹는 소나무야. 소나무도 라면 먹을 수 있어!"
동훈이는 쫑얼쫑얼 거리며 침대에 벌렁 누웠어요.
동훈이 머릿속엔 또 다시 코끼리가 수영하는 모습이 떠올랐지요.

✎ 내가 쓰기☺

예시 ⑨

> 성진이는 몸을 앞으로 내밀고 어깨를 으쓱이며 달리기 출발점으로 걸어갔다(생략). 친구들이 성진이 뒤에서 웅성거렸다. 성진이는 그 말을 들으며 더욱 의기양양해진 모습으로 출발점에 섰다. 성진이가 선 위치는 왼쪽도 오른쪽도 아닌 세 번째였다. 성진이는 같이 달릴 양옆의 아이들을 살펴보았다.(생략) 성진이는 몸을 앞으로 기울이며 힘차게 뛰어나갔다.

✎ 분석하기

위 문장은 달리기를 하기 전 상황이다. 달리기를 잘하는 성진이의 심리를 그려낸 부분이다. 그런데 그러한 이미지가 잘 그려지지 않는다.

① 몸을 앞으로 내밀고, 친구들이 성진이 뒤에서 웅성거렸다.

성진이는 달리기를 잘하는 아이로 설정되어 있다. 출발점으로 걸어갈 때 모습과는 어울리지 않는다. 또한 친구들이 이야기하는 것을 성진이 입장에서 능동적으로 표현하는 것이 효과적이다.

② 그 말을 들으며 의기양양해진 모습으로

성진이는 친구들이 이번에도 성진이가 1등을 할 것이라는 말을 듣게 된다. 이럴 때 지시어(그 말을 들으며)로 다시 받아 표현하는 것은 오히려 그 뜻을 감소시키므로 없어도 되는 구절이다. '의기양양해진 모습'은 수동형의 문장이므로 '의기양양한 모습'으로 바꾸는 것이 더 적극적이다.

③ 성진이가 선 위치는 왼쪽도 오른쪽도 아닌 세 번째였다.

어떤 위치인지 모호한 표현이다. 몇 명이 뛰는 달리기인지 상황이 안 나와 있지만 정확하게 표현하는 것이 좋다.

④ 같이 달릴 양옆의 아이들을

이 구정에서 달리기 전 성진이의 긴장감이 완전 감소되었다. '같이 달릴 양옆의'는 필요 없는 문장이다. 긴장감을 유발할 수 있도록 아이들의 표정이나 성진이의 표정이나 심리를 표현하는 것이 더 바람직하다.

⑤ <u>몸을 앞으로 내밀고</u>

이 행동은 달리기 전 바람의 저항을 피하기 위하여 취하는 행동이다. 그런데 그런 상황이 느껴지는 표현이 아니다.

✎ **다시 쓰기**

성진이는 달리기 출발점으로 걸어갔다. 한 발자국씩 내딛는 발걸음마다 힘이 뻗쳤다. 힘이 들어간 어깨는 뻐근했다. 벌써 1등이라도 한듯 우쭐해졌다(생략). 순간, 친구들이 수군거리는 소리가 들렸다(생략).

'자식들, 당연히 1등은 내 꺼지!'

성진이는 살짝 미소를 띠며 의기양양하게 출발점에 섰다. 진짜 달리기 선수처럼 발목을 오른쪽 왼쪽으로 돌리면서 준비운동을 하였다. 자신만만한 눈빛으로 양옆 선수들을 한번 훑어보았다. 그리곤 뚫어져라 앞을 바라보았다. 저 멀리 보이는 도착선이 출렁거리며 앞으로 다가오는 듯 했다(생략).

"탕!"

튕겨나가듯 성진이는 출발 총소리에 맞춰 뛰어나갔다.

✎ **내가 쓰기**☺

예시 ⑩

성진이는 자신의 발에 밟혔던 돌을 찾아서 다시 자신이 넘어졌던 곳으로 가 보았다. 돌을 집어 들자 따뜻함이 느껴졌다. 돌을 밟고 넘어져 창피했던 마음이 순식간에 녹았다. 돌을 보고 피할 수도 있었는데 작다고 무시하며 빨리만 가려고 했던 순간이 머릿속에 떠올랐다. 돌이 거기 있었다고 원망했던 마음도 사라졌다.

✎ 분석하기

성진이는 달리기를 하다가 돌에 걸려 넘어져 2등을 하였다. 그 순간 판타지 세계에 들어갔다가 다시 현실로 돌아온 성진이가 넘어진 장소로 가서 생각하는 부분이다.

즉 성진이가 자신을 반성하면서 2등한 것에도 만족하게 되는 결말부분이다. 너무 교훈적인 결말이다. 사실, 달리기를 하다가 돌에 걸려 넘어졌을 때 이런 마음을 갖기란 어렵다. 달리는 상황에서 돌을 보고 피할 수 있었을 텐데, 작다고 무시하면서 빨리 달리려고 한 자신을 반성하는 것은 지양해야 할 아동문학의 감상주의식 발상이다. 1등을 하기 위해서 달린 달리기 시합에서 돌부리에 걸려 넘어졌을 때, 아무리 착한 동심이라고 해도 이런 식의 감상주의는 억지춘향 격이다.

① 자신의 발에 밟혔던, 자신이 넘어졌던 곳으로

주인공을 가리키는 자신의, 자신이라는 지칭어는 사용하지 않는 것이 좋다. 원래 작품의 시점이 1인칭 관찰자 시점으로 설정되어 있다.

② 돌을 집어 들자 따뜻함이 느껴졌다.

- '들다'는 아래에서 위로 '들어올리는' 뜻으로 쓰인다. '집어 들자'는 잘못된 표현이다. 또한 운동장에 있는 돌에서 따뜻함이 느껴졌다는 느낌도 억지다. 물론 성진이의 따뜻한 맘으로 인해 그렇게 느껴졌다고 할 수 있으나 차가운 돌로 비유한 것은 설정이 부자연스럽다.

✎ **다시 쓰기**

성진이는 돌부리에 걸려 넘어졌던 곳으로 가보았다. 돌은 생각보다 작고 반들반들했다. 성진이는 돌을 주워 만져 보았다. 차가운 느낌이 들었으나 싫지는 않았다. 성진이는 만지작거리다가 호주머니 속에 넣었다. 집으로 돌아오는 길 내내 만지작거렸다. 성진이 손바닥 온기 때문인지 돌은 따스해졌다.

✎ **내가 쓰기**☺

예시 ⑪

구름 한 점 없는 고요한 밤이다. 풀벌레들만이 어둠 속에서 숨죽여 울 뿐이다. 속도를 잃은 자동차들은 졸린 눈까풀로 깜빡깜빡하는 황색 신호등이 되곤 한다. 포뮬러 티벳이 폐차장에 있는 자동차들에게 지난 번 경주에 대한 얘기를 하기 시작했다. 폐차장에서 할 수 있는 일은 추억을 곱씹는 일뿐이다. 티벳이 온 후로는 장례식장 같던 폐차장의 분위기도 한결 좋아졌다.

✎ **분석하기**

늦은 밤, 폐차장의 분위기를 그려 놓은 발단이다. 티벳이 온 후로는 폐차장 분위기가 밝아졌다는 정보를 주고 있다. 그런데 폐차장을 묘사한 문장과 정보와는 어울리지 않는다. 쉽게 말해서 위 문장에서 하고자 하는 말은 늦은 밤 경주용 차였던 티벳이 폐차장에 있는 다른 차들에게 지난날의 추억을 이야기해 주는 부분이기 때문이다.

① 구름 한 점 없는 고요한 밤이다. 풀벌레들만이 어둠 속에서 숨죽여 울 뿐이다. 속도를 잃은 자동차들은 졸린 눈까풀로 깜빡깜빡하는 황색 신호등이 되곤 한다.

이 문장은 적막감이 감도는 분위기다. 아무런 의욕도, 소리도 들리지 않는 정적의 시간을 나타내고 있다. 그런데 뒤 문장은 티벳이 자신의 경험담(신나게 달리던 이야기)을 이야기하고 있기 때문에 배경설정이 어울리지 않는다. 장면설정은 주인공들의 행동과 말을 받쳐 주는 역할을 해야 한다.

② 숨죽여 울 뿐이다. 추억을 곱씹는 일뿐이다.

- '~뿐이다.'는 아무것도 할 수 없고 그것만이 할 수 있으나 그것조차도 무의미할 때 사용하는 문장이다. 그러나 위의 정황을 살펴보면 경주용 차들이 지난날의 화려했던 이야기들을 풀어 내는데 풀벌레들이 숨죽여 울 필요도 없다. 추억을 곱씹는 일이 무의미한 일이 아니다. 폐차장에 있던 폐차들은 오히려 추억으로 인해 절망적인 현재에서도 꿈을 가지기 때문이다.

✎ **다시 쓰기**

뿌연 가로등 불빛이 한적한 골목길을 지키고 있었다. 가끔씩 들리던 사람들의 발자국 소리도 잠잠해졌다. 순간, 막다른 골목길 담 위로 하얀 고양이가 나타났다. 고양이의 눈빛이 섬광처럼 반짝였다. 잠시 두리번거리던 고양이는 담 안으로 폴짝 뛰어들었다.

담 안에는 여기저기 찌그러진 자동차들이 엉겨 있었다. 하얀 고양이는 빨간색 포뮬러 티벳의 헤드라이트 위에 살포시 엎드렸다. 잠시 후 티벳의 헤드라이트가 두 번 깜빡거리자 다른 폐차들이 대답처럼 한 번씩 깜빡거렸다.

✎ **내가 쓰기**☺

예시 ⑫

산으로 둘러싸인 정든 마을에 다섯 아들과 딸을 둔 농부가 있었어요. 모두 잘 생겼지만 막내딸만은 키와 눈이 작고 얼굴에는 주근깨가 가득했어요. 몸은 뚱뚱한데다 코가 납작하고 콧구멍도 컸어요.

비록 못생겼지만 부지런하고 따뜻한 마음씨 때문에 언니 오빠들은 막내동생을 미워하지 않았어요. 막내는 자녀들을 위해 열심히 땀을 흘리며 과수원 일을 하시는 아버지를 돕고 남은 시간은 책을 읽었어요.

✎ **분석하기**

위 이야기는 발단부분으로 주인공에 대한 소개를 하고 있다. 생김새와 어떤 가족상황인지를 아예 모두 보여주고 있다. 그러나 위 예시문처럼 정보과다 노출의 서두는 호기심과 흥미를 주기 어렵다. 동화 쓰기를 지도하다 보면 초보자들은 어린이 글이라는 것을 의식해서인지 자꾸 설명하려고 하는 경향이 있다. 그러다 보니 서두가 길어지게 된다.

① 산으로 둘러싸인 정든 마을

장소를 설정할 때 막연하게 시작하는 경우는 대체적으로 전래동화 유형이다. 그러나 요즘은 전래동화를 개작할 때도 장소는 00군 00리로 구체적으로 개작한다. 특히 창작동화인 경우 예시문처럼 시작해 버리면 전래동화 같은 이미지가 되어 애매해진다.

② 키와 눈이 작고 얼굴에는 주근깨가 가득했어요. 몸은 뚱뚱한데다 코가 납작하고 콧구멍도 컸어요.

막내딸의 생김새를 묘사한 글이다. 묘사란 사진을 보듯 정확한 이미지가 그려지는 것이 좋다. 그런데 크다/작다, 뚱뚱하다/날씬하다 등의 보편적인 표현으로 묘사하게 되면 평면적인 이미지일 뿐 입체적인 이미지로 와 닿지 않는다.[8)]

③ 비록 못생겼지만 ~ 책을 읽었어요.

- 이 문장은 작가의 배려이지만 필요 없는 사족이다. 이처럼 아예 작가가 모두 설명해 버리면 더 이상 이야기를 읽고 싶은 마음이 없어진다. 재미가 없기 때문이다. 이런 부분은 글을 읽어 가면서 독자가 느낄 수 있도록 만들어야 한다. 예를 들면, '효도하는 소녀'라는 말이 이야기에 한 번도 나오지 않았지만 독자가 글을 다 읽으면서 느낄 수 있도록 해야 한다. 즉 작가가 설명하지 않아도 그 글에서 과일의 단물처럼 느낄 수 있도록 있는 문장이 훌륭한 문장이다. 즉 희로애락에 해당하는 말을 하나도 하지 않았는데도 그 글에서 희로애락을 느낄 수 있도록 해야 한다.

✎ 다시 쓰기

청미산이 내려다 보는 수락마을에 조그마한 과수원이 있었어요.

과수원집 막내딸 한영이는 동네에서 모르는 사람이 없었지요.

---

8) 볼록한 조롱박 두드리며 ; 많이 먹고 배가 불룩한 아이의 배를 표현.

"한영이 코는 들창코! 돼지가 친구하재요!"
"들깨 밭에 들깨! 한영이 보고 언니래요!"
"굴러가나~ 걸어가나! 뚱뚱보 호박이래요."
동네 꼬마들은 한영이만 보면 놀려댔지요.
그럴 때마다 한영이는 분홍빛처럼 얼굴이 빨개졌지요.

✎ **내가 쓰기**☺

예시 ⑬

수진이는 엄청난 칭찬에 양 어깨가 귀까지 으쓱 올라가는 것 같았어.
자신이 한없이 자랑스럽게 느껴졌지.
그리고 그 동안 엄마랑 아빠가 자기를 얼마나 생각해 주는지 알게 됐으니까. 엄마 아빠 말대로 해도 될 것 같았어. 수진이는 기쁜 마음으로 엄마 아빠 말에 따르기로 결정했어. 수진이는 새침한 표정으로 둥지에서 팔짝 일어났어.
"엄마랑 아빠가 좋은 암탉에게 데려다 줘. 알겠지?"

✎ **분석하기**

이 글은 화자가 1인칭 관찰자 시점이다. 동생이 태어나자 질투를 하는 수진이의 심리를 나타낸 글이다. 달걀을 품고서 병아리를 만들겠다고 방안에 휴지를 다 풀어 놓고 달걀을 품고 있는 수진이. 오랜만에 엄마 아빠의 칭찬을 들은 수진이의 마음을 표현한 부분으로 사건의 전환점이 되는 중요한 부분이다. 그런데 수진이의 심리를 너무 상투적이고 요약하여 표현한 점이 아쉽다.

✎ **다시 쓰기**

수진이의 두 눈이 휘동그레졌어.
'어? 지금 날 칭찬한 건가?'
수진이는 두 귀를 획획 후비고는 다시 엄마 아빠를 쳐다보았지.
"우리 수진이 정말 많이 컸구나. 엄마닭 노릇도 하고 말이야."
"그럼요, 수진이는 예진이 언니인걸요."
엄마 아빠는 둥지에 앉아 있는 수진이를 바라보며 웃고 있지 뭐야.
순간, 수진이는 확 깨달았어.
엄마 아빠의 사랑이 가슴으로 찌르르르 느껴졌거든.
그래도 수진이는 새쭉거리며 둥지에서 일어났어.
"그렇담 뭐, 달걀을 진짜 엄마닭에게 갖다 주든가……."
아빠는 수진이를 번쩍 들어 안아 올렸어.
"어구, 우리 수진이! 뚱보 공주님이 되었네."
"아빠~~ 달걀 깨지면 안 돼요~"

✎ **내가 쓰기**☺

예시 ⑭

기뻐 날뛰다 넘어져 무릎이 까졌습니다.
비가 추적거리며 내리고 있습니다.
다리도 아프고 배도 무지 고프다며 엉엉 웁니다.
미니는 살금살금 부엌문을 열었습니다. 이불을 제치고 안방을 나올 때도 까치발을 한 채였습니다. 미나는 엄마의 구두를 껴안고 엉거주춤 계단을 기어올랐습니다.
마당 한편 대추나무에선 참새들이 아침 햇살을 받아 먹으며 하늘을 향해 주둥이를 벌리고 '짹짹짹' 시끄럽게 재잘거리고 있었습니다.

✎ **다시 쓰기**

① 기뻐서 풀쩍풀쩍 뛰다가 돌부리에 걸려 넘어졌습니다.

② 비가 부슬부슬 내리고 있습니다.

③ 다리도 아프고 배도 고프다며 칭얼칭얼 거렸습니다.

④ 미니는 까치발로 살금살금 걸어가 부엌문을 열었습니다. 엄마의 구두를 보물처럼 품에 안았습니다. 방문 쪽을 한번 돌아본 뒤 계단을 조심조심 올라갔습니다. 가슴이 콩닥콩닥 뛰었습니다.

⑤ 참새들이 대추나무 위에 앉아 아침을 깨우고 있었습니다.
"짹짹짹~ 짹짹"
해님이 그제야 동쪽 하늘에서 쏘옥 올라왔습니다.

✎ **내가 쓰기** ☺

예시 ⑮

"살랑살랑!"
따뜻한 바람이 불어와 코를 간질였어요.
"쏘옥쏘옥"
과수원 주위에 여러 가지 식물이 고개를 내밀었어요.
"쪼로롱! 쪼로롱!"
새들은 좋아라 꼬리를 흔들며 노래를 불렀어요.
꽃들은 피어 저마다 향기를 풍겼어요. 정든 마을은 꽃축제가 열렸어요.

✎ 분석하기

위 장면은 과수원 주변을 묘사한 것이다. 주변 사물의 모양과 소리를 대화체로 구분하여 간결하고 산뜻한 느낌을 주고자 하였다. 하지만 의성어와 의태어가 주체의 행동과 어울리지 않는다.

① 살랑살랑, 쏘옥쏘옥

의태어는 대화체로 나타내서는 안 된다. 대화체는 소리, 즉 사람이나 자연의 소리를 나타낸다. 의성어(예 : 쪼로롱쪼로롱)는 새들의 이야기, 소리이므로 대화체로 쓸 수 있다.

② 여러 가지 식물, 따뜻한 바람

여러 가지 식물은 상당히 모호하다. 독자의 상상에 따라 여러 가지 식물이 된다. 여기서 '쏘옥쏘옥'이라는 귀엽고 앙증스러운 모양말로 연관지어 표현한 것은 적절하지 못하다. 구체적인 사물의 모습을 나타내는 게 좋다. 또한 상황으로 봐서 계절은 봄이다. 봄바람은 '따뜻한' 보다는 '따스한'이 맞다. 작가는 쉽다고 생각하는 낱말도 사전을 찾아보는 것을 습관화해야 한다.

③ 좋아라 꼬리를 흔들며

'쪼로롱쪼로롱' 새소리와 어울리는 새의 행동이 아니다. 위 예시문장은 살짝은 방정스러운 모습이다. 맑고 고운 새소리를 내는 새의 움직임과는 살짝 어울리지 않는다.

④ 저마다 향기를 풍겼어요

꽃들의 향기를 두루뭉술하게 표현한 글이다. 꽃은 어떤 모양으로 향기를 낼까? 대체적으로 '풍겼어요.'는 상황과 맞지 않는 김치냄새, 방귀냄새, 하수구냄새 등 좋지 않은 냄새를 나타낼 때 사용한다. 그런데 위 문장의 상황으로 보았을 때 꽃이 피었다는 것은 맞지 않다. 이제 새순이 돋아난다고 해놓고 꽃향기가 난다고 하면 맞지 않는 설정이다.

⑤ 정든 마을

마을 이름을 정든 마을로 설정하였다. 이런 경우 고유명사인 마을 이름인지 아니면 정이 든 마을인지 혼동하기 쉽다. 마을 이름은 정확하게 지어 주는 것이 좋다.

✎ **다시 쓰기**

따스한 봄바람이 살랑살랑 불어와 사과나무들을 간질였어요.
사과나무 가지마다 쏘옥쏘옥 새순들이 고개를 내밀었지요.
"쪼로롱 쪼로롱"
새들은 봄노래를 부르느라 바빴어요.
그제야 과수원은 큰 기지개를 켜며 봄을 맞이했어요.

✎ **내가 쓰기☺**

예시 ⑯

부인은 그 물건을 보는 순간 깜짝 놀라지 않을 수 없었지요.

✎ 분석하기

부정+부정은 긍정을 나타낸다. 하지만 아이들에겐 긍정문 형태로 쓰는 것이 좋다. 어린이들은 어른들처럼 복선으로 생각하지를 않는다. 좋으면 좋고 나쁘면 나쁜 단순명쾌한 문장을 좋아한다. 위자료와 비슷한 예로서 ① 생각을 돌이킬 수가 없었다. 혹은 생각을 멈출 수가 없었다. ② 발길을 돌릴 수가 없었다. ③ 도저히 이해하지 않을 수 없었다. ④ 짜증을 내지 않을 수 없었다. ⑤ 먹지 않을 수 없었다. 등이 있다.

✎ 다시 쓰기

부인은 그 물건을 보는 순간 깜짝 놀랐지요.

✎ 내가 쓰기☺

예시 ⑰

무지개 연못 한가운데 작은 섬이 하나 있었습니다. 못가에는 반들반들한 조약돌이 깔려 있었고 고사리와 식물과 잎이 넓은 잡풀들이 우거져 있었습니다. 그 섬에는 툭하면 싸우는 개구리 셋이 살았는데 이름은 돌이와 철이와 순이였습니다. 그들은 날이 샐 때부터 어두워질 때까지 공연히 옥신각신 말다툼을 했습니다.

"연못에 들어오지 마! 이 물은 내꺼야."

돌이가 외쳤습니다.

"그 섬에서 나가! 그 땅은 내꺼야!"

철이가 외쳤습니다.

"공중은 내꺼야!"

순이가 나비를 잡으려고 팔짝 뛰면서 소리쳤습니다. 그런 식으로 계속 싸웠습니다.9)

✎ **분석하기**

이 문장은 서두다. 무지개 연못을 묘사하면서 개구리 세 마리가 늘 싸운다는 이야기를 함께 하고 있다. 그런데 가만히 보면 바탕글로만 되어 있는 「무지개~했습니다.」와 대화체 중심인 「연못에~싸웠습니다.」까지는 구분해 보면 같은 내용이다. 이야기 첫 서두에 같은 내용의 중복과 한꺼번에 모든 정보를 설명하게 되면 흥미와 호기심을 유발할 수 없다. 이 내용은 유아용에 해당하는 동화책이므로 대화체와 바탕글의 비율 조정이 필요하다. 예문에서 밑줄 그은 낱말들은 어울리지 않는 것들이다. 유아인 경우, 이미지가 선명하게 그려지는 짧은 문장으로 내용을 전달하는 것이 좋다.

① 하나

여기에서 필요 없는 낱말이다. '하나'라는 말은 아무런 의미를 가지지 않는 작가의 말투에 해당한다.

② 못가에는

여기 상황을 인지해 보면 '못가에는' 이 아니라 '섬에는' 으로 고쳐야 한다.

9) 레오 리오니, ≪내꺼야≫, 분도출판사, 1987.

무지개 연못 한가운데 있는 섬을 묘사하고 있기 때문이다.

③ 깔려 있었고 고사리와 식물과 잎이 넓은 잡풀들이 우거져 있었습니다.

깔려 있었다, 우거져 있었습니다. 는 말의 어감과 이 조그만 섬과는 어울리지 않는다. 또한 연못가에 고사리와 식물과 잎이 넓은 잡풀들로 묘사한 것은 생태학상(고사리는 물가에 자라지 않음), 모호한 식물의 나열은 이미지에 도움이 되지 않는다.

④ 돌이와 철이와 순이

이 이야기의 전체적인 흐름으로 보았을 때 이름을 붙여 줄 필요성이 없다. 아마 원작에도 이러한 이름은 없다고 생각한다. 이름으로 인한 사건의 변화가 있지 않기 때문이다.

⑤ 돌이가 외쳤습니다, 철이가 외쳤습니다. 순이가 나비를 잡으려고, 그런 식으로

예시자료와 같은 바탕글은 없어도 상관없다. 물론 바탕글을 주어 + 서술어로만 표현할 때도 있으나, 위 글처럼 똑같은 형태로 반복되면 이야기의 이미지가 단절되는 느낌을 준다. 만약 바탕글이 필요하다면 각각 다른 행동으로 표현하는 것이 이미지를 입체적으로 살릴 수 있다. 예) 돌이가 소리를 버럭 질렀어요. 철이는 콧구멍을 벌렁거리며 씩씩거렸지요. 순이는 혀를 날름거렸지요. 등이 싸우는 이미지를 입체적으로 표현하는데 도움이 된다.

✎ **다시 쓰기**

무지개 연못 한가운데 작은 섬이 있었어요.
섬에는 반들반들한 조약돌이 있었고요.
물풀도 잘 자라고 있어 평화로웠어요.

바로 개구리 세 마리가 살고 있는 섬이었지요.
그런데 이게 웬일이에요.
"야, 연못 속에 들어오지 마. 이 물은 내꺼야."
"흥! 조약돌 위로 올라오기만 해 봐라! 이 돌은 내꺼야!"
"어유, 시끄러워. 모두 나가. 이 섬은 내꺼야!"
개구리 세 마리는 팔짝! 펄쩍! 풀쩍! 뛰면서 싸우기만 했지요.

✎ **내가 쓰기☺**

예시 ⑱

갑자기 하늘이 어두컴컴해지면서 멀리서 천둥소리가 울려오며 섬을 휩쌌습니다. 빗줄기가 하늘을 메우더니 연못이 흙탕물이 되었습니다. 물이 불어나면서 섬을 삼켜 섬은 점점 작아져 갔습니다. 개구리들은 겁이 덜컥 났습니다. 그들은 거세게 출렁이는 시커먼 물 위에 아직 솟아 있는 몇 개 안 되는 미끄러운 바위에 절망적으로 매달렸습니다. 그러나 이 바위들은 곧 사라지기 시작했습니다.[10]

✎ **분석하기**

위 예시문은 개구리가 살고 있는 섬에 소낙비가 오는 장면이다. 개구리가 주인공이고 이 글의 이미지는 작지만 귀엽고 사랑스런 이미지다. 이 장면 역시

10) 레오 리오니, ≪내꺼야≫, 분도출판사, 1987.

사건의 전환점이 되는 부분이므로 구체적인 장면처리가 필요하다. 그러나 선택한 낱말이 이 글의 전체적인 이미지와 맞지 않는 부분이 많다.

① 천둥소리가 울려 오며 섬을 휩쌌습니다.

천둥소리는 갑자기 내리치는 직접적인 소리이지 간접적인 소리가 아니다. 울려 오며 휩쌌다는 말은 천천히 이상한 기운이 감도는 그런 이미지에 사용한다.

② 빗줄기가 하늘을 메우더니

소낙비가 오는 현상을 나타낸 문장이다. 이 역시 메운다는 말과 빗줄기와는 어울리지 않는다. 메우더니는 어떤 면을 다른 것으로 가리는 것을 의미한다. 예를 들어, 원고지를 글자로 메운다, 산등성이를 깎아 늪을 메우는 일이다. 등에 사용한다.

③ 물이 불어나면서 섬을 삼켜 섬은 점점 작아져 갔습니다.

주어가 빠져 있고 섬이 주어가 되었다가 목적어가 되었다. 소낙비가 갑자기 내리면 연못에 떠 있는 작은 섬(특히 개구리들이 노는 섬처럼 작은 경우)은 금방 물에 가라앉는다. 불어나면서, 삼켜, 점점 작아져 갔습니다. 는 어울리는 낱말이 아니다. 어느 정도의 시간이 경과됨을 나타내는 불어나면서, 점점 작아져 갔습니다. 와 한순간에 먹는 의미의 삼켜는 어울리지 않는다.

④ 그들은 거세게 출렁이는 시커먼 물 위에

갑자기 개구리들을 그들은이라는 대명사로 처리했을 때 말의 어감은 상당히 다르다. 그리고 거세게 출렁이는 시커먼 물 위에 라는 말은 소낙비가 온 연못의 물의 모양으로는 적합하지 않다. 갑자기 흙탕물에서 시커먼 물로 바뀐 것도 이해할 수 없는 부분이다.

⑤ 솟아 있는 몇 개 안 되는 미끄러운 바위에 절망적으로

이 부분은 개구리들이 살고 있는 섬의 장면이다. 반들반들한 조약돌과 풀들

이 자라 있는 섬에 갑자기 여러 개의 바위가 솟아 있는 섬으로 비약되었다. 절망적으로 라는 낱말 역시 어린이들에게 어울리지 않는다. 피상적인 표현보다는 직접적으로 느낄 수 있는 표현이 좋다.

⑥ 이 바위들은 곧 사라지기 시작했습니다.

사라진다는 말은 아예 형체가 그 곳에서 없어진다는 의미다. 하지만 섬은 소낙비 때문에 잠겼을 뿐 다른 곳으로 가버린 것은 아니다.

✎ **다시 쓰기**

갑자기 하늘이 컴컴해졌어요.
"우르릉~쿵쾅! 번쩍!"
천둥소리와 번개소리에 섬이 흔들흔들 거렸지요.
소낙비까지 좍좍 내리자 연못은 금방 황톳물이 되었어요.
그런데 이게 웬일이에요.
섬이 물에 점점 가라앉는 거예요.
개구리들은 바들바들 떨며 섬에 매달렸지요.

✎ **내가 쓰기☺**

예시 ⑲

나중에 풀숲에서 쉬고 났을 때, 그들은 전에 느껴 보지 못했던 행복감을 맛보았습니다.
"평화롭지 않니?"
돌이가 말했습니다.
"그리고 아름답지 않니?"
철이가 말했습니다.
"또 있어. 뭔지 아니?"
순이가 말했습니다.
"몰라, 뭔데?"
돌이와 철이가 물었습니다.
"우리 꺼야!"
순이가 말했습니다.

✎ 분석하기

위 장면은 결말부분이다. 서로 내거라며 싸웠던 개구리들이 함께 하는 기쁨을 보여주는 장면이다. 그러나 뭔가 아쉬운 느낌이 든다. 정말 미소를 띠며 행복해하는 개구리들의 모습이 입체적으로 그려지지 않기 때문이다.

① 바탕글의 역할

바탕글은 대화체의 의미를 받쳐 주는 역할을 한다. 그런데 '00는 말했습니다.'라는 바탕글은 아무런 의미가 없다. 이미 말한 내용이 대화체로 나오는데 굳이 이렇게 바탕글로 또 말할 필요가 없는 것이다. 이런 경우, 주체가 어떤 표정과 행동으로 말을 했는지 표현해 주어야만 입체적인 이미지가 그려진다.

② 결말의 여운

- 너무 쉽게 장면을 설정하는 나중에 풀숲에서 쉬고 났을 때, 그들은 전에 느껴 보지 못했던 행복감을 맛보았습니다.는 생각해 볼 필요가 있다.

✎ **다시 쓰기**

한참을 뛰어 놀았더니 피곤해졌어요.
개구리들은 폴짝, 풀쩍, 펄쩍 뛰어가 풀숲에서 쉬었지요.
파란 하늘엔 몽실몽실 흰구름이 방긋 웃고 있었어요.
연못은 은비늘 같은 물결을 만들며 살랑거렸지요.
개구리들은 연못을 바라보며 꿈을 꾸듯 중얼거렸어요.
"평화롭지 않니?"
"응, 잠이 올 것 만 같애."
"히히, 여기는 우리 꺼야! 그치~"
개구리들은 마주 보며 빙긋, 벙긋, 방긋거렸답니다.

✎ **내가 쓰기**☺

예시 ⑳

"꼭 한번만 산타할아버지의 썰매를 타보고 싶어요."

소년은 그렇게 소원을 빌어 왔어요. 그리고 마침내 산타가 왔지요. 소년은 드디어 소원하던 썰매를 타게 되었어요.

✎ 분석하기

위 이야기는 발단부분에 해당하는 글이다. 주인공인 소년의 상황을 암시하는 글이다. 즉 산타할아버지의 썰매를 타보는 것이 소원인 아이다. 그런데 그 느낌이 간절하지 않다.

① 바탕글에서 지시어, 접속사를 많이 사용하는 경우

오히려 말의 흐름이 끊어진다. '그렇게' '이렇게' '저렇게'라는 말은 상당히 모호하게 만들기 때문에 사용하지 않는 것이 좋다.

② 바탕글에서 시간의 흐름이 급속도로 진전된다.

막말로 기도 한 번 하고 바로 썰매를 타게 되는 형상이다. 이럴 때는 바탕글 사이에 한두 문장의 대화체를 넣어서 간절히 산타할아버지를 기다리는 모습을 만들어 주는 것이 좋다.

③ 빌어 왔어요.

이 말은 과거진행형이다. 소원을 많이 빌었다는 의미로 사용했지만 맞지 않다. 서사적인 글에서는 과거형을 쓰므로 '빌었어요.'가 맞다.

④ 소년

이 말은 남자 아이를 지칭하는 대명사다. 그러므로 그 누구도 소년이 될 수 있지만 대명사로 주인공을 설정했을 때에는 막연한 인물이 된다. 더구나 어린이를 대상으로 하는 동화에서는 '구체적인 이름'을 정해 주는 것이 훨씬 독자에게 와 닿은 인물이 된다.

✎ **다시 쓰기**

"진짜로! 산타할아버지의 썰매를 타보고 싶어요."

석이는 산타할아버지 동화책을 펴 놓고 억지를 부리듯 혼자말을 했어요. 작년에도 그 전 크리스마스에도 석이의 소원은 이루어지지 않았거든요.

"정말로! 이번엔 꼭! 타보고 싶어요!"

석이는 간절한 눈빛으로 산타할아버지 얼굴을 빤히 쳐다보았지요.

✎ **내가 쓰기**☺

예시 ㉑

창밖이 온통 하얀 눈이었어요. 솔이는 밖으로 나가고 싶었어요. 그런데 엄마는 아침 일찍 밖으로 나가는 것을 싫어하셨어요. 밖은 바람이 많이 불고 춥기 때문이었어요. 솔이는 좋은 생각이 떠올랐어요. 혼자서 옷을 입고 밖으로 나가면 엄마도 허락하실 거라는 생각이었어요.

✎ **분석하기**

위 이야기는 서두에 해당하는 부분이다. 눈이 온 날, 주인공인 솔이는 밖에 나가고 싶어하는 마음을 표현한 것이다. 그런데 바탕글로 설명하는 식으로 되어 있어 지루한 면이 있다. 특히 독자가 유치부일 경우, 바탕글과 대화체를 적절히 사용해야 한다. 유아들은 동적(動的)이기 때문에 설명하는 대화체가 들어가는 것을 좋아한다.

✎ **다시 쓰기**

솔이는 창밖을 내다보다가 깜짝 놀랐어요.
"와~ 눈이다!"
솔이는 얼른 밖으로 나가려다 멈칫거렸어요.
"엄마가 춥다고 못 나가게 할 텐데."
가만히 생각하던 솔이는 갑자기 옷장 문을 열었어요.
"모자는 푹 눌러쓰고, 목도리는 목까지 칭칭 감고, 장갑도 끼고~"
엄마 목소릴 흉내내며 솔이는 겹겹이 옷을 입었어요.
솔이는 울퉁불퉁한 눈사람처럼 뚱뚱해졌지요.

✎ **내가 쓰기**☺

예시 ㉒

햇볕이 따스한 봄날이에요.
"톡톡톡……"
이게 무슨 소리일까요?
노랑 병아리가 뾰죽한 주둥이로 알껍질을 깨는 소리에요.
하얀 달걀 껍질을 깨고 노랑이가 쏘옥 나왔어요.
"삐약 삐약, 아이 눈부셔…… 엄마, 엄마!"
시골집 마당을 이리저리 헤매던 노랑이는 또 다른 친구와 마주치게 되었어요.
"안녕? 난 노랑이야."
"으응, 난 까망이라고 해. 그런데 넌 지금 어디에 가니?"
"우리 엄마를 찾고 있어."
"그렇구나 그럼 나도 함께 너희 엄마를 찾아 줄까?"
"그래, 고마워."

✎ 분석하기

이야기의 발단부분이다. 노랑이와 까망이가 만나서 노랑이 엄마를 찾으러 가는 이야기다. 귀여운 병아리 이야기에 어울리게 문장이 짤막하고 가볍다. 그러나 분석해 보면 군데군데 잘못 사용한 낱말로 인해 이미지가 감소된다.

① 햇볕과 햇빛

'햇볕'은 해가 내리쬐는 뜨거운 기운으로서 여름의 햇볕에 맞는 말이다. 반면 '햇빛' '햇살'은 '햇볕'보다 약하며 해의 빛을 의미한다. 그러므로 봄날은 '햇살'이 어울린다.

② 뾰죽한, 헤매던, 껍질의 의미

병아리의 부리를 나타내는 말은 '뾰죽한'이 아니라 '뾰족한'으로 표현해야 맞는 말이다. '헤매던'이라는 낱말은 갓 태어난 병아리의 움직임과 어울리지 않는다. '돌아다니다가' 어울린다. '껍질'는 얇은 막으로 되어 있는 것이고 '껍데기'는 달걀이나 조개처럼 단단하게 겉을 싸고 있는 물질을 가리킨다. 그렇다면 '달걀

껍데기'로 해야 옳다.

③ 시제

시간의 흐름을 중심으로 쓴 이야기는 시제를 과거형으로 하는 것이 맞다. 위 예시자료는 현재와 과거가 혼합되어 뜻을 전달하는 데 방해가 된다. 바탕글의 어미처리를 과거형으로 고치는 게 맞다.

④ 작가의 말

'이게 무슨 소리일까요? ~깨는 소리에요.'까지는 불필요한 설명이다. 오히려 호기심을 감소시키는 글이다.

⑤ 노랑이와 까망이

'삐약, 삐약, 아이 눈부셔……. 엄마, 엄마!'의 말은 금방 태어난 병아리가 하는 말치고는 너무 다듬어져 있고 예쁜 공주님 말씨다. 너무 모범적인 병아리다.

또한 '으응, 난 까망이라고 해. 그런데 넌 지금 어디에 가니?' '그렇구나! 그럼 나도 함께 너희 엄마를 찾아 줄까?' 라고 대답하는 까망이 역시 신사도를 발휘한 듯 과잉친절로 부담스럽다. 대화체는 입체감이 있어야 한다. 음성언어의 특징 중 하나가 생략이 들어간 것이다. 실제 어린이 입장에서 병아리처럼 말할 수 있을까 생각해 보아야 한다. 그리고 노랑이는 어떻게 자신이 노랑인 줄 알까? 까망이가 '또 다른 친구'인 줄 미리 알고 설정한 바탕글도 무리가 있다. 노랑이에게 아무도 가르쳐 주지 않았는데…….

✎ **다시 쓰기**

햇살이 따스한 봄날이었어요.
닭장 속 지푸라기 둥지에서 이상한 소리가 났어요.

"톡톡, 토옥~찍!"

하얀 달걀에서 노란 병아리가 쏘옥 나왔지요.

"빼약 삐약"

비틀거리던 노랑이는 종종거리며 마당으로 걸어갔어요.

노랑이를 본 까망이는 깜짝 놀랐어요.

"야, 너 혼자 다니면 위험해."

"삐약, 엄마가 없어."

"그래? 나랑 찾아보자."

까망이는 노랑이를 데리고 토끼아줌마에게 가보았어요.

✎ **내가 쓰기**☺

예시 ㉓

하늘은 그림책 모양의 구름들을 겹겹이 쌓고 바다는 거대한 물요람 안의 물고기들을 살랑살랑 흔들고 있습니다.

신기하게도 바다는 매일매일 다른 모양을 하고 있어 바라보기에 전혀 지루하지 않답니다. 물론 그러려면 자세히 관찰하는 눈썰미가 필요하지요. 오전에는 초록빛, 오후에는 푸른빛, 때로는 커피 잔 속의 커피처럼 매끈하고 때로는 태산처럼 높다랗게 물마루가 솟구칩니다. 그럴 때면 마치 놀이공원에서 공포 열차를 탄 것처럼 배가 아래위로 요동치지요.[11)]

✎ 분석하기

위 문장은 바다를 묘사한 것이다. 바다의 모양, 색깔, 촉감, 행동으로 표현하였다.

언뜻 읽기엔 별 문제가 없어 보이지만 바다의 이미지가 불필요한 낱말의 오용으로 인하여 분산되어 있다.

① 하늘

바다를 묘사하면서 슬쩍 하늘을 대입시켜 놓았다. 바다와 하늘이 맞닿아 있는 풍경을 나타내기 위한 문장이다. '하늘은 그림책 모양의 구름들을 겹겹이 쌓고'는 어떤 이미지인지 떠오르지 않는다. 그림책 모양의 구름은 어떤 구름인가? 구름모양을 찾아보면 여러 가지 구름의 형태[12)]가 나온다. 그런데 여기에서 구름의 모양은 어떤 모양을 의미하는지 와 닿은 이미지가 아니다. 물론 창작이니까 새로운 구름 모양을 만들 수 있다. 하지만 설득력이 없는, 딱 그려지지 않는 이미지 보다는 과학적으로 만들어질 수 있는 구름의 형태를 빌려 오는 것이 훨씬 이미지화하기에 좋다.

---

11) 크리스타 코지크, 차경아 역, ≪아프리카로 간 눈사람≫, 한겨레출판사, 2007.

12) 구름의 종류는 백과사전에 의하면 1) 권운 : 새털구름, 털구름 2) 권적 : 조개구름, 비늘구름, 털쌘구름 3) 권층운 : 털층구름, 햇무리구름 4) 고적운 : 높쌘구름, 양떼구름 5) 고층운 : 높층구름, 회색차일구름 6) 난층운 : 비구름, 비층구름 7) 층적운 : 층쌘구름, 물방울 8) 층운 : 층구름, 안개구름, 두루마리구름 9) 적운 : 뭉게구름, 쌘구름 10) 적란운 : 쌘비구름, 소나기구름 등이다.

② 바다의 행위

'바다는 거대한 물요람 안의 물고기들을 살랑살랑 흔들고 있습니다.'로 표현하였다. 여기서 '바다=거대한 물요람'은 같은 말로서 중복이 되었다. 이 문장은 '아기를 재우기 위해 요람을 흔들어 주는 것처럼 바다는 물고기를 살랑살랑 흔든다.'는 표현을 한 것이다. 그런데 거대한 물요람을 다른 의미로 사용하였으므로 잘못된 표현이다.

③ '태산처럼 높다랗게 물마루가 요동칩니다.'

과장법이 너무 비약적이다.

'태산'은 중국에서 제일 높은 산이지만 어린이들에게 와 닿지 않는 직유법이며 관념적인 문장이다. 더구나 '물마루'의 뜻은 하늘과 바다가 맞닿아 보이는 수평선, 또는 높이 솟은 물의 고비(최고점)를 뜻한다. 그런데 높다랗게 물마루가 요동친다는 것은 적절하지 못하다. 그야말로 '물의 최고점이 요동치는 것이 아니라' '바다는 물벼락을 치는 듯 하늘로 솟아올랐다.'가 어울린다고 볼 수 있다.

④ 바다의 촉감

'커피 잔 속의 커피처럼 매끈하고'로 바다의 촉감을 표현하였다. 과연 피부에 와 닿은 표현인가 생각해 보아야 한다. 특히 어린이를 대상으로 할 때는 눈높이를 어린이와 맞추는 것이 필요하다. 커피는 어른의 기호품일 뿐 어린이들이 느낄 수 없는 촉감이다.

⑤ 작가의 느낌

'물론 그러려면 자세히 관찰하는 눈썰미가 필요하지요.' '바라보기에 전혀 지루하지 않다.' 라는 말은 작가의 세심한 배려에서 나온 작가의 말이다. 하지만 작가의 말은 문장의 사족(蛇足)이며 전체의 이미지를 흐리게 한다.

✎ **다시 쓰기**

바다는 요람 안의 아기를 잠재우듯 잔잔합니다. 신기하게도 바다는 매일매일 다른 모습입니다. 오전에는 초록빛, 오후에는 푸른빛으로 변합니다. 때로는 돌고래처럼 매끈하다가 물기둥이 솟아오르듯 거친 파도를 만듭니다.

✎ **내가 쓰기**☺

예시 ㉔

마차는 투명한 사파이어로 만들어진 듯 보였고 그 마차 속에 부드러우면서도 강렬하게 빛나는 형체가 서 있었다. 그가 입은 옷은 갓 떨어진 눈처럼 곱고 희었다. 등에는 거대한 날개가 달려 있는데 수정의 부드러운 보랏빛에서 아콰마린의 차가운 파란색까지 온갖 색으로 빛나며 펼쳐져 있었다. 그가 손에 든 백합은 보름달조차 어둡게 보이게 하는 광채를 퍼뜨리고 있었다.[13)]

✎ 분석하기

위 문장은 대천사 가브리엘이 마차를 타고 온 모습을 묘사한 글이다.[14)] 마차와 천사의 모습을 색깔, 촉감, 광채로 이미지를 표현하였다. 한 단락이 3개의 문장으로 되어 있다. 문장은 복문보다 단문으로 수정하는 것이 이해에 도움이 된다. 또한 천사의 이미지를 어떻게 표현할 것인가를 생각해 봐야 한다.

① 수동형 문장 → 능동문으로 고치기

- 어둡게 보이게 하는 → **어두워 보이는**
- 광채를 퍼뜨리고 있었다. → 광채를 **뿜어 내었다.**
- 온갖 색으로 빛나며 펼쳐져 있었다. → 온갖 색으로 **빛났다.**
  (과거완료형) (과거형)

② 마차

사파이어는 수정처럼 투명한 흰색이 아니라 담청색 · 자청색 · 녹청색 · 회청색으로 되어 있기 때문에 적절한 표현이 아니다. 만약 흰색 마차였다면 맑고 투명한 크리스털(수정)로 해야 적절하다.

---

13) 미하엘 엔데, 김경연 옮김, ≪보름달의 전설≫, 보림출판사, 2005. p. 37.

14) 보름달이 뜨는 날마다 대천사 가브리엘이 내려오는 줄 알았던 은자. 사실은 오소리 몸을 빌린 나쁜 정령의 짓으로 표현되어 있다. 은자의 눈에는 대천사 가브리엘로 보였지만 도둑의 눈에는 실제 그대로의 오소리로 보인 것이다. 결국 도둑으로 인해 깨달음을 얻은 은자. 과연 무엇이 진정한 모습인지, 종교란 무엇을 위한, 누구를 위한 것인지를 생각하게 하는 철학적인 요소가 강하다. 대상은 초등고학년 이상 성인들을 위한 이야기다.

③ 천사

부드러우면서도 /강렬하게 빛나는 형체가 서 있었다. 그가 입은 옷은 갓 떨어진 눈처럼 곱고 희었다. → 앞 문장과 뒤 문장을 대립적인 이미지로 설정하여 뭔가를 표현하고자 했지만 어울리지 않는다. 갓 떨어진 눈처럼 곱고 흰 / 강렬하게 빛나는 형체의 어울림은 천사의 어떤 모습을 나타내고자 했을까? 갓 떨어진 눈(雪)만 고운 걸까? 이러한 표현은 문장을 위한 문장으로 쓴 피상적인 표현으로 볼 수 있다. 하얀 옷을 입은 천사의 이미지 표현은 어떤 것이 좋을까 생각해 보자.

④ 날개

첫째, '**거대한**' 표현은 '**날개**'의 크기에 어울리지 않는다. '거대한'이라는 낱말은 엄청나게 크다라는 뜻으로 적어도 '거대한 도시(메트로폴리스)' 정도일 때 표현하는 것이 어울린다. 둘째, 수정은 흰색이다. 보라색은 없다. 차가운 파란색의 아콰마린은 어떤 보석일까? 차가운 파란색을 나타내기 위하여 대체적으로 잘 알지 못하는 아콰마린이라는 보석을 대입시킨 것은 이미지를 오히려 모호하게 만든다. 셋째, '에서'~와 '까지'는 어느 시점의 처음과 끝을 나타내는 조사다. 그렇다면 보랏빛에서 파란색까지가 온갖 색깔인가? 도대체 날개의 색깔은 어떤 색깔인가? 독자가 하나의 장면을 보듯 선명하게 떠올리게 하는 표현이 묘사임을 알아야겠다.

⑤ 백합

보름달조차 어둡게 보이게 하는 **광채** → '보름달'과 '광채'라는 낱말과 어울리는 것인지 생각해 봐야 한다. 일반적으로 보름달의 빛은 은은하면서도 포근한 빛으로 인식되어 있다.

✎ **다시 쓰기**

마차는 사파이어로 만든 듯 맑고 투명한 청색빛을 발하였다. 그는 마차에서 내렸으나 구름처럼 가볍게 서 있었다. 하늘거리는 그의 흰옷자락은 바람에 나부끼어 신비스런 연기가 피어오르는 듯 보였다. 날개는 달빛[15]을 받아 은하수 물결처럼 반짝였다. 순간, 그가 손에 든 백합에서 짜릿하면서도 은밀한 향내가 코끝을 맴돌았다.

✎ **내가 쓰기**☺

15) * 별빛 : 옥수수를 뿌려 놓았을까. 까막새가 다 줘 먹는 걸 보지 못하고 나는 잠이 들었다. (반칠환, 詩「평상」에서)
* 별빛이 쏟아져 소쿠리로 담아도 넘칠 것 같았다.
* 누워서 하늘을 보니 별이 바로 머리 위에서 반짝였다. 일어나려니 별에 부딪칠 것 같았다.

예시 ㉕

그들을 둘러싼 바다는 점점 그 거대한 모습을 드러냈으며 먼 바다는 푸르러 보였지만 배 주위는 초록빛을 띤 물거품이 일었다. 사방에서 소금 냄새가 풍겨 왔고 쏴아 하는 파도소리와 뱃전에 부딪치며 철썩 부서지는 물소리, 노가 물살을 가르는 소리, 노걸이가 삐거덕거리는 소리만이 들릴 뿐이었다.[16)]

✎ 분석하기

전체적인 이미지는 작은 배 한 척이 망망대해에 떠 있는 모습이다. 아무런 대책도 없이 그저 물결 따라 흘러가는 작은 배. 그야말로 점 하나 찍어 놓은 것처럼 떠 있는 배. 약간의 평화로움과 여유로움이 묻어 있으나, 배를 탄 사람의 막막한 모습을 묘사한 글이다.

① 문장 형태

한 단락이 2개의 문장으로 되어 있다. 이렇게 복문으로 쓸 경우 호흡이 길어지고 전체적인 이미지가 흐려질 수 있다. 특히 어린이를 대상으로 할 때에는 중문이나 단문이 좋다. 위 문장의 경우 3~4개의 문장으로 수정하는 것이 바람직하다.

② 배의 모습

작은 배가 바다에 떠 있을 때 바다가 둘러싸 있다고 표현한 것은 적절하지 못하다. '둘러싸다'라는 뜻은 동사다. "…을…에", "…을 …으로" 둘러 '감싸다'라는 의미다.[17)] 즉 둘러싸는 것은 그것의 주체가 능동적으로 하는 행위다. 그렇다면 바다가 배를 둘러싼다는 표현은 아니다. 여기서 주체는 배가 되어야 한다.

---

16) 클라이브 스테이플즈 루이스, 햇살과 나무꾼 역, ≪캐스피언 왕자≫, 시공주니어, 1996, pp. 139~140.

17) 예시문) 1. 김장독을 비닐로 둘러쌌다. 2. 적군의 병사들이 나를 둘러싸고 총을 겨누었다. 3. 친구들이 날 둘러싸고 어서 이야기를 해 달라고 조르기 시작했다.

③ 바다의 모습

바다의 모습을 거대하다고 표현한 것과 잔잔한 바다의 색깔을 표현한 것은 이미지가 어울리지 않는다. '거대하다'는 위 예시문에서 설명했기 때문에 참고하기로 한다.

④ 바다의 색깔

바다의 색깔의 표현이 적절하지 못하다. 더구나 '~지만'이라는 조사는 앞의 문장과 뒤 문장이 반대의 뜻을 가졌을 때 사용한다. 하지만 예시문은 반대의 이미지가 아니라 바다의 이미지를 표현하는 것이기 때문에 조사의 잘못된 사용의 예다.

물거품은 물이 다른 물체에 부딪혀 잘게 부서진 상태를 물거품이라고 한다. 그러므로 물거품은 흰색에 가깝다. 바닷물이 파도에 의해 물거품이 생길 때에는 그 어떤 색깔의 바다도 물거품은 흰색이다. 초록빛을 띤 물거품이란 있을 수 없다.

⑤ 바다의 냄새

바닷물이 짠 것은 누구나 알지만 바다 냄새를 소금냄새라고 표현하는 것은 적절하지 못하다. 바닷물은 오염이 되었을 때는 비릿하고 짠 물비린내가 나지만 청정지역일 때는 그런 냄새가 나지 않는다. 또한 '사방'이란 말은 동서남북 통틀어서 일컫는 말이다. 망망대해에서 더구나 냄새를 나타내는데 사방이라는 말의 사용은 적절하지 않다. 소금은 냄새보다는 맛으로 표현해야 함이 옳다.

⑥ 파도 소리

'쏴아'하는 파도소리는 바다 한가운데 떠 있을 때는 나지 않는다. 바람도 불지 않는 망망대해에서 '쏴아'하는 파도소리가 들린다는 것은 맞지 않다. 또 뱃전에 부딪치며 철썩 부서지는 물소리에서 '부딪치는'은 말은 필요 없는 날말이다. 뱃전에 철썩 부서지는 파도소리로 하든가 또는 뱃전에 철썩 부딪치는 파도소리로 해야 한다.

⑦ 배가 처한 상황

마지막 부분에서 소리만이 들릴 뿐이었다. 라는 말은 그야말로 망망대해에 홀로 떠 있는 작은 배의 막막함을 보여 준다. 그러므로 앞에서 표현한 바다의 모습을 '거대한', '몸집을 드러내는' 으로 표현한 것은 어울리지 않는 묘사다.

✎ **다시 쓰기**

사방을 둘러보아도 온통 물뿐이었다. 그 어디에도 육지는 보이지 않았다. 푸릇푸릇한 바다 냄새가 바람에 실려 왔다. 들리는 소리라곤 노가 물살을 가르는 소리, 노걸이가 삐거덕거리는 소리뿐이었다.

✎ **내가 쓰기**☺

예시 ㉖

사방을 둘러보아도 칠흑같이 어둡고, 이따금 새까만 어둠 속에서 희미하게 떠오르는 것이 있습니다. 가만히 살펴보니 그것은 무시무시한 바늘산의 바늘이 빛나는 것이었습니다. 그러니 간다다가 얼마나 끔찍했겠습니까. 게다가 주위는 무덤 속처럼 고요하기만 하고 간혹 들려오는 소리라곤 오로지 죄인의 입에서 새어 나오는 희미한 탄식뿐입니다.[18)]

✎ 분석하기

위 문장은 주인공이 지옥에 떨어져 지내는 상황을 묘사한 글이다. 전체적인 이미지로 보아 아주 무섭고, 절박하고, 긴장된 불안한 상황이다. 그 누구라도 이런 상황에 처해 있다면 무서움과 공포에 떨었을 것이다.

① 어둠의 색깔

어둠의 정도(程道)가 '칠흑같이' 어둡고, '새까만' 어둠으로 표현되어 있다. '칠흑'은 옻칠처럼 검고 광택이 있는 빛깔을 나타낸다. '새까만'은 아주 까만색을 의미한다. 그렇다면 두렵고 불안한 어둠의 색깔은 어느 것이 어울릴까. 조심스럽게 낱말 선택을 해야 한다.

② 바늘산

첫째, 바늘산의 모습을 '희미하게 떠오른다.'고 표현한 것은 적절하지 못하다. 바늘산의 모습은 무시무시한 공포를 조성하는 매체다. 그렇기 때문에 캄캄한 밤에 도깨비불처럼 번쩍거리는 바늘산의 모습이 더 어울린다.

둘째, '바늘산의 빛'을 '바늘이 빛나는 것'으로 표현한 것도 적절하지 않다. 바늘산은 수많은 바늘이 모여서 이루어진 조어(造語)에 해당한다. 낱개의 바늘은 이미 바늘산에 속해져 있기 때문이다. 그리고 어둠 속에서 한 개의 바늘의 빛으로 표현한다는 자체가 말이 안 된다. 수천 개의 바늘이 모여져 만들어진 바늘산

18) 아쿠타가와 류노스케, 조양욱 역, ≪거미줄≫, 현대문학, 2006. p. 10.

의 빛인 것이다.

③ 작가의 감정 이입

'그러니 간다다가 얼마나 끔찍했겠습니까.'는 난데없이 끼어든 작가의 말이다. 묘사를 할 때 강조하기 위해서는 직유법, 은유법 등을 인용할 수는 있지만 갑자기 작가의 심중을 드러내는 문장을 넣어서는 안 된다.

④ 고요

흔히 고요함을 표현할 때 '무덤 속처럼'이라는 표현을 쓴다. 그러나 살아 있는 사람치고 무덤 속의 고요를 경험한 사람은 아무도 없다. 다만 죽음은 움직임이 없기 때문에 그러한 표현을 하는 것이다. 그러나 어른 중에도 이러한 감정을 받아들일 수 있는 사람은 노년에 해당하는 사람이 아닐까 한다. 더구나 어린이를 대상으로 하는 문장에서는 '무덤 속처럼 고요하다.'는 표현은 어울리지 않는다.

⑤ 불안

첫째, '죄인의 입에서 새어 나오는 희미한 탄식'의 표현은 수동문이다. 이 문장에서 '죄인의 탄식이' 주어가 되는 능동문이 훨씬 설득력이 있다. 죄인의 탄식이 불안감을 더해 주는 요소로 들어갔기 때문이다.

둘째, '탄식'이라는 낱말도 어울리지 않는다. '탄식'은 한탄하며 한숨을 쉬는 의미다. 대체적으로 탄식을 할 때는 한숨뿐만 아니라 어떤 중얼거림도 한 마디씩 뒤따르게 된다. 그런데 위 문장처럼 불안하고 두려운 분위기, 즉 공포분위기를 조성하는데 '죄인의 희미한 탄식' 보다는 '죄인이 앓는 소리', '죄인이 흐느끼는 울음소리'가 '들려왔다'라는 것이 더 효과적이다.

✎ **다시 쓰기**

사방을 온통 캄캄한 어둠뿐이었다. 이따금씩 바늘산이 도깨비불처럼 번쩍거렸다. 게다가 끊어질 듯 이어지는 죄인의 흐느끼는 울음소리. 순간, 살갗이 오그라들며 온 몸에 소름이 와르르 돋아나기 시작했다.

✎ **내가 쓰기**☺

예시 ㉗

그녀는 기름기 없는 퍼석한 머리카락을 아무렇게나 뒤로 돌려 좌우로 나누어 묶고, 온통 살갗이 튼 두 뺨이 기분 나쁠 정도로 빨갛게 달아오른, 영락없는 시골뜨기 처녀 그 자체였다. 더군다나 때가 낀 연두색 털목도리가 아래로 축 늘어뜨려진 데다가, 무릎 위에는 커다란 모퉁이가 놓여 있었다.[19)]

✎ **분석하기**

위 문장은 그녀의 모습을 묘사한 글이다. 전체적인 이미지가 한 마디로 영락없는 시골뜨기 처녀다. 그러나 매끄럽지 못한 문장표현으로 이미지가 확실하지 않다.

① 머리 모양

'아무렇게나 뒤로 돌려 좌우로 나누어 묶고'는 너무 친절해서 오히려 전달력

---

19) 아쿠타가와 류노스케, 〈귤〉, ≪거미줄≫, 현대문학, 2006. p. 213.

이 약해진 묘사다. '아무렇게나 질끈 묶었다.'라고 하는 것이 더 어울린다. 좌우로 나누어 묶고 라는 표현은 질서정연한, 단정한 표현이므로 '아무렇게나'와는 어울리지 않는다.

② 얼굴

첫째, '온통 살갗이 튼 두 뺨이'에서 '온통'이라는 말은 군더더기다. 둘째, '기분 나쁠 정도로'와 '빨갛게 달아오른'은 어울리지 않는 문장이다. '빨갛게 달아오른'의 느낌은 예를 들어 추운 겨울날 밖에 나가 눈사람을 만들고 들어온 아이의 얼굴, 혹은 난로의 열기로 빨갛게 달아오른 아이의 얼굴 등 귀엽고 이미지에 어울린다. 대신 '벌그죽죽하였다.'로 표현하는 것이 적절하다. 또한 '기분 나쁠 정도로'라는 말 역시 삭제해도 무방하다.

③ 차림새

첫째, '때가 낀'의 이미지 역시 그녀의 전체적인 이미지에 어울리지 않는다. '때가 낀'은 주로 살갗을 나타낸다. 목도리이므로 '꼬질꼬질한' '얼룩덜룩한' '땟물이 줄줄 흐르는' 등으로 표현하는 것이 적절하다. 둘째, '연두색 털목도리'는 상큼한 이미지다. 여기에서 '색 바랜'이란 형용사를 붙여 '색 바랜 연두색 털목도리' 가 훨씬 구질구질한 그녀의 이미지에 어울린다.

④ 수동형 문장

'연두색 털목도리는 아래로 축 늘어뜨려진 데다가'에서 연두색 털목도리가 주어이며 이를 능동형으로 바꾸는 것이 훨씬 실감이 난다. 또한 '아래로'라는 말은 상당히 모호하다. 구체적인 신체부위를 설정해 주는 것이 이미지가 선명하다. '색 바랜 연두색 털목도리는 무릎까지 축 늘어졌다.'라는 표현이 적절하다.

⑤ 보퉁이

시골처녀가 서울로 상경할 때 떠오르는 이미지에서 빠질 수 없는 것이 보따리다. 이런 경우, 보따리에는 꼭 필요한 물건만 챙겨 나오기 때문에 상당히 소중하다. 그러므로 행동 묘사시, 옆구리에 꼭 끼고 있다거나, 품에 꼭 안고 있다거나, 그 보따리를 소중히 생각하는 이미지로 표현한다.

위 문장에서는 '무릎 위에는 커다란 보퉁이가 놓여 있었다.'로 표현하였다. 이 문장은 '보퉁이가 놓인 위치'만 나타낸다. 그 보퉁이가 소녀에게 어떤 의미인지가 묘사되어 있지 않다. 여기서 보퉁이는 주어가 아니라 목적어가 되어야 한다. 그러므로 '소녀는 보따리 하나를 꼭 쥐고 있었다.', '소녀는 소중한 보물인냥 보따리를 품에 안고 있었다.'식의 표현이 어울린다. 또한 소녀의 이미지에 '보퉁이'보다는 '보따리'가 더 어울리는 낱말이다.

✎ **다시 쓰기**

그녀는 기름기 없는 푸석한 머리카락을 아무렇게나 질끈 묶고 있었다. 얼굴은 가뭄 날 논바닥처럼 쩍쩍 갈라져 벌그죽죽하였다. 손등은 때가 끼어 꼬질꼬질하였다. 게다가 색 바랜 털목도리는 무릎까지 축 늘어져 있었다. 영락없는 시골뜨기 처녀 그 자체였다. 하지만 그녀는 다른 사람의 시선은 아랑곳없이 작은 보따리를 꼭 쥐고 주변을 두리번거리고 있었다.

✎ **내가 쓰기**☺

예시 ㉘

예 1)
금빛은 푹 쓰러졌습니다. 효주가 가까이 다가갔습니다.
집안을 둘러보니 마루에 밤이 놓여 있는 것이 눈에 띄었습니다.
"아니? 이럴 수가."
효주는 깜짝 놀라 금빛을 쳐다보았습니다.
"금빛, 너였구나, 항상 밤을 가져다 주던 것이."
금빛은 축 늘어져 눈을 감은 채 고개를 끄덕였습니다.
효주는 화승총을 탁 떨어뜨렸습니다.
아직 총부리에서는 푸른 연기가 가늘게 새어 나오고 있었습니다.[20]

예 1′)
여우 콩콩이는 푹 쓰러졌습니다.
헤이토가 달려왔습니다.
집안을 살펴보자 봉당에 밤을 모아 놓은 것이 눈에 들어왔습니다.
"아니?"
헤이토는 깜짝 놀라서 콩콩이를 내려다보았습니다.
"콩콩이 너였니? 항상 밤을 주던 사람이?"
콩콩이는 눈을 꼭 감은 채 고개를 끄덕였습니다.
헤이토는 총을 툭 떨어뜨렸습니다.
파란 연기가 아직 총부리에서 가늘게 피어오르고 있었습니다.[21]

예 1)과 예 1′)는 같은 작품을 각기 다른 출판사에서 번역한 것이다.[22] 그런데 같은 작품을 어떻게 번역하느냐에 따라서 같은 상황인데도 표현 방법에 의해 달라짐을 알 수 있다. 두 예시자료의 차이점을 비교해 보자.

① 등장인물의 이름

예 1)은 '효주'와 '금빛'으로 되어 있다. 예 1′)는 '헤이토'와 '여우 콩콩이'로

---

20) 니이미 난키치, 〈금빛여우〉, ≪장갑을 사러 간 아기 여우≫, 부광, 2004, p. 28.
21) 니이미 난키치, 최현숙 옮김, 『세계동화로 배우는 동화창작법』, 미래 M&B, 2001, p. 76.
22) 내용 요약 : 장난기가 많은 금빛은 혼자 사는 어린 여우다. 어느 날, 금빛은 강가에서 효주가 잡은 장어 한 마리를 훔치다가 도망치게 된다. 그 후 금빛은 효주의 어머니가 죽은 것을 알게 되고 혼자가 된 효주를 보자 동병상련의 정을 느끼게 된다. 금빛 역시 혼자이었기 때문이다. 또 장어를 훔친 것이 미안해진 금빛은 효주를 위해 정어리를 훔쳐다 가져다 주고 밤이나 버섯을 따다가 몰래 갖다 준다. 그러던 어느 저녁, 집안에 몰래 들어 온 금빛을 발견한 효주는 총을 꺼내 쏘게 된다. 바로 장어를 훔쳐 간 여우였기 때문이다.

되어 있다. '헤이토'는 일본식 이름이고 '콩콩이'는 캐릭터의 성향을 살린 이름이다.

② 표현의 차이

* 쳐다보았습니다. 내려다보았습니다.

쓰러져 있는 여우 옆에 총을 쏜 남자가 서 있는 상황이다. 이때 남자가 여우를 쳐다본다는 것은 잘못된 표현이다. 위에 있는 것을 올려다 볼 경우에는 쳐다본다가 맞고, 아래에 있는 것을 볼 경우는 내려다본다가 맞는 표현이다. '본다'의 표현은 여러 가지 표현으로 사용된다.[23] 얕보다, 째려보다, 훑어보다, 바라보다, 살펴보다, 굽어보다, 쳐다보다, 내려다보다, 우러러보다, 건너다보다, 엿보다, 언뜻보다 등 상황에 맞는 표현을 해야 한다.

* 축 늘어져 눈을 감은 채, 눈을 꼭 감은 채,

- 눈을 꼭 감은 채의 어감은 능동적이고 귀여운 모습이다. 숨바꼭질할 때 어울리는 행동이다. 그런데 위 같은 경우, 총에 맞아 쓰러졌는데 눈을 꼭 감은 채 라는 표현이 합당한 것인지 한번 생각해 볼 필요가 있다. 눈을 감은 것이 중요한 사건의 요소가 되지 않으므로 축 늘어진 채로 표현하는 것이 무난한 표현이 된다.

① 콩콩이는 눈을 꼭 감은 채 고개를 끄덕였습니다.
② 금빛은 축 늘어져 눈을 감은 채 고개를 끄덕였습니다.
③ 콩콩이는 축 늘어진 채 고개를 끄덕였습니다.

*** 주던 사람이?, 가져다 주던 것이**

- 주인공 효주는 누가 가져다 놓는지 알지 못한다. 그러나 친구와의 대화를 보면 착한 효주를 위해서 하느님이 하신 일이라고 믿는다. 그런데 사람이? 것이로 처리한 것은 적절하지 않다.

---

23) 잘못된 예시) 발끝을 쳐다보며 걸었다, 둥근 보름달을 굽어보니 누나 생각이 났다. 매우 부러운 표정으로 째려보았다.

* 밤이 놓여 있는 것이 눈에 띄었습니다, 밤을 모아 놓은 것이 눈에 들어왔습니다.

- 밤은 여우가 효주 몰래 갖다 놓은 것이다. 그런데 여우가 몰래 갖다 놓는 입장에서 밤을 모아 놓고 가기는 힘들다. 또한 이 문장에서 주어는 효주다. 효주 눈에 밤이 보인 것이지, 밤이 효주 눈에 들어온 것은 아니다. 그러므로 예 1) 자료의 표현이 올바르다.

* 화승총을 탁, 총을 툭

- 화승총을 '툭' 이라는 표현이 올바르다. 여기에서 다시 한번 생각해야 할 부분은 아동문학이라고 해서 예쁘고 고운 표현만 사용하는 것은 아니다. 상황에 가장 알맞은 말을 선택해야 한다. '탁', '툭' 이라는 표현은 아주 미미한 차이지만 어감은 완전히 다르다. '탁'은 물건이 부딪치거나 떨어질 때 느낌이 작고 가벼운 느낌을 준다. 반면, '툭'은 물건을 들고 있는 주체가 힘이 없거나 성의 없이 던지는 상황에 어울리는 표현이다. 위 문장에서는 '툭' 소리의 실체가 총이고, 그 총을 들고 있는 효주가 자신의 잘못으로 여우가 죽은 것을 알게 되어 힘이 빠진 상태다. 그러므로 '탁' 보다는 '툭'이 적절한 표현이다.

* '화승총'

- 화약총이므로 총부리에서 푸르스름한 연기가 나온다는 말이 성립이 된다. 반면 '총'이라고 했을 때 독자는 총을 쏘면 모두 파란 연기가 나오는 줄 알게 된다. 실제 총을 쏜 사람들의 이야기를 들어본 결과 일반 총도 쏘고 나면 총부리에서 미세하게 연기가 나오는데 푸른색보다는 하얀색에 가깝다고 한다. 그렇다면 이 작품의 연대기에 맞춰 보았을 때 '화승총'이 맞는 표현이 된다. 이런 부분은 가볍게 생각할 수 있는 부분이지만 잘못된 지식을 전달할 수 있는 여지를 안고 있으므로 신중할 필요가 있다.

* 파란 연기가 아직 총부리에서 가늘게 피어오르고, 아직 총부리에서는 푸른 연기가 가늘게 새어 나오고

- 이 문장은 죽음을 슬픔의 미학으로 표현하는 결말부분이다. 총 때문에 여우가 죽게 된다. 총부리에서 나오는 연기색깔이 푸른이냐, 파란이냐, 더불어 총을

강조해야 하느냐, 연기를 강조해야 하느냐의 문제다. 총부리에서 나오는 연기는 파란보다는 푸른이 더 어울린다. '피어오르고'와 '가늘게 새어 나오고'의 표현도 생각해 볼 부분이다. 동화니까 예쁜 표현을 쓰는 것보다 색깔 표현 역시 상황에 맞는 표현이어야 한다.

✎ **다시 쓰기**

콩콩이가 픽 쓰러졌습니다.

헤이토는 얼른 마루 쪽으로 달려갔습니다.

마루 한쪽에 밤이 놓여 있었습니다.

"아니? 이럴 수가."

헤이토는 깜짝 놀라며 콩콩이를 내려다보았습니다.

"콩콩이, 너였구나. 늘 밤을 가져온 것이……."

콩콩이는 축 늘어진 채 겨우 고개를 끄덕였습니다.

그제야 헤이토는 화승총을 툭 떨어뜨렸습니다.

총부리에서 푸른 연기가 가늘게 새어 나오고 있었습니다.

✎ **내가 쓰기**☺

예시 ㉙

* 하은이는 다시 우체통 속으로 고개를 쭉 빼고 들여다보았습니다.
→ 하은이는 고개를 쭉 내밀어 다시 우체통 속을 들여다보았습니다.

예시 ㉚

꿈꾸는 동물원에도 봄이 찾아 왔습니다.
이른 아침, 벚꽃나무 사이로 햇살이 스며들었습니다.
"야! 일어나." 원숭이 꿍은 짝의 꼬리를 당겼습니다.
"뭐야, 뭐?" 나무 위에서 잠이 들었던 원숭이 짝이 움찔했습니다.
"아침." 꿍은 벌써 저만치 물러섰습니다.
"야!" 짝의 비명소리가 동물원에 울려 퍼졌습니다.
원숭이 짝, 꿍과 가까이 사는 독수리와 낙타도 잠에서 깼습니다.
"마음에 안 들어!" 독수리는 날개로 새장을 쳤습니다.
"허허, 오늘도 시끌벅적하겠군." 낙타할아버지는 입을 오물거렸습니다. '낙타타기' 매표소 앞에는 할아버지가 비질을 하고 계셨습니다.
"참, 나이 든 사람이 부지런해." 낙타할아버지는 몇 가닥 남은 꼬리털을 공중에 털었습니다.

✎ 분석하기

위 내용은 동물원의 아침을 이야기한 발단이다. 주어에 해당하는 인물의 행동을 상황에 맞게 잘 처리한 부분이 돋보인다. 반면, 대화체가 너무 간결하게 되어 있어서 무슨 의미를 전달하고 있는지 이해하기 힘들다.

① 햇살이 스며들었습니다. 비명소리가 동물원에 울려 퍼졌습니다.

첫째, 이른 아침, 동물원의 벚꽃나무 사이로 햇살이 스며들었습니다. 라는 표현보다는 햇살이 반짝였습니다. 라는 표현이 어울린다. 둘째, 원숭이 '짝'의 비명소리가 울려 퍼졌다는 표현은 맞지 않다. 비명소리는 단발적인 소리이므로 찌르듯이 나오는 소리다. 셋째, 원숭이의 이름을 '짝'으로 표기한 경우 '짝꿍', '단짝'을 의미할 수도 있으므로 작명을 다시 해 보는 것이 바람직하다.

② "야! 일어나." "뭐야, 뭐 ? " "아침." "야!"

원숭이 '짝'과 '꿍'이의 대화다. 대화에서 무엇을 말하는지, 두 원숭이 사이는 어떤 사이인지, 금방 읽어서는 이해하기 힘들다. 대화체가 너무 짧은 까닭이다. 조금 더 풀어 주면 훨씬 이해하기 쉽다.

③ "마음에 안 들어!" 독수리는 날개로 새장을 쳤습니다.

원숭이들이 다투는 소리를 듣고 독수리가 하는 말이다. 독수리의 말과 행동이 어울리지 않는다. 독수리가 날개로 새장을 친다는 표현은 적절하지 못하다. 먼저 '새장'이라는 표현보다는 동물들을 가두어 놓는 '우리'로 표현해야 적절하다. 독수리가 새라고 할지라도 새장에 들어 있는 독수리보다는 우리에 든 독수리가 어울린다. 또한 날개로 우리를 쳤다는 표현은 상당히 화가 난 상태다. 그러나 대화체를 보면 차분하고 혼자말 같은 어투다.

④ 오물거렸습니다, "참, 나이 든 사람이 부지런해.", 비질을 하고 계셨습니다.

첫째, 낙타할아버지 입을 표현할 때 오물거렸다보다는 우물거렸다 표현이 적절하다. 나이 든 할아버지낙타이기 때문이다. 둘째, 동물원을 청소하는 할아버지 모습을 보고 낙타할아버지가 하는 대화체다. 나이 든 낙타할아버지가 나이 든 할아버지를 보고 '나이 든 사람은 부지런하다'고 표현하는 것은 적절하지 못하다. 셋째, 청소하는 할아버지 행동을 표현할 때 존칭어를 쓰지 않는 것이 적절하다. 시점이 전지적 관찰자 시점이므로 객관적인 입장에서 표기하는 것이 좋다.

✎ 다시 쓰기

아침햇살이 동물원 벚꽃나무 사이로 반짝였습니다.
원숭이 숭이는 단짝 친구 뚱이의 꼬리를 당겼습니다.
"야! 일어나. 어서어서!"

뚱이는 화들짝 놀라 발딱 일어났습니다.

"왜 그래? 무슨 일이야?"

그러자 숭이는 능청떨며 아침 해를 가리켰습니다.

"아침이니까~"

"뭐? 이게 또 단잠을 깨웠어."

뚱이와 숭이는 우당탕거리며 이 나무 저 나무를 옮겨 다녔습니다.

그 바람에 잠이 깬 독수리는 뚱이와 숭이를 노려보았습니다.

"저것들이 버릇없이 정말!"

일찌감치 일어난 낙타할아버지는 입을 우물거리며 몇 가닥 남은 꼬리털을 공중에 털었습니다.

"허허, 또 시작이야. 저 녀석들~"

동물원을 청소하던 할아버지는 비질을 하며 빙긋 웃었습니다.

✎ **내가 쓰기**

참고 문헌

〈논문〉

권혁준, '아동문학에서 판타지의 개념과 범주' 공주교대논총 제39집 1호. 2002.
______, '판타지 동화의 문학교육적 의의' 공주교대논총제 39집 2호, 2002.
김정란, '뻬로의 요정들에 대한 소고', 건국대학교 동화와번역연구소, 제7집, 2004.
성현주, '한국현대동화의 나르시시즘 양상연구' 명지대학교대학원 박사논문, 2006.
이성자, '한국현대 판타지 동화연구' 명지대학교대학원 박사논문, 2003.

〈단행본〉

간복균, 『문장작법』, 학문사, 1990.
김상욱, 『숲에서 어린이에게 길을 묻다』, 창작과 비평사, 2002.
김용수, 드라마 분석방법론, 집문당, 2004.
유창근, 『차세대문학의 이해』, 태영출판사, 2007.
이상우, 『소설의 이해와 작법』, 월인, 1999.
이영식, 『독서치료 어떻게 할 것인가』, 학지사, 2006.
이재명, 『극문학이란 무엇인가』, 평민사, 2004.
이재복, 『우리 동화 바로읽기』, 한길사, 2002.
가와베 가즈토, 허환 옮김, 『드라마란 무엇인가』, 시나리오친구들, 2001.
노드롭 프라이 저, 이상우 역, 『문학의 원형』, 명지대학교출판부, 1998.
니시모토 게이스케 지음, 최현숙 옮김, 『동화창작법』, 미래M&B, 2001.
로널드 B. 토비야스, 김석만 옮김, 『인간의 마음을 사로잡는 스무가지 플롯』, 풀빛출판사, 1999.
마리아 니콜라예바, 김서정 옮김, 『용의 아이들』, 문학과지성사, 1998.

앨런시걸, 권명수 옮김, 『하인즈 코헛과 자기심리학』, 한국심리치료연구소, 2002.
이사벨 지글러, 심상욱 옮김, 『창작입문』, 학문사, 1987.
장 라플랑슈 · 장 베르트랑 퐁탈리스 공저, 다니엘 라가슈 감수, 임진수 옮김, 『정신분석사전』, 열린책들, 2005.
J. G. 프레이저, 신상웅 옮김, 『황금가지』, 동서문화사, 2007.
제임스 그리블, 나병철 옮김, 『문학교육론』, 문예출판사, 1988.
지그문트 프로이트, 윤희기 · 박찬부 옮김, 『정신분석학의 근본개념』, 2005.
페리 노들먼, 김서정 옮김, 『어린이문학의 즐거움』, 시공주니어, 2001.
폴 아자르, 햇살과 나무꾼 역, 『책 · 어린이 · 어른』, 시공주니어, 1999.
하인즈 코헛, 이재훈 옮김, 『자기의 회복』, 한국심리치료연구소, 2006.
헤르만 헤세, 정서웅 · 윤예령 옮김, 『환상동화집』, 민음사, 2003.

〈기타 자료〉

김종상, 아동문학강의록, 명지대학원, 2000.
네이버, 두산백과사전 EnCyber & EnCyber.com.

〈신춘문예〉

- 조선일보 신춘문예
  http : //www.chosun.com/
- 동아일보 신춘문예
  http : //www.donga.com
- 한국일보 신춘문예
  http : //news.hankooki.com/
- 서울신문 신춘문예
  http : //www.seoul.co.kr/
- 문화일보 신춘문예
  http : //www.munhwa.com/
- 평화신문 신춘문예
  http : //web.pbc.co.kr/newspaper
- 국제신문 신춘문예
  http : //www.kookje.co.kr/
- 부산일보 부일 신춘문예
  http : //www.pusanilbo.com/
- 대구매일신문 신춘문예
  http : //www.imaeil.com/
- 대전일보 신춘문예
  http : //www.daejonilbo.com
- 강원일보 신춘문예
  http : //www.kwnews.co.kr
- 경남신문 신춘문예
  http : //www.knnews.co.kr
- 동양일보 신인문학상

http : //www.dynews.co.kr

- 무등일보 신춘문예

  http : //www.moodeungilbo.co.kr/

- 전남일보 신춘문예

  http : //www.jnilbo.com/

- 전북일보 신춘문예

  http : //www.jjan.kr

- 기독 신춘문예

  http : //kidokongbo.com/

〈각종 문학상〉

- 기독교 타임즈 문학상 및 우석 동화문학상

  http : //www.kmctimes.com/

- MBC 창작동화 대상

  금성출판사(www.kumsung.co.kr)

  MBC 문화방송(www.imbc.com)

- 대산대학문학상

  http : //www.daesan.or.kr/

- 문학동네 어린이 문학상

  http : //www.munhak.com/

- 황금도깨비상

  http : //www.bir.co.kr

- 웅진주니어 문학상

  http : //www.wjjunior.com

- 눈높이 아동문학 대전

  http : //www.dkculture.org

- 동서 커피문학상
  www.dongsuh.co.kr
- CJ문학상
  http : //www.cjstory.com/
- 해양문화재단 해양문학상
  www.ocf.or.kr
- 건국대학교 창작동화상
  www.dongbun.org
- 농민신문 중편동화 공모
  http : //www.nongmin.com
- 푸른문학상
  http : //www.prooni.com
- 샘터상
  http : //isamtoh.com
- 창비 좋은 어린이책 원고공모
  http : //www.changbi.com
- 우리교육 어린이책 작가상
  http : //www.uriedu.co.kr
- 나무와 햇살 2006년 신인동화작가 공모
  http : //www.namusun.com/
- 보림 창작그림책 공모전
  http : //www.borimpress.com/
- 소천아동문학상 신인상
  http : //www.kyohak.co.kr
- 마해송 문학상
  http : //moonji.com

· 공무원 문예대전

http ://www.artzone-mogaha.go.kr

· 교단문예상

http ://www.danmoon.net/

· 대한민국 장애인 문학상

http ://www.kowpad.or.kr/

· 우리농산물 소재 창작동화 공모

http ://www.jikigi.com

· 사이버문학상

http ://www.ggcf.or.kr

· 한국 안데르센 그림자상 동화부문

http ://www.kbby.org/

· 리토피아 신인상

http ://www.litopia21.com/

· 사다리 어린이 희곡 공모

http ://www.sadari.org

· 농민신문 중편동화 공모

http ://www.i-child.co.kr

· 창비 청소년 문학상

http ://www.changbi.com

· 마로니에 전국여성백일장

http ://munjang.or.kr

〈문예전문지 신인상〉

· 「월간문학」 신인작품상

http ://www.ikwa.org

- 「文章 21」 신인작품상
  카페 : http : //cafe.daum.net/mun21
- 「PEN 문학」 신인상
  국제펜클럽 한국본부 ☎ 02) 782-1337～8
- 「시와 정신」 신인상
  http : //www.siwajeongsin.com
- 「창조문학」 신인상
  Tel. (02)374-9011
- 「詩와 창작」 신인작품상
  문의처 : Tel. (02)835-8255
- 「현대시문학」 신인상
  http : //koreanpoetry.com
- 월간 「문학21」 신인작품상
  http : //www.lite21.com
- 월간 「스토리문학」 신인작품상
  http : //www.storye.com
- 월간 「문예사조」 신인상
  http : //www.munyesajo.co.kr/
- 월간 「광장」 신인문학상
  http : //poet22c.com
- 「문학저널」 신인문학상 작품공모
  http : //www.mhjc.co.kr
- 격월간 「신문예」 신인문학상
  http : //cafe.daum.net/sinmunye
- 격월간 「좋은문학」 신인문학상
  http : //goodpoet.net

· 「한맥문학」 신인상

http : //www.hanmaekl.com/

· 월간 문학세계

http : //www.moonhaknet.com/

〈아동문학 전문지〉

「오늘의 동시문학」 신인상

1. 응모부문 및 분량

동시 5편, 동요 5편, 동시조 5편, 동시평론 1편 이상

2. 모집기간

수시로 접수하여 3개월에 한번씩 심사 발표한다.

3. 심사방법 및 특전

① 1회 당선으로 신인상을 수여함(수준에 따라 1회 추천도 할 수 있음)

② 신인상 수상자는 기성작가로 인정하고 적극적으로 활동을 지 원함

③ 수상자는 한국동시문학회 입회자격을 줌

④ 심사위원은 당선작 발표와 함께 알림

4. 시상

당선자 시상은 매년 6월에 함

당선자에게는 상패를 줌

5. 기타

① 응모 시 '오늘의 동시문학 신인상' 응모작품이라고 명기할 것

② 응모작과 함께 주소, 전화번호, 생년월일, 본명 등 간단한 자기소개서

③ 응모작은 반환하지 않음

6. 보낼 곳

137-070 서울 서초동 1677-1 브라운스톤 811호 〈오늘의 동시문학〉 편집실

전화 (02) 521-1119, 팩스 (02) 3471-4425

「아동문예」 문학상

1. 응모 부분 및 분량

· 동시(동요) : 10편 이상

· 동화(소년소설) : 200자 40장(2편)

· 동극(라디오 극본) : 200자 60장(2편)

· 아동문학평론(라디오 극본) : 200자 60장(2편)

2. 모집기간 및 발표

언제든지 접수가 가능하며 당선작은 발표함

3. 심사방법 및 규정

심사위원은 본지에서 매 회 위촉함

당선 후 기성 작가로 대우하고 활동을 지원함

4. 기타

· 응모시 아동문예문학상 응모작품이라고 명기할 것

· 응모작과 함께 연락처와 생년월일, 성명, 약력, 자기소개를 바람

· 응모작의 반환은 책임지지 않으며 자세한 내용은 아동문예 편집부로 연락 바람

5. 보낼 곳

132-033 서울 도봉구 쌍문 3동 315-402

월간 아동문예사

전화 995-0071～2(편집실), 995-0073(주간실)

「아동문학평론」 신인문학상

1. 종별 분량

- 동시 : 장시 제외 10편 이상
- 동화 · 소년소설 · 동극 : 30장 내외 3편
- 아동문학평론 : 200자 내외 2편

2. 추천 방법 · 기타

① 반드시 정해진 편수와 장수를 지키고 약력을 첨부해야 한다.
② 응모작품은 2월, 5월, 8월, 11월의 15일 이내에 필착되어야 한다.
③ 당선된 분은 기성 문인으로 대우한다.
④ 심사위원은 작품 게재 시 발표한다.
⑤ 응모작품은 반환하지 않는다.
⑥ 응모작품 끝에는 주소와 성명(한자) 및 약력을 명기해야 하며 봉투에 '응모작품'이라 표시해야 한다.

3. 보낼 곳

136-092 서울 성북구 종암 2동 8-204
아동문학평론사 편집실
전화 (02) 912-0654

「아동문학세상」 신인문학상

1. 글의 종류

- 동화 · 소년소설

① 단편 동화 : 200자 원고지 20~30장(2편)
② 유년동화 : 10~15장 (3편)
③ 소년소설 : 200자 원고지 40장 (1편)

④ 장편동화 · 아동소설 : 250~300장 (1편)
· 동시 · 동시조 : 10편
· 아동문학평론 : 50장 내외 (1편)
· 동극 극본 : 50장 내외 (1편)
※ 응모작품은 연 4회 심사 발표한다.

2. 응모 요령
· 접수 : 수시
· 당선작 발표 : 3개월마다 심사하여 발표한다.
· 당선 작가는 공인된 아동문학가로 대우하며, 문단활동을 적극 밀어 드린다.
· 심사위원은 고정시키지 않으며, 매 회 권위 있는 문인으로 구성한다.
· 원고 끝에 직업, 나이, 본명, 경력 주소를 정확하게 밝혀야 한다.

3. 보낼 곳
121-080 서울 마포구 구수동 68-8 진영빌딩 403호
한국아동문학연구회
전화 (02)714-9045, 팩스 (02)714-9048

「소년문학」 신인작품상

1. 모집 부문
· 동시 · 동요 : 10편 이상
· 동화 : 200장 원고지 40매 내외 2편
· 장편 동화 : 200자 원고지 500매 내외 1편
· 동극 : 200자 원고지 60매 내외 2편
· 아동문학 평론 : 200자 원고지 60매 내외 2편

2. 모집기간

· 수시 접수함.

· 분기별(3, 6, 9, 12)로 발표함

3. 심사방법

· 심사위원은 고정되지 않으며 사계의 권위자로 매 회 본사에서 위촉함

· 당선된 분은 기성 작가로 대우하고 지속적으로 작품활동을 지원함

· 장편동화의 당선작에 한해선 소년문학에 연재하고 단행본으로 출판함

· 응모작품 끝에는 성명, 주소, 생년월일, 연락 전화번호를 명기하고 봉투에는 「소년문학 신인작품상 응모작품」이라고 표시할 것

4. 보낼 곳

560-081 전주시 완산구 태평 1동 251-30

소년문학 편집부

전화 (0652)75-4000, 252-5633 팩스 74-3131

저자 소개

✍ 성현주

문학박사 · 아동문학가 · 문학평론가

현) 관동대학교 교수
(사)한국동화구연지도사협회 이사장

전) 명지대학교 문예창작학과 출강
명지전문대학 겸임교수
오산대학 유아교육과 출강

수상) 제111회 아동문예문학상 수상
제1회 색동문화상 동화 당선
2009년 여름 계간 창조문학 평론 부문 수상

저서) 이론서 : 동화창작이론서 『동화, 이렇게 써라!』, 『독서논술지도』, 『동화구연의 이해, 동화구연의 지도』
작품집 : 『오줌놀이』, 『우와조와』, 『고릴라가 이사 가는 이유』, 『과학동시집』, 『전래동화랑 영어랑』, 『과학동화』 30권, 『동양철학동화』, 『세계명작 전래동화』 110권, 『엄마랑 동화랑』
기획집필 : 『오감놀이 창작동화』 10권, 『국가보훈처 독립유공자 70인 동화』
공동집필 : 『어깨동무』, 5권
독서논술교재 : 「독서미술」, 「역사교실」, 「유아 논술」, 「독서논술」
개발 : 어깨동무 『창의력동화 전집』 60권 추가 등 다수

성현주 동화창작론

동화, 이렇게 써라!

초판발행 2009년 8월 25일
3판발행 2015년 8월 20일

2015. 8.

저 자 성현주
발행인 김현태
발행처 **태영출판사**

주 소 (08301) 서울 구로구 구로동 104-10 동남오피스텔 201호
전 화 02 · 839-3757, 839-3752
팩 스 02 · 837-3754
등 록 2005년 5월 30일 제12-421호
http : //www.taeyeongbook.co.kr
E-mail tys2005@hanmail.net
ISBN 978-89-6302-011-2 93370
정 가 14,000원

NAVER 태영출판사

* 잘못 만들어진 책은 교환해 드립니다.